Numérique: Le travail réinventé?

ICCA

Industries culturelles, création, numérique

sous la direction de Philippe Bouquillion et François Moreau

Sous l'égide du LABoratoire d'EXcellence ICCA (Industries Culturelles et Création Artistique), cette collection réunit les résultats de recherches consacrées aux différentes industries culturelles, traditionnelles comme le cinéma, la télévision, la musique ou l'édition, ou plus récentes comme la vidéo ou le jeu vidéo. Elle privilégie une perspective interdisciplinaire pour étudier les dispositifs de médiation et de promotion, les pratiques de consommation et les mutations induites par des mouvements de fond comme la mondialisation ou la numérisation, qui bouleversent aussi bien les processus de création des contenus que les modes de financement et de distribution de la production.

ICCA – Industries culturelles, création, numérique
Vol. 13

Olivier Alexandre et Monique Dagnaud (dir.)

Numérique:
Le travail réinventé?

PETER LANG

Lausanne - Berlin - Bruxelles - Chennai - New York - Oxford

Publié avec le soutien de l'Université Paris XIII dit USPN.

Cette publication a fait l'objet d'une évaluation par les pairs.

© 2023 Peter Lang Group AG, Lausanne
  Publié par Peter Lang Éditions Scienfitiques Internationales -
P.I.E. SA, Bruxelles, Belgique

info@peterlang.com   http://www.peterlang.com/

ISSN 2506-8741
ISBN 978-2-87574-892-8
ePDF 978-2-87574-893-5
ePub 978-2-87574-894-2
DOI 10.3726/b21028
D/2023/5678/33

Information bibliographique publiée par « Die Deutsche Bibliothek »
« Die Deutsche Bibliothek » répertorie cette publication dans la
« Deutsche Nationalbibliografie » ; les données bibliographiques
détaillées sont disponibles sur le site <http://dnb.ddb.de>.

Table des matières

Préface

FRED TURNER

Ce que vous avez entre les mains est un antidote contre une fable particulièrement toxique venue du Nord de la Californie. Depuis cinquante ans, les promoteurs de la Silicon Valley présentent les technologies numériques comme le produit du génie individuel. Jobs, Zuckerberg, Musk, etc. Ces noms sont connus et font parler dans le monde entier. En Amérique, ces hommes (car ce sont tous des hommes) incarnent l'entrepreneur qui sommeille en chacun de nous. Ils mènent la vie héroïque à laquelle nous devrions aspirer. Nous n'avons peut-être pas leur génie, bien sûr, mais au moins nous pouvons utiliser les outils et services qu'ils mettent à notre disposition. Les journalistes chantent leurs louanges et beaucoup d'entre nous s'émerveillent des valeurs et des qualités de la Silicon Valley, celles des collaborations en réseau non-hiérarchiques héritées de la contre-culture. Ces qualités, nous dit-on, sont l'essence de l'innovation. Et l'innovation est l'essence même d'une société heureuse, progressiste et prospère.

Une visite dans la Silicon Valley vous montrera à quel point ce récit est trompeur. Malgré toute la beauté de la baie de San Francisco, la Vallée est l'un des paysages les plus pollués d'Amérique. Les produits chimiques industriels laissés par les fabricants d'ordinateurs s'accumulent et s'écoulent sous terre, menaçant l'eau potable, et la santé des enfants des femmes qui ont travaillé dans les usines d'assemblage des années 1970. Devenus adultes, ils portent physiquement les séquelles des produits chimiques que leurs mères enceintes ont manipulés au travail[1].

Certes, la Vallée n'est plus un centre de production. La plupart des sites ont été délocalisés à l'étranger, dans des régions où le coût de la main-d'œuvre est moins élevé, où les réglementations sociales et environnementales sont plus souples, voire absentes. Mais la région n'en reste pas

---

[1] Voir Mary Beth Meehan and Fred Turner, *Visages de la Silicon Valley*, tr. Valérie Peugeot, Caen, C&F Editions, 2018.

moins un monde social radicalement inégalitaire. Les entreprises locales telles que Meta, Apple et Alphabet continuent d'engendrer des millionnaires. Dans le même temps, près de la moitié des familles avec enfants doivent recourir aux aides publiques ou privées pour s'alimenter ou se loger. Selon des estimations pourtant prudentes, 29 % des résidents de la Silicon Valley ont fait appel à la charité pour se nourrir en 2021[2].

On peut se demander comment les jeunes codeurs qui viennent dans la Vallée pour travailler et s'enrichir ne prêtent pas plus attention au fait que le système économique et social qui leur donne la capacité d'agir réduit leurs voisins à la pauvreté. Ce qui rend leur aveuglement possible est quelque chose d'aussi vieux que l'Amérique elle-même : la foi dans l'exceptionnalité des individus qui conduisent l'innovation et créent la richesse. De leur point de vue, les pauvres méritent leur sort, tout comme les riches ont gagné le droit d'habiter dans les résidences cossues situées au sommet des collines avoisinantes. C'est pourquoi ce livre est si important. Conformément aux traditions de la sociologie française, il ne commence pas par les inventeurs héroïques, mais par les institutions qui les soutiennent et les font vivre. Les contributrices et contributeurs partent du principe que les entrepreneurs ne se font pas eux-mêmes, mais qu'ils sont produits d'un milieu social. Ils s'intéressent à la manière dont les politiques publiques façonnent la vocation entrepreneuriale ; dont les codeurs travaillent en équipes sous le contrôle des grandes entreprises. Surtout, ils soulignent en quoi les industries numériques d'aujourd'hui n'ont pas abandonné les anciennes lois du capitalisme pour le royaume magique du *cloud* et de l'intelligence artificielle ; elles visent la création de monopoles commerciaux, ici, sur terre, avec toutes les conséquences pour les travailleurs, leurs familles et l'environnement que cette mise en œuvre implique.

En France, de tels constats sont peut-être monnaie courante. Mais ici, en Californie, de nombreux acteurs de l'industrie technologique commencent tout juste à entrevoir la nature de la société que leurs inventions contribuent à créer. Pris, comme tous les Américains, dans l'idéologie de l'individualisme, beaucoup continuent à imputer les succès comme les échecs à des responsabilités individuelles. Beaucoup dans le monde de la technologie continuent de prétendre que ce n'est qu'en construisant des

---

[2]   Joint Venture Silicon Valley, *2022 Silicon Valley Index*, 42 and 44.

dispositifs qui, selon eux, donneront du pouvoir aux individus, que la société pourra être améliorée.

Les technologies et les visions du monde promues par la Silicon Valley se sont diffusées dans le monde entier. Mais elles sont également susceptibles d'être influencées par l'étranger. Les lois allemandes sur la protection de la vie privée ont ainsi modifié les pratiques en la matière aux États-Unis. Peut-être que la France, ou l'Union Européenne, pourront prolonger cette dynamique ; en rappelant que la qualité d'une société dépend non seulement des individus qui la composent, mais aussi des institutions qui la façonnent. Cela pourrait encourager à concevoir des technologies qui consolident les institutions de la démocratie plutôt que de les affaiblir. C'est un défi de taille. Et ce n'est qu'un seul livre. Mais les contributions qui y sont rassemblées sont un début, et un bon début.

(Traduit par Olivier Alexandre)

Introduction
L'entrepreneuriat technologique comme projet politique

Olivier Alexandre et Monique Dagnaud

Selon un sondage réalisé au début de l'année 2022, près de la moitié des jeunes français de 18 à 30 ans souhaitaient créer leur entreprise[1]. En 2021, au plus haut de la pandémie, près de 80 % des Français estimaient que l'entrepreneuriat était la solution à privilégier pour sortir de la crise[2]. Perte de foi en l'avenir, crise de confiance dans l'État, les bureaucraties et les grandes entreprises traditionnelles, la jeunesse se tourne vers les jeunes pousses. Plus paradoxal, les organisations emblématiques du 20ᵉ siècle dont ils se détournent semblent prendre une même direction : les grandes entreprises se veulent agiles, l'administration répond désormais au nom de l'État-plateforme[3], les systèmes de retraite par capitalisation sont favorisés pour accroître les capacités d'investissement des capitaux-risqueurs, les politiques publiques se multiplient pour stimuler les créations d'entreprise, aux Etats-Unis, en Europe, au Moyen-Orient, en Inde et même en Chine. Tout au long des années 2010, les entreprises technologiques ont été décrites comme le moyen de rétablir la confiance, d'instaurer la transparence et de dynamiser la capacité de changement[4].

Certes, en France comme aux Etats-Unis, l'engagement de l'État dans le domaine technologique n'est pas neuf. Les programmes militaires ont contribué à l'essor de l'informatique dans la région de Boston et de la Silicon Valley. En France, l'histoire politique des nouvelles

[1] Selon un sondage réalisé début 2022 par OpinionWay sur un échantillon de plus de 1019 personnes, constitué suivant la méthode des quotas pour France Active.

[2] Selon un sondage réalisé en 2021 par OpinionWay sur un échantillon de plus de 1012 personnes, constitué suivant la méthode des quotas pour la France Active.

[3] Alauzen, M., « Plis et replis de l'État plateforme. Enquête sur la modernisation des services publics en France », Thèse de doctorat, Paris Saclay, 2019.

[4] Algan, Y., Cazenave, T., dir., *L'État en mode start-up*, Paris, Éditions Eyrolles, 2016.

technologies n'a pas été moins dense si l'on pense au soutien actif du Général de Gaulle à l'entreprise Bull pour concurrencer IBM, à l'influence du rapport Nora/Minc à la fin des années 1970, à la privatisation des télécoms dans les années 1980, à la structuration d'Internet dans les années 1990[5], au développement du Silicon Sentier à la fin de cette même décennie[6] ou encore à la mise en place de la French Tech dans les années 2010 avec l'aide de la BPI[7]. La démocratisation d'Internet, la fascination pour les entreprises de la Silicon Valley en même temps qu'une perte d'adhésion d'une large partie des élites politiques et économiques dans le modèle hérité de l'État-Providence ont amplifié l'engouement pour l'entrepreneuriat technologique.

L'essor du numérique a été associé à la jeunesse[8], à l'audace, la créativité, l'innovation[9], et à l'explosion de l'Indice Dow Jones. De Forbes à Pole Emploi, l'entrepreneuriat a été présenté comme la voie à suivre pour qui voulait transformer les manières d'agir, de travailler, d'apprendre, de faire société et de faire carrière[10]. Ce modèle a été soumis à de nombreuses critiques au cours des dernières années. Les faillites, le désenchantement des employés, les révélations des lanceurs d'alerte et la multiplication des

---

[5]   Pour le cas français, voir Bellon, A., *L'Etat et la toile. Des politiques de l'Internet à la numérisation de l'action publique*, Paris, Editions du Croquant, 2022. Pour le cas américain, voir Loveluck, B., *Réseaux, libertés et contrôle. Une généalogie politique d'Internet*, Paris, Armand Colin, 2015.

[6]   Dalla Pria, Y., Vicente, J., « Processus mimétiques et identité collective : gloire et déclin du *Silicon Sentier* », Revue française de sociologie, 47, 2006, p. 293–317.

[7]   Lacorne, D., *Tous milliardaires ! Le rêve français de la Silicon Valley*, Paris, Fayard, 2019.

[8]   Dagnaud, M., Cassely, J.-L., *Génération surdiplômée, Les 20 % qui transforment la France*, Paris, Odile Jacob, 2021.

[9]   Alexandre, O., Coavoux, S., « Les influenceurs de la Silicon Valley. Entreprendre, promouvoir et guider la révolution numérique », Sociologie, vol. 12, n°2, 2021, p. 111–128.

[10] Sur l'entrepreneuriat et la création d'entreprise, voir Dagnaud, M., *Le modèle californien. Comment l'esprit collaboratif change le monde*, Paris, Odile Jacob, 2016 ; Abdelnour, S., *Moi, petite entreprise. Les auto-entrepreneurs, de l'utopie à la réalité*, Paris, Presses Universitaires de France, 2017 ; Grossetti, M. et al., *Les start-up, des entreprises comme les autres ? Une enquête sociologique en France*, Paris, Sorbonne Université Presses, 2018 ; Abdelnour, S., Méda, D., *Les nouveaux travailleurs des applis*, Paris, Presses Universitaires de France, 2019 ; Quijoux M., Saint-Martin, A., « Start-up : avènement d'un mot d'ordre », Savoir/Agir, n°50, 2020 ; Philippe Mustar, *L'entrepreneuriat en actions. Ou comment de jeunes ingénieurs créent des entreprises innovantes*, Paris, Presses des Mines, 2020.

constats d'un système producteur d'inégalités ont alimenté un mouvement de scepticisme, de moquerie[11], voire de franche hostilité à l'égard de l'univers des nouvelles technologiques, une tendance désignée dans les pays anglo-saxons par le terme « *techlash* »[12]. Idéalisé ou vilipendé, cet univers occupe une place désormais centrale. Pourtant, il demeure relativement méconnu.

Les startuppers, les développeurs, les manageurs et experts des nouvelles technologies ne représentent que 2 à 3 % de la population active en France comme aux Etats-Unis[13]. Leur histoire, leur sociologie, leurs conditions d'activité restent encore largement à faire. Ce livre vise à combler ce manque, par le biais d'allers-retours, entre Paris et la Silicon Valley. Il traite les organisations qui portent et incarnent l'entrepreneuriat

---

[11] Voir notamment « De jeunes salariés désabusés trollent la culture *start-up* à coups de vannes, gifs et mèmes », Le Monde Campus, 22 novembre 2021.

[12] Pour une sociohistoire de ce mouvement de critiques, voir Alexandre, O., Beuscart, J.-S., Broca, S., « Une sociohistoire des critiques numériques », Réseaux, n°231, 2022, p. 9–37. Pour une sociologie des inégalités produites au sein du monde entrepreneurial en France, voir Landour, J., *Sociologie des Mompreneurs. Entreprendre pour concilier travail et famille ?*, Villeneuve d'Ascq, Presses universitaires du Septentrion, 2019 ; Chambard, O., *Business model. L'université nouveau laboratoire de l'idéologie entrepreneuriale, Paris,* La Découverte, 2020 ; Flécher, M., « Le monde des start-up, le nouveau visage du capitalisme ? Enquête sur les modes de création et d'organisation des start-up en France et aux Etats-Unis », Thèse de doctorat, Université Paris-Dauphine – PSL, 2021. Pour le cas des Etats-Unis, voir Alexandre, O., *La Tech. Quand la Silicon Valley refait le monde*, Paris, Seuil, 2023.

[13] En 2013, en France, un million d'ingénieurs étaient recensés (tous types confondus) pour 28,6 millions d'actifs, soit près de 3,5 %. En 2014, le président de l'association Ingénieurs et Scientifiques de France déclarait au magazine Challenges : « Aujourd'hui, la France compte environ un million d'ingénieurs dont 4 % sont à leur compte dans le conseil ou comme patron d'entreprise. Nous voudrions atteindre 8 % [...]. Dans notre enquête annuelle de 2012 à laquelle ont répondu 50 000 ingénieurs, ils étaient globalement 11 % à avoir un projet en tête. Mais ils étaient 25 % parmi les moins de 30 ans. Il y a un mouvement d'accélération parmi les jeunes générations. Quand je suis sorti de l'école (ndlr : Supélec en 1970), tout le monde se demandait dans quel groupe il allait rentrer. Autour de moi aujourd'hui, j'entends beaucoup parler de jeunes qui veulent se lancer dans la création d'entreprise ». Source : « Création d'entreprise, la fièvre gagne les jeunes ingénieurs », Challenges, 27 février 2014. La base de données Motherbase renseignait des informations pour 11 000 start-up en France en 2021, la moitié basée en Ile-de-France, embauchant 250 000 employés, avec une croissance de 14 % des effectifs sur un an. Source : « Les chiffres clés 2021 des start-ups de la French Tech », Numeum. https://numeum.fr/actu-informatique/retrouvez-les-chiffres-cles-2021-des-startups-de-la-french-tech (consulté le 16 juillet 2022).

technologique sous ses différentes formes. La liste des sujets traités pourra sembler à première vue surprenante pour les libertariens les plus convaincus : fonds d'investissement du Nord de la Californie, universités et grandes écoles françaises, managers de grandes entreprises, manuels destinés au management des développeurs, établissements d'accueil de personnes âgées, etc. Les contributions rassemblées dans cet ouvrage rendent compte de la diversité des organisations ralliées au modèle entrepreneurial. Elles éclairent les types d'expertise qui l'accompagnent et les stratégies visant le succès. Au fil des pages, le monde social décrit semble bien loin de la société bloquée. Mais il apparait également comme plus contrôlé et inégal, adossé à l'idéologie du *tous entrepreneurs*.

Dans le premier chapitre, Olivia Chambard revient sur les vocations qui ont semblé se multiplier au cours des dernières années au sein de la population étudiante. Or, au pays de Jules Ferry, ce désir d'entreprise trouve en grande partie son origine dans une politique publique. Pour les responsables et dirigeants d'établissements, le fait de valoriser la création d'entreprise a été vu comme le moyen de concilier deux objectifs : favoriser l'innovation économique et améliorer l'insertion des jeunes diplômés. Toutefois, ces deux buts ne se recouvrent qu'imparfaitement. En résulte une cohabitation entre deux filières. La première (auto-entrepreneuriat, microentreprises, microservices, etc.) recrute des étudiants aux origines populaires. La seconde (prenant modèle sur les grandes figures de la Silicon Valley) attire les profils de jeunes fondateurs issus de milieux favorisés se vivant comme « cool et branchés ». En dépit de son image d'ouverture, cette seconde filière ne concerne qu'une élite issue des grandes écoles, une ascendance qui pourtant ne garantit pas le succès dans l'univers hyper concurrentiel et sélectif de l'entrepreneuriat technologique.

C'est précisément pour échapper à ce manque de réussite et plus généralement à l'inertie associée au modèle français, qu'un certain nombre de ces entrepreneurs issus des catégories sociales supérieures décident de quitter la France pour la Californie. Dans le deuxième chapitre, Marion Flécher montre pourquoi et en quoi ce projet n'est pas à la portée de tous, *a fortiori* de toutes. Socialement déterminé, économiquement conditionné, différencié sur le plan du genre, le projet d'expatriation concerne en majorité des hauts diplômés, habitués à fréquenter l'univers international dès leurs cursus scolaires. Une fois rendus sur la terre promise des nouvelles technologies, ces individus, en très grande majorité des hommes blancs fortement diplômés, découvrent alors une autre réalité que celle qu'ils avaient imaginée : celle du statut d'étranger. Confrontés aux épreuves de l'expatriation, munis de titres et de diplômes se trouvant d'un coup dévalués, ils doivent faire face à une concurrence exacerbée. Dans ce parcours, les femmes, entrepreneuses ou compagnes, sont d'emblée ou progressivement reléguées. L'expatriation entrepreneuriale les expose toutes et tous, y compris ceux devenus multimillionnaires, à un conflit moral entre deux régimes de valeurs : la compétition aux accents darwiniens telle que pratiquée et célébrée dans la Silicon Valley et l'idéologie méritocratique *à la française* dont ils sont héritiers.

Car, contrairement à ce que laisse entendre la Silicon Valley vue de Paris, la baie de San Francisco ne correspond pas à une société ouverte et horizontale guidée par les entrepreneurs. Il s'agit davantage d'une société hiérarchique, hyperconcurrentielle, gouvernée par les investisseurs les mieux intégrés, qui ont en ligne de mire l'entrée en bourse des entreprises de leur portfolio. Dans le troisième chapitre, François-Xavier Dudouet et Antoine Vion dépeignent les mécanismes par lesquels s'articulent innovation et finance à travers le cas emblématique de Google. Ils observent que l'introduction en bourse n'est pas la récompense incidente d'une aventure entrepreneuriale mais un objectif poursuivi dès la fondation des entreprises. Dans cette économie de promesses, fondateurs, actionnaires, manageurs et employés se partagent inégalement les chances et les espérances de profits. En effet, si ce partage constitue le cœur des préoccupations des professionnels de la Silicon Valley, c'est que la précocité de l'investissement détermine le montant du profit encaissé lors de l'introduction en bourse. De ce point de vue, Google, s'il est singulier par l'ampleur de son succès et la popularité de l'entreprise, est un cas exemplaire de mode de création de valeur orienté vers l'optimisation des bénéfices financiers. Dans cette perspective, la finance apparait comme l'élément structurant du modèle d'affaire des start-up aussi bien qu'un système de management.

Dans le quatrième chapitre, Christophe Lécuyer retrace l'histoire de ce mode spécifique de management financier. Sur près d'un siècle, dirigée de la Silicon Valley ont expérimenté de nouvelles techniques de gestion du personnel ; des techniques qui s'inscrivent dans une tradition américaine du corporatisme cherchant à réduire les différences sociales au sein des firmes. Patrons et salariés sont liés les uns aux autres par un système formel et informel d'obligations, qui varient selon les entreprises et les périodes. Afin de mobiliser une main d'œuvre très qualifiée et se protéger des syndicats, les entrepreneurs ont développé à partir des années 1930 plusieurs formes de corporatisme. Deux pôles se dégagent de ce point de vue : dans le premier, l'accent est porté sur l'actionnariat salarié ; dans le second, la sécurité de l'emploi et la participation des ingénieurs à la prise de décision sont privilégiées. Ces formes de corporatisme sont progressivement éclipsées par le corporatisme entrepreneurial qui nait dans les start-ups de la microélectronique, avant de se diffuser dans les entreprises de biotechnologies, de jeux vidéo et d'informatique personnelle des années 1970 et 1980. Ce mode d'organisation du travail repose sur l'octroi de stock-options aux cadres et ingénieurs qui les incite à se comporter comme des associés mus par la recherche de l'intéressement. À la fin des années 1990, les entreprises de l'Internet s'imposent, généralisant les stock-options et promettant de répondre à une large gamme des besoins individuels des salariés.

Pourtant, la promesse originelle d'Internet était de limiter l'importance des grandes organisations et d'offrir des outils d'émancipation aux utilisateurs devenus libres contributeurs. Olivier Alexandre et Paris Chrysos s'intéressent dans le cinquième chapitre à la manière dont deux « géants de la Tech », Google/Alphabet et Facebook/Meta, explorent, négocient et tentent de s'approprier la création de valeur de l'innovation ouverte, via les forums de développeurs. Leur point de départ tient à un constat étonnant : alors que ces entreprises sont synonymes d'efficacité, sur les forums d'assistance aux développeurs externes de Google Maps et de Facebook, seuls 15 % des problèmes signalés sont résolus six mois après avoir été signalés. Dans les phases d'innovation, l'expertise standard est loin de répondre à l'ensemble des problèmes soulevés. Les entreprises tentent alors de tirer profit des ressources en expertise des développeurs externes. Pour ce faire, elles promeuvent l'empathie érigée en outil permettant de communiquer entre différentes parties, aux statuts, intérêts et niveaux de formation hétérogènes. L'objectif est d'améliorer les taux de résolution des problèmes identifiés. Une fois passées les phases d'exploration, des formes standardisées et contrôlées ont été mises en place par les entreprises montrant en quoi le numérique n'est ni une brique socialement homogène ni une histoire linéaire, l'histoire d'Internet étant notamment alimentée par l'opportunisme, au sens économique du terme, des grandes entreprises technologiques.

Dans le sixième chapitre, Jennifer Pybus, Mark Coté et Tobias Blanke prolongent ce constat à partir d'une étude sur les dispositifs techniques. Google et Facebook étendent par ce biais des quasi-monopoles auprès d'un vaste ensemble d'usagers. Car, d'une part, ces entreprises fonctionnent comme des entités discrètes qui facilitent la participation de milliards d'utilisateurs ; d'autre part, elles agissent comme des agents distribués, fournissant une série de services aux développeurs d'applications. Ces plateformes se positionnent à la fois comme fournisseurs et tierces parties via des services qui visent à garantir l'intégration technique en profondeur de leurs services par les usagers. Ces stratégies de contrôle apparaissent souvent comme diffuses, abstraites, complexes, trop éloignées des usagers à qui est offerte une multitude de services en apparence fluides et dématérialisés.

Les frictions et impasses de l'entrepreneuriat technologique se font plus directement jour dans le cas de la robotique sociale. Comme le rappelle Martin Chevallier dans le septième chapitre, les promesses d'application révolutionnaires se sont multipliées au cours des dix dernières années. Les entrepreneurs promeuvent des robots, véritables outils de « réhumanisation », qui permettraient de soulager les travailleurs humains des tâches les plus ingrates et répétitives, aussi bien que d'améliorer la qualité de vie des personnes isolées. Medi'Pep, un robot humanoïde « assistant médical », et Paro, un robot-phoque « émotionnel interactif », ont particulièrement suscité l'engouement des médias. Promu comme un moyen de simplifier et de rationaliser la collecte d'informations sur l'état de santé des résidents, Medi'Pep représenterait selon ses concepteurs le premier pas vers l'automatisation intégrale du secteur médico-social au profit de la dignité des résidents. L'enquête révèle que le personnel soignant le considère pour l'essentiel inadapté aux besoins des résidents, lui préférant Paro. Ce dernier, présenté comme un substitut à la médiation animale, fonctionne certes, mais au prix d'un intense travail d'accompagnement tactile et verbal des aides-soignantes pour rendre effective l'interaction résident-robot. Dans l'un et l'autre cas, l'intelligence artificielle apparait moins menaçante pour le genre humain, qu'à l'origine d'un surtravail pour le personnel.

En dépit de leur diversité, ces différentes contributions restent dépendantes d'une perspective et d'une philosophie morale occidentalo-centrées. Dans le huitième et dernier chapitre, Luis Felipe Murillo propose de changer d'horizon, à partir d'une relecture des apports de l'anthropologie à l'étude du « *hacking* »[14]. Cette discipline fut un compagnon originellement timide de l'informatique, avant de devenir un

---

[14] Pour une mise en perspective de la notion de « *hacking* », voir le dossier coordonné par Loveluck, B., Holeindre, J.-V., « Politiques du *hacking* : enquête sur les ruses numériques », Quaderni, vol. 103, n°2, 2021, p. 9–24.

interlocuteur fidèle. L'analyse des « hackers » a tenté de prolonger l'histoire orale et spontanée des hackers par eux-mêmes, à partir de questionnements classiques de l'anthropologie (le don, la magie, le rituel, la moralité, etc.). L'un et l'autre se révèlent être dépendants d'un système de valeurs occidental encapsulé dans la pratique des acteurs ou le choix des configurations étudiées. À partir de ses enquêtes menées dans des collectifs de la zone Pacifique, l'auteur propose de renouveler les manières d'envisager le « *hacking* », en accordant une plus grande attention aux systèmes pratiques et moraux du sud global.

Le paysage présenté dans ce livre entremêle ainsi France et Etats-Unis, grandes entreprises de la Silicon Valley et collectifs du Pacifique, secteur public et privé, salariés et indépendants, entrepreneurs et usagers. Ce livre explore ce faisant le centre et les périphéries, les inspirateurs et les opérateurs, les institutions et les valeurs de l'entrepreneuriat technologique.

Chapitre 1.

À l'école de l'entrepreneuriat

Olivia Chambard

La décennie 2010 a été marquée en France par une attractivité croissante pour la création de start-up de la part de jeunes diplômés de l'enseignement supérieur. Celles qui sont déployées dans des domaines accessibles au grand public font notamment l'objet d'une exposition médiatique, qui contribue à diffuser l'image attractive de la création d'une start-up comme manière de vivre de « sa passion ». La création d'entreprise ne constitue pourtant pas un débouché massif pour les jeunes diplômés. La population active ne compte qu'environ 11 % de travailleurs indépendants[1] et la figure du « jeune créateur diplômé » correspond à seulement 8 % des nouveaux entrepreneurs[2]. Cependant selon la Direction générale des entreprises, « le nombre de créations d'entreprises par les jeunes de moins de 30 ans a plus que triplé entre 2006 et 2015, passant de 43 000 à 131 000, alors qu'il a doublé pour l'ensemble de la population ». Et « cette hausse est notamment portée par les jeunes diplômés : la part de créateurs diplômés de 2ème ou 3ème cycle est passée de 27 % à 31 % de 2010 à 2014 »[3]. Cela n'est pas sans rapport avec le fait que cette voie fasse l'objet d'une valorisation inédite dans la société, par exemple à travers des dispositifs diffusant une culture entrepreneuriale

---

[1] Les indépendants sont une catégorie hétérogène regroupant des personnes qui peuvent être à la tête d'une entreprise individuelle ou d'une société, et exercer des métiers variés (profession libérale, artisan, « freelance » dans le graphisme ou l'informatique, chef d'une entreprise dans les secteurs secondaire ou tertiaire, etc.).

De 20 % en 1970, cette part reste sous la barre des 10 % entre 1995 et 2010 avant de remonter – portée notamment par la création du régime de l'autoentrepreneur en 2008 – à 11,4 % en 2018 (source : INSEE).

[2] Richet, D., Bignon, N., Mariotte, H., « Les créateurs d'entreprises : la frontière entre salariat et entrepreneuriat s'atténue », Insee Première, juin 2018.

[3] DGE, « L'entrepreneuriat. Faits et chiffres », 2017.

dans l'enseignement supérieur. Plusieurs programmes gouvernementaux se sont ainsi succédé ces dernières années pour développer l'éducation à l'entrepreneuriat dans les grandes écoles et les universités : plan « Étudiants entrepreneurs » sous la présidence de Nicolas Sarkozy, plan « Étudiants pour l'innovation, le transfert et l'entrepreneuriat » sous celle de François Hollande et, enfin, plan « L'esprit d'entreprendre en faveur de l'entrepreneuriat étudiant » sous celle d'Emmanuel Macron. Les mesures emblématiques ont été la création en 2014 du statut d'étudiant-entrepreneur ainsi que des trente PEPITE (Pôles étudiants pour l'innovation, le transfert et l'entrepreneuriat) qui sont des structures qui regroupent les dispositifs proposés en matière d'« entrepreneuriat étudiant » par les universités et écoles d'un même territoire. Ces initiatives, qui ne touchent pas encore un grand nombre d'étudiants, surtout à l'université, se sont conjuguées avec une série de transformations économiques (externalisation croissante de certaines fonctions par les grandes organisations privées et publiques) et technologiques (innovations dans le numérique) qui ont renforcé l'accessibilité et l'attractivité de l'entrepreneuriat, notamment sous la forme de la *start-up*.

Ne correspondant ni à une catégorie juridique ni à une catégorie de la statistique publique, ce terme sert à désigner une forme d'entrepreneuriat innovant dans le secteur des nouvelles technologies de l'information et de la communication. Après une éclipse à la suite de l'éclatement de la « bulle internet », ce terme a refait surface en France dans les années 2010, pour désigner de manière plus large (et plus lâche) de jeunes entreprises proposant une innovation technologique, dont la croissance rapide est financée par des levées de fonds. En articulant une analyse au niveau macro des politiques d'éducation à l'entrepreneuriat dans l'enseignement supérieur à une analyse au niveau micro des trajectoires de jeunes entrepreneurs, ce chapitre reconstitue les ressorts de l'engagement en entrepreneuriat de certaines fractions de la jeunesse, plus particulièrement sous la forme valorisée de la *start-up*. Le double enjeu est ici d'interroger les propriétés sociales spécifiques de ces jeunes qui s'engagent dans une voie où il y a peu d'élus à l'arrivée, ainsi que de déconstruire l'homogénéité de la catégorie « entrepreneuriat ».

Méthodologie

Cette analyse des dispositifs d'encouragement à l'éducation à entrepreneuriat repose sur le dépouillement d'archives ainsi que sur des entretiens et des observations. L'article s'appuie également sur la reconstitution des trajectoires de 45 porteurs de projets et créateurs d'entreprises, dont le recrutement s'est fait via une grande école (n =3), trois universités (n =14) ainsi que trois structures hébergeant et accompagnant des entrepreneurs (n =28). Deux de ces incubateurs soutiennent l'entrepreneuriat social et le troisième l'entrepreneuriat des femmes[4].

Interrogées dans le cadre d'entretiens biographiques, ces personnes ont tenté ou réussi à créer un projet pendant leurs études supérieures ou au cours de la première moitié de leur vie professionnelle après des expériences de durée variable (elles sont toutes âgées de 20 à 35 ans, sauf un homme, âgé de 40 ans au moment de l'enquête, qui a créé son entreprise à 38 ans). À l'exception d'un développeur autodidacte ayant abandonné ses études d'informatique, toutes détiennent un diplôme de niveau bac + 5 ou bac + 8. 22 détiennent un diplôme d'une grande école (école de commerce, d'ingénieurs, université Paris-Dauphine qui est dotée d'un statut dérogatoire de « grand établissement » et plus marginalement de Sciences Po et Ecole normale supérieure).

Tous entrepreneurs ! Encourager l'entrepreneuriat dans l'enseignement supérieur

Si aux États-Unis l'encouragement à la création d'entreprises se déploie dès la période qui suit la Seconde guerre mondiale afin de réinsérer les vétérans[5], il devient en France un objectif de politique publique à partir de la fin des années 1970. Une série de mesures simplifiant la création d'entreprises et proposant des aides se succèdent ainsi jusqu'à la création en 2008 du régime de l'autoentrepreneur. Dans sa version hexagonale, ce programme vise à rattraper un supposé retard national[6], dans la mesure

---

[4]   Ces matériaux ont été produits dans le cadre d'une thèse (soutenue en 2017) ainsi que d'une enquête ethnographique dans les incubateurs menée dans le cadre du projet « La protection sociale dans les espaces de l'économie collaborative », financé de 2019 à 2021 par la Drees.

[5]   Giraudeau, M., « La fabrique de l'avenir. Une sociologie historique des business plans », thèse de doctorat en sociologie, Université Toulouse Le Mirail, 2010.

[6]   Bouchard, J., *Comment le retard vient aux Français. Analyse d'un discours sur la recherche, l'innovation et la compétitivité, 1940–1970*, Villeneuve d'Ascq, Presses universitaires du Septentrion, 2008.

où les Français n'auraient pas « naturellement » l'esprit d'entreprendre[7] et qu'il faudrait le leur insuffler en s'appuyant sur l'institution éducative. Ce projet s'inscrit dans la montée en puissance d'une version néolibérale[8] de l'injonction à la responsabilisation individuelle des salaries et des demandeurs d'emploi depuis les années 1980. Mais, selon qu'il vise à (ré)insérer des chômeurs ou des travailleurs jugés insuffisamment employables (cadres « seniors », femmes en reprise d'emploi, diplômés surnuméraires, etc.) ou à stimuler l'esprit d'innovation des « élites », ce projet politique s'appuie sur des registres distincts. Nous nous intéresserons d'abord à la tension entre logique d'insertion et logique d'innovation dans les plans gouvernementaux de promotion de l'entrepreneuriat étudiant, avant de montrer comment la catégorie « start-up » est mobilisée pour moderniser et rendre attractive auprès des jeunes diplômés l'image de la PME et du petit patron[9].

Insérer ou promouvoir l'innovation ? Les logiques socialement différenciées d'un projet politique

À la suite d'un accord-cadre signé en 2010 entre le Ministère de l'Enseignement supérieur et de la Recherche (MESR), le Ministère de l'Éducation nationale (MEN) et le Mouvement des entreprises de France (Medef), un groupe de travail se réunit durant l'année 2011 pour élaborer un référentiel « Entrepreneuriat et esprit d'entreprendre »[10]. Réunissant « technocrates », « patrons » et « professeurs »[11], dans des réunions qui ont

---

[7] Rozier, S., « Ordre scolaire et ordre économique. Conditions d'appropriation et d'usage des « mini-entreprises » dans des établissements scolaires français », Politix, n°105, 2014, p. 163–184.

[8] Foucault, M., *Naissance de la biopolitique. Cours au Collège de France (1978–1979)*, leçon du 14 mars 1979, Paris, Gallimard-Seuil, 2004.

[9] Zalc, C., « Les petits patrons en France au 20e siècle ou les atouts du flou », Vingtième Siècle. Revue d'histoire, 2012, n°114, p. 55.

[10] L'engagement du MEDEF est ici emblématique d'une évolution « libérale » du patronat français qui, depuis le tournant des années 1970–80, a exhumé la figure du petit entrepreneur afin de (re)valoriser le rôle des entreprises dans la société. Voir Offerlé, M., *Les patrons des patrons. Histoire du Medef*, Paris, Odile Jacob, 2013.

[11] Comme pour le développement des sciences de gestion à l'université, analysé par Chessel, M.-E., Pavis, F. dans *Le technocrate, le patron et le professeur*, Paris, Belin, 2001.

lieu en alternance au siège du Medef, au MESR ou encore à l'Université Paris-Dauphine, le groupe travaille à définir ce que recouvre l'« esprit d'entreprendre » et à préciser les contenus et les méthodes pédagogiques de ce projet éducatif. Il contribue ce faisant à produire un discours de justification de la prise en charge publique de ce problème social[12].

Or, au cours des discussions, des divergences transparaissent quant aux objectifs assignés à l'entrepreneuriat. Une des membres du groupe, professeure de gestion à Dauphine, s'offusque ainsi de l'utilisation du terme d'« insertion » dans une version provisoire du texte. Elle réitère à plusieurs reprises son rejet de ce terme qu'elle juge « horrible », estimant que faire de l'entrepreneuriat « un pansement pour pallier les difficultés des jeunes à entrer sur le marché du travail » en donnerait une image trop négative[13]. Quand un représentant du Medef suggère de recourir de façon stratégique à ce motif « parce qu'il est le plus vendeur sur l'entrepreneuriat à l'université », la professeure estime qu'il s'agirait alors d'un retour à une époque où les promoteurs de l'entrepreneuriat étaient contraints d'avancer dissimulés « sous le masque de l'insertion » : « on bosse depuis vingt ans…Ça commence à devenir crédible…et on retombe là-dedans », proteste-t-elle. Pourtant, comme le rappelle le représentant du MESR dans le groupe (chargé des relations universités-entreprises à la Direction générale de l'Enseignement supérieur et de l'Insertion professionnelle), l'amélioration de l'insertion des diplômés constitue bien le mobile officiel de l'engagement de son administration en faveur de l'entrepreneuriat étudiant. Il tranchera par conséquent en faveur de la préservation de ce terme[14], qui sera toutefois moins présent dans le texte final que dans ses versions préliminaires.

Les membres du groupe, qui s'opposent à l'association de l'éducation à l'entrepreneuriat à un objectif d'insertion, en proposent deux autres lectures. Pour certains d'entre eux, l'objectif doit être d'« outiller » les étudiants désireux de créer des entreprises, et susceptibles de contribuer par là à l'innovation et au renouvellement du tissu productif français. Il s'agit d'une position typiquement défendue par les représentants des

---

[12] Gusfield, J., *La culture des problèmes publics. L'alcool au volant. : la production d'un ordre symbolique,* Paris, Economica, 2009.

[13] Ces citations sont tirées du carnet de terrain tenu pendant l'observation des séances du groupe de travail.

[14] Un des objectifs de l'éducation à l'entrepreneuriat pour les étudiants est ainsi de « *s'ouvrir à toutes les formes d'insertion professionnelle* ».

grandes écoles d'ingénieurs, qui se montrent les plus réticents à l'idée d'inciter tout un chacun à devenir entrepreneur. Pour les autres – c'est la position défendue par les représentants du Medef et la professeure de gestion évoquée précédemment –, l'objectif doit être d'amener l'ensemble des étudiants à adopter une « attitude entrepreneuriale » face à l'emploi, et même face à l'existence en général. On retrouve ici le thème de l'« entreprise de soi » comme posture devant irriguer tous les domaines de la vie, dans un contexte de mise en concurrence généralisée[15]. Si cet usage de l'éducation à l'entrepreneuriat peut rejoindre en partie les objectifs des tenants de l'insertion – en responsabilisant chacun dans la recherche ou la création de son propre emploi –, il vise un public plus large, c'est-à-dire pas seulement les étudiants supposés « difficilement employables ».

Nombre de divergences au sein du groupe du travail peuvent d'ailleurs être rapportées au fait que tous ses membres n'ont pas les mêmes publics en tête. Quand le représentant du Ministère rappelle l'importance de l'objectif d'insertion, c'est parce que le plan « Étudiants entrepreneurs » vise en priorité les étudiants de l'université susceptibles de rencontrer des difficultés d'accès à l'emploi. Les sensibiliser et les former à l'entrepreneuriat est pensé comme une manière de leur donner l'idée et les moyens de créer leur propre emploi, dans la logique du régime de l'autoentrepreneur qui incite à cumuler les statuts pour survivre. Il s'agit également de participer à une transformation du curriculum universitaire en accordant une place plus large à des *soft skills* (audace, confiance, créativité, etc.), supposés faciliter l'accès à l'emploi. C'est ce qu'affirme une représentante du Medef, en réalisant une surprenante mise en équivalence entre étudiants décrocheurs, jeunes peu diplômés et étudiants des filières de lettres et sciences humaines (LSH) :

> Les étudiants de LSH ont une piètre impression d'eux-mêmes. Avec l'entrepreneuriat, il s'agit de leur redonner confiance, leur permettre d'oser, ce qui n'est pas l'apanage de ceux qui ont le plus de diplômes mais de ceux qui incarnent quelque chose. C'est vraiment lutter contre la désespérance des étudiants en échec souvent découragés.

À côté de cette promotion de l'entrepreneuriat visant à insérer les diplômés (ou sortants sans diplôme) des filières dominées et intermédiaires de

---

[15] Abdelnour, S., Lambert, A, « *L'entreprise de soi*, un nouveau mode de gestion politique des classes populaires ? Analyse croisée de l'accession à la propriété et de l'auto-emploi (1977–2012) », *Genèses*, n°118, 2020, p. 63–84.

l'enseignement supérieur, les plus ou les mieux diplômés sont pour leur part incités à entreprendre pour innover. Ce second registre de préoccupation s'inscrit dans la continuité de mesures prises depuis le début des années 2000 par le ministère de l'Économie et la direction de la Recherche du MESR pour rendre l'entrepreneuriat davantage attractif auprès de publics ingénieurs, docteurs[16] voire diplômés de grandes école de commerce, dont on attend qu'ils contribuent à stimuler la compétitivité de l'économie nationale.

La start-up, ou les habits neufs de l'entrepreneuriat dans les grandes écoles

« Les familles ne payaient pas des études à HEC pour que leur enfant devienne chef de petite entreprise ». C'est ce que m'explique le directeur de la majeure HEC-Entrepreneurs[17], lorsqu'il relate les débuts modestes de cette formation à la fin des années 1970. Bien qu'elle intervienne à une époque où la petite entreprise commence à faire l'objet d'une revalorisation, il faudra attendre les années 2000 pour que son attractivité s'affirme par rapport aux filières plus prestigieuses de HEC (comme la majeure Finance), mais aussi pour que ses responsables revendiquent explicitement l'objectif de former de futurs entrepreneurs. Le directeur précise qu'à l'époque, il s'agissait de « partir de la création d'entreprise pour former des dirigeants » mais « qu' il n'était pas question qu'ils créent des entreprises pendant, ni même à la sortie de leurs études. C'était pas du tout à la mode à l'époque et, de toute façon, pour Papin [le fondateur de la formation], l'entrepreneuriat ne pouvait s'envisager qu'après une expérience professionnelle importante ».

La situation change au tournant des années 1990–2000. L'engouement pour les possibilités créatrices offertes par les technologies numériques façonne un nouvel horizon d'attente chez les étudiants, jeunes diplômés des plus grandes écoles et chez leurs responsables pédagogiques. C'est le moment où le néologisme « d'entrepreneuriat » – transposition

---

[16] Frances, J., Le Lay, S., « L'usage des *business games* dans le cursus doctoral : « esprit d'entreprendre » et « esprit d'entreprise » dans la formation à la recherche », *Formation emploi*, n°140, 2017, p. 67–86.

[17] Spécialisation de dernière année proposée aux élèves de HEC, qui délivre aujourd'hui le grade de master et accueille aussi des diplômés issus d'autres établissements. Les propos sont tirés d'un entretien en 2014 avec celui qui la dirige alors.

approximative du terme anglais entrepreneurship – se diffuse dans la société française. Cette nouvelle configuration conduit à un recentrage du programme HEC Entrepreneurs sur la création d'entreprises, qui inclut la volonté de privilégier le recrutement d'étudiants (qui semblent) prêts à créer. Cette réorientation est désormais soutenue par l'École, parce que, toujours selon le directeur de la filière, « les temps ont changé et, quand on est sur le plateau de Saclay, on crée des boîtes ». Un jeune entrepreneur, diplômé en 2005 de la majeure, revient sur l'engouement pour l'entrepreneuriat qui s'était répandu sur le campus juste avant l'éclatement de « la bulle Internet » (le fait qu'il n'y ait lui-même été élève que quelques années plus tard laisse penser que le récit de cette « période mythique » a été entretenu d'une promotion à l'autre par les élèves et les enseignants) :

> Nous, notre promo, notre parrain, c'était Kosciusko-Morizet qui a monté Price Minister, voilà c'était mon prof. Tout le monde était là « ouah ! ». Le web ça revivifie le côté un peu [claque des doigts] entrepreneurial ! La bulle était en 2001, j'ai pas connu, j'étais pas encore là, mais il paraît que sur le campus, c'était n'importe quoi, on venait taper à ta porte pour t'embaucher. Et puis, c'était cool, quoi, tout le monde se lançait, c'était la folie ! Nous, le séminaire Entrepreneur, c'est assez caractéristique, le premier cours qu'on avait, la toute première conférence, c'est la nana qui a monté Caramail, en 1997. [...] La nana, elle arrive, elle a trente-deux ans, elle croise les jambes sur le bureau, « j'ai 200 millions ». Et là, tout le monde est là : « Putain ! C'est génial ! On n'a rien à perdre, rien à perdre, faut juste essayer ! »

La pluralité qui caractérise, y compris chez les diplômés de l'enseignement supérieur, la condition d'entrepreneur tend alors à être de plus en plus occultée derrière le registre de la start-up. Des grandes écoles aux multiples structures qui composent l'« écosystème » entrepreneurial, cette catégorie cristallise le nouvel engouement pour la création d'entreprises qui se répand dans les années 2000 puis au milieu des années 2010. C'est ainsi que de nombreux porteurs de projets, même s'ils ne satisfont pas aux critères communément utilisés par les financeurs pour définir une start-up, s'approprient cette catégorie. Dans les espaces où j'ai enquêté, une entrepreneuse individuelle qui développe une plate-forme de location entre particuliers de matériel de puériculture s'auto-désigne ainsi comme « start-uppeuse », de même qu'un binôme d'agents immobiliers qui affirme vouloir « disrupter ce marché » en y introduisant des considérations écologiques. Le fait d'intégrer des structures, qui proposent à la fois des programmes d'incubation à des start-up et des espaces de coworking à d'autres porteurs de projets, renforce l'identification de ces derniers aux catégories et aux pratiques des start-ups qui façonnent ces univers. Dans presque tous les entretiens, il est question d'agilité, de pitch et de talk, d'horizontalité ainsi que d'une série de process inspirés des pratiques managériales de Google ou d'autres anciennes start-up du numérique devenues grandes : « stand up » et « *blitz meetings* », vacances illimitées, « *onboarding* » des nouvelles recrues, possibilité de consacrer une part de son temps de travail à un « *side project* », etc. Tout se passe comme si se dire une start-up et en parler la langue fonctionnaient comme des marqueurs de distinction, rendant l'entrepreneuriat plus désirable tant aux yeux du fondateur qu'à ceux des salariés et des stagiaires, qu'il faut attirer malgré des salaires souvent bas et des contrats précaires[18].

Cette fascination pour les codes de la start-up n'empêche pas des formes d'autodérision. Baptiste[19], créateur à 23 ans d'une start-up de la « ed tech » (technologies de l'éducation) diplômé de Polytechnique et issu de parents médecins, m'explique ainsi qu'il ne s'est pas mis naturellement « au franglais » (« je ne m'identifiais pas du tout à ce monde-là. Je ne supportais pas le franglais à l'époque ») mais qu'il l'a maintenant adopté... Tout en s'en moquant à l'instar de l'humoriste Karim Duval qu'il apprécie beaucoup[20]). Noé (créateur à 31 ans d'une épicerie biologique en ligne, diplômé de HEC, parents médecins) affirme quant à lui : « tu es entrepreneur, pitche-moi, blablabla, donc tu vois, ce genre de trucs c'est pas du tout pour moi » ; et de conclure que « Guillaume Meurice [humoriste à France Inter] a plus ou moins raison quand il se fout de la gueule des startuppers ».

La conversion à l'entrepreneuriat de ces deux jeunes hommes issus de la bourgeoisie traditionnelle de province n'est pas sans rapport avec la valorisation renouvelée dont cette voie fait l'objet dans les grandes écoles qu'ils ont fréquentées. Les programmes de sensibilisation, formation et

---

[18] Flécher, M., « Les start-ups, des entreprises « cools » et pacifiées ? Formes et gestion des tensions dans des entreprises en croissance », La nouvelle revue du travail, n°15, 2019, en ligne.

[19] Les vrais prénoms ont été remplacés par des prénoms équivalents socialement.

[20] Humoriste et comédien né en 1981. Né au Maroc, fils d'enseignants, il poursuit ses études en France : classes préparatoires du lycée Sainte-Geneviève à Versailles, études d'ingénieur à l'École centrale de Paris, puis exerce le métier d'ingénieur informatique dans la seconde moitié des années 2000. Il commence des seuls en scène en 2010, et réalise en 2017 une série de vidéo postées sur YouTube portant sur les créateurs de start-ups.

accompagnement – Start-up weekend, meet-up avec des founders, etc. – mobilisent en effet abondamment le registre de la start-up et le placent au cœur de leur stratégie de communication. Les établissements nouent en outre des partenariats avec des incubateurs, voire créent les leurs à l'instar de l'ESSEC[21]. Ces actions contribuent à renforcer la légitimé des vocations entrepreneuriales précoces[22]. Comme le résume Noé : « C'était geek, c'est devenu un truc très cool, très in ».

Si se lancer dans l'entrepreneuriat – plus encore sous la forme de la start-up – bénéficie d'un prestige inédit et de conditions facilitées par le contexte économique, technologique et les aides publiques, emprunter cette voie, que ce soit juste après ses études ou un peu plus tardivement, ne concerne (encore ?) qu'une part limitée des diplômés de niveau bac +5 (7 % des diplômés de 2010) y compris parmi les diplômés des grande écoles[23]. Il convient dès lors d'analyser plus finement les ressorts singuliers des trajectoires d'engagement précoce dans l'entrepreneuriat, afin de comprendre ce qui les motive, les rend possibles et d'en apprécier la diversité[24].

---

[21] ESSEC Venture, créé en 2006, et Antropia, spécialisé dans l'entrepreneuriat social, lancé en 2008.

[22] Suaud, C., *La vocation. Conversion et reconversion des prêtres ruraux*, Paris, Minuit, 1978

[23] Selon l'enquête Génération, « le taux de jeunes indépendants parmi les sortants au niveau bac+5 [en 2010] s'est accru [quand on compare leurs réponses 7 ans après à leurs réponses 4 ans après leur sortie] passant de 4 % à 7 % parmi l'ensemble des bac+5, de 5 % à 8 % parmi ceux qui ont bénéficié d'un dispositif de formation à l'entrepreneuriat, et même 14 % parmi les accompagnés à la création d'entreprise sept ans plus tôt. » (Béduwé, C., Robert, A., « Les formations à l'entrepreneuriat sont-elles un levier pour l'insertion professionnelle ? », Céreq Bref, n° 404, 2021). L'enquête sur l'insertion des diplômés des grandes écoles, réalisée par la Conférence des grandes écoles, indique que parmi l'ensemble des diplômés de 2019, seuls 2,7 % sont créateurs ou repreneurs d'entreprise en 2020. Mais ce qui sera intéressant est d'opérer un suivi longitudinal pour voir si ces promotions, davantage sensibilisées à l'entrepreneuriat, créeront davantage d'entreprises ou pas.

[24] Lahire, B., *Dans les plis singuliers du social. Individus, institutions, socialisations*, Paris, La Découverte, 2013.

Entreprendre à l'issue de ses études : les ressorts sociaux d'une aspiration singulière

On s'intéressera d'abord aux motifs du discours vocationnel dominant, avant de souligner la pluralité des parcours, qui tend à montrer que « l'entrepreneuriat » n'est qu'un mot[25].

« Tu ne vas pas à la BNP, avec tes collègues horribles »[26]*: les registres communs de la vocation entrepreneuriale*

Les entretiens menés dans les établissements d'enseignement supérieur et les incubateurs font ressortir une association fréquente de l'entrepreneuriat à une « voie de traverse » par rapport au destin classique consistant à rejoindre une grande entreprise. L'étudiant que dans les formations à l'entrepreneuriat recherchent, « c'est le gars qui n'est pas dans le *track* normal, pas dans la ligne du parti », m'explique le responsable d'un master Entrepreneur. Cette naturalisation de la personnalité singulière de l'entrepreneur est reprise par les porteurs de projets eux-mêmes. Faisant office de repoussoir, le salariat est associé au « suivisme » et à l'ennui, quand l'entrepreneuriat conviendrait au contraire à celles et surtout ceux qui posséderaient *ex ante* un fort désir d'autonomie. L'exceptionnalité est revendiquée soit à l'échelle familiale, soit individuellement. C'est ainsi qu'Hugues (voir supra) explique que « dans la famille, on essaie de créer nous-mêmes nos projets ». Peu importe la teneur du projet, l'essentiel étant d'accomplir le destin entrepreneurial qui caractérise la famille (son père et sa sœur ont développé leurs propres entreprises, tout en s'impliquant dans celle de Hugues). Théo (24 ans, créateur de plusieurs projets dans les services informatiques et le *elearning*, titulaire d'un bac S) insiste au contraire sur son caractère « rebelle » : qu'il soit devenu entrepreneur inquiète en effet son père cadre dans les assurances, et sa mère médecin. Plusieurs enquêtés de sexe masculin évoquent en outre leur personnalité sur le registre du défi. C'est le cas de Noé qui explique avoir eu « envie de créer un truc… tu vois, c'est un peu par fierté je pense aussi » ; ou encore de Rémi (créateur à 25 ans d'un réseau vendant des prestations

---

[25] Bourdieu, P., « La jeunesse n'est qu'un mot », *Questions de sociologie*, Paris, Minuit, 1984, p. 143–154.

[26] Entretien avec Hugues (créateur à 27 ans d'une start-up dans la technologie de la navigation, diplômé d'une école d'ingénieurs, père entrepreneur).

de communication aux entreprises « à impact », diplômé d'une école de commerce britannique, père entrepreneur) qui avait « besoin de pas mal se prouver des choses à soi-même ». Si entreprendre reste l'apanage d'une minorité – conservant ainsi un fort pouvoir distinctif –, la légitimation croissante dont fait l'objet cette voie aide cependant à « se lancer ».

Ce registre de la vocation individuelle s'articule pour la plupart avec une préoccupation pour le type de travail auquel permettrait d'accéder l'entrepreneuriat. Cette question du travail peut rester marquée par un souci de soi – être autonome, pouvoir effectuer des tâches intéressantes – ou s'articuler à un désir plus vaste de contribution au changement social – notamment à travers la revendication du « sens »[27]. Incarnant plutôt la première version, Kim (créatrice à 24 ans d'une start-up de réparation d'électroménager, diplômée de l'École Centrale, père webmaster et mère professeur des écoles) estime que l'entrepreneuriat lui permet de « toucher à tout » et d'accéder vite à un niveau de responsabilité plus élevé :

> Quand tu montes ta boîte, tu vas faire autant de l'opérationnel, mais tu vas rencontrer… On a rencontré énormément d'acteurs de notre écosystème. Que ce soit des gros comme Darty, Brandt, on a rencontré des DG, on a rencontré des distributeurs, des directeurs marketing, Honnêtement, je ne sais pas si j'étais partie en salariat ou en conseil ou quoi que ce soit, je ne pense pas que je les aurai rencontrés dans un contexte aussi sympathique ! Ça, c'est très cool.

L'entrepreneuriat permettrait également d'échapper à certaines logiques des grandes entreprises dont ne veulent plus certains entrepreneurs :

> Le projet qu'on porte a aussi beaucoup plus de sens que des missions de fusion-acquisition. [...] Les quatre dernières années où je bossais pour mon cabinet, alors je n'étais pas malheureux, mais tu sentais qu'il y avait quelque chose qui me manquait
>
> (Octave, créateur à 38 ans d'une entreprise de formation en ligne dans le secteur de l'audiovisuel, diplômé d'une petite école de commerce et d'un MBA obtenu aux Etats-Unis, parents antiquaires).

Les enquêtés qui insistent le plus sur l'envie qui a été la leur, soit de monter un projet précis (et pas simplement d'entreprendre) soit de contribuer de manière plus indéterminée au changement social, mais

---

[27] Currid-Halkett, E., *The Sum of Small Things: A Theory of the Aspirational Class*, Princeton (NJ), Princeton University Press, 2017.

pour lesquels l'entrepreneuriat est moins une fin qu'un moyen, mobilisent presque systématiquement le registre de l'*impact*. L'impact parfois assorti de l'adjectif « positif » mais rarement davantage précisé (impact sur quoi ?) est devenu ces dernières années une catégorie abondamment utilisée par les entrepreneurs et les structures qui les accompagnent. Pour les porteurs de projets rencontrés, elle peut désigner l'utilité concrète associée à l'entrepreneuriat – qui est alors opposé au salariat et aux « *bullshit jobs* » qu'il peut recouvrir –, une innovation précise dans un secteur ou dans une organisation ou encore renvoyer à l'entrepreneuriat social. Nous y reviendrons. Mais à ce stade on peut d'ores et déjà synthétiser les différentes motivations exprimées par les entrepreneurs rencontrés, en les plaçant sur un *continuum* qui va d'un niveau de préoccupation individuelle à un niveau de préoccupation plus large dirigé vers la société.

Tableau 1. Idéaux-types des aspirations à entreprendre

Niveau de préoccupation	Synthèse des motifs les plus exprimés par les entrepreneurs
Individu	Posséder un caractère ou esprit d'entrepreneur (hérité ou au contraire affirmé contre sa famille, l'école…)
	Se lancer un défi
	Suivre une voie valorisée (dans les grandes écoles, dans la société…)
Travail/ activité	Avoir des responsabilités (rapidement) et un travail agréable (contenu, environnement…)
	Avoir un travail qui a du sens, une utilité concrète
Société	Créer une organisation avec de meilleures pratiques managériales ou développer un projet innovant dans un secteur
	Développer un projet qui apporte quelque chose de positif à la société (entrepreneuriat social)

Deux enquêtés mettent en avant leur évolution d'un souci de soi vers un intérêt pour la contribution de leur projet à la société. Pour Rémi, c'est le sentiment de sécurité procuré par des revenus devenus plus réguliers (qualifiés, à travers un lapsus révélateur, de « salaire ») qui l'aurait permise :

Je suis vraiment beaucoup plus dans un développement qui est moins … enfin, qui est vraiment orienté sur les causes et la raison d'être de mes projets, plutôt que des motivations liées à l'ego, ou à l'argent, même, tu vois. […] Maintenant, je sais que j'ai un salaire tous les mois, je sais que j'ai une

espèce de petit palmarès qui fait que ça peut avoir l'air un peu impression-
nant pour un petit jeune comme ça, de 27 ans, qui a fait ça. Donc, là, je
peux être beaucoup plus dans la considération de « qu'est-ce qu'on » peut
faire, qu'est-ce qui doit être fait ?

Toutefois, ces motifs sont étroitement arrimés aux ressources dont
disposent les porteurs de projets. Porter le regard sur celles-ci va permettre de nuancer la présentation de l'entrepreneuriat comme une voie
qui serait risquée pour tous et, partant, réservée à quelques personnalités
« exceptionnelles ».

Des réalités sociales plurielles

Nous verrons ici que le champ de l'entrepreneuriat des diplômés est
polarisé de manière *verticale* – intégrant ce faisant dans l'analyse l'entrepreneuriat des diplômés non issus des filières d'élite et évoluant hors
du champ des start-up – et *horizontale* – en évoquant les tensions entre
capitalisme et impact social. La circulation d'un discours commun, qui
porte l'empreinte des codes culturels de la start-up[28], tend en effet à dis-
simuler le fait que l'espace de l'entrepreneuriat des jeunes diplômés est
en réalité structuré autour d'une opposition entre le pôle de la *start-up
technologique*, qui attire les diplômés des filières les plus prestigieuses, et
le pôle de *l'entrepreneuriat plus traditionnel* qui concerne davantage les
diplômés issus du « petit et moyen » supérieur[29]. Tout se passe comme
si l'opposition entre les motifs politiques de l'innovation et de l'insertion, que l'on a présentée plus haut, se retrouvait dans la polarisation des
apprentis entrepreneurs, entre une recherche de *distinction* bourgeoise
et un souci d'insertion qui cristallise le « goût de *nécessité* »[30] des classes
sociales moins favorisées.

Si notre échantillon n'a pas de valeur statistique, l'énoncé des caractéristiques sociales de ceux qui se lancent dans les formes d'entrepreneuriat
les plus ambitieuses (notamment sous la forme de la start-up technologique) indique qu'il s'agit des mieux dotés socialement. Comme l'ont

---

[28]   Olivier, A., Coavoux, S., « Les influenceurs de la Silicon Valley. Entreprendre, promouvoir et guider la révolution numérique », Sociologie, 12, 2, 2021, p. 111–128.

[29]   Orange, S. « Un *petit supérieur* : pratiques d'orientation en section de technicien
supérieur », Revue française de pédagogie, 167, 2009, p. 37–45.

[30]   Bourdieu, P., *La distinction. Critique sociale du jugement*, Paris, Éditions de
Minuit, 1979.

montré d'autres travaux, bien que l'entrepreneuriat soit présenté comme une voie de traverse, les jeunes diplômés qui l'empruntent sont ceux qui sont capables de limiter les risques qui y sont associés[31]. Pour une part d'entre eux, l'entrepreneuriat est d'autant moins une voie marginale qu'elle tient de la reproduction sociale. Quant aux autres, qui ne sont pas issus d'une famille d'entrepreneurs, ils peuvent néanmoins s'appuyer sur toute une série de ressources qui fonctionnent de manière cumulative. Le profil-type rencontré sur mes terrains d'enquête est un jeune homme (plus rarement une jeune fille), issu d'un famille socialement privilégiée[32] qui lui fournit des aides en argent ou en nature, soit directement pour créer son entreprise (ce qu'on appelle la « *love money* » dans l'univers entrepreneurial) soit pour maintenir son train de vie en dépit de faibles revenus pendant la période de création (par exemple, un logement, dans une sorte de prolongation de la condition étudiante).

Le passage par une grande école fournit en outre toutes sortes d'appuis : informations, formation, incubation, financement, hébergement de l'entreprise, réseaux, « pedigree » permettant de susciter la confiance des financeurs passés par les mêmes établissements, etc. Louis (créateur à 26 ans d'une plateforme de livraison de plateaux-repas) n'est guère conscient du cumul des ressources assez exceptionnel dont il a bénéficié lorsqu'il affirme : « en France, on a cette chance, on est très aidé par la BPI, les incubateurs, l'argent, on peut l'avoir, c'est pas un problème, le cash il y en a » ; et qu'il en conclut : « c'est un phénomène générationnel qui est incroyable, tout le monde monte sa boîte ». On ne peut pourtant pas dire que ce jeune homme, diplômé de Sciences Po, HEC, King's College et la Sorbonne soit « tout le monde ». Il a levé des fonds grâce à l'aide d'un professeur rencontré à HEC et de son propre père, issu de l'aristocratie parisienne et exerçant dans un fonds d'investissement.

Axel, créateur à 24 ans d'une start-up de la *health tech* qu'il développe dès sa scolarité à Polytechnique (père directeur d'hôpital) se montre plus conscient de sa situation privilégiée. S'il affirme : « je n'aime pas spécialement le risque, en revanche, je pense que je n'ai aucune peur. J'ai beaucoup plus peur de m'ennuyer, de ne pas être au bon endroit », il précise aussitôt que sa démarche de création n'est guère risquée et qu'il a ce luxe

---

[31] Flécher, M., « Des inégalités d'accès aux inégalités de succès : enquête sur les fondateurs et fondatrices de start-up », Travail et emploi, 159, 2019, p. 39–68.

[32] Sur les 28 enquêtés pour lesquels nous connaissons la profession des parents, 22 ont au moins un parents cadre, chef d'entreprise ou médecin.

de ne pouvoir se préoccuper que d'échapper à l'ennui. Son passage par Polytechnique lui a en effet permis de toucher un salaire et de cotiser très tôt (« je fais partie des grands privilégiés de la cotisation, parce qu'en fait, en étant militaire à l'X, on a commencé à cotiser à 20 ans, Ça me fait presque honte, hein ») ainsi que de faire des stages dans le développement informatique extrêmement rémunérateurs (« Il y avait un zéro de trop sur ma feuille de paie »). C'est grâce à ses économies ainsi qu'au « fonds d'investissement parental » que lui et ses trois associés réunissent les 5000 euros du capital social de l'entreprise. Ne se rémunérant pas encore, deux des quatre associés vivent de leur bourse de thèse et les deux autres de missions de *free-lance* comme développeur. Avec quelques missions, Axel réussit ainsi à gagner environ 2000 euros par mois en moyenne, sans compter les aides familiales : « je peux vivre comme un prince parce que j'ai pas de loyer à payer, parce que mes parents s'occupent de ça, quoi ». Il évoque à l'inverse l'un de ses associés du début qui a dû renoncer au projet pour gagner sa vie rapidement : « Il fallait qu'il assure un peu. Et il ne pouvait pas se permettre de finir à zéro chaque mois, quoi ». Le lancement de leur projet a en outre bénéficié de locaux et d'un accompagnement gratuit, dans le cadre du programme d'incubation dans lequel ils ont été sélectionnés. Ils espèrent aujourd'hui obtenir un prêt à taux zéro de 150 000 euros dans le cadre du programme Wilco (accélérateur de start-ups basé sur le plateau de Saclay et à Paris).

Dans d'autres espaces sociaux, l'entrepreneuriat peut apparaître comme un espoir de mobilité sociale pour des étudiants craignant de ne pas trouver d'emploi suffisamment qualifié, voire d'emploi tout court. Le projet entrepreneurial correspond dès lors à un mode de revalorisation symbolique de perspectives professionnelles en demi-teinte, de la part d'étudiants confrontées à l'inflation scolaire[33]. Réalisant à l'occasion d'un stage, d'un contrat d'alternance ou d'une première tentative de recherche d'emploi que leurs titres scolaires n'ont pas (ou plus) la valeur qu'ils escomptaient sur le marché du travail en regard des niveaux de salaire et/ou de responsabilité auxquels ils permettent d'accéder, ces jeunes peuvent se montrer sensibles au discours entrepreneurial. La « mise à son compte » est alors perçue comme une voie de salut par ces étudiants, qui ne disposent pourtant pas toujours des ressources et appuis nécessaires.

---

[33] Duru-Bellat, M., *L'inflation scolaire*, Paris, Seuil, 2006.

Tel est le cas d'Adrien, âgé de vingt-trois ans, inscrit dans un IUT du Sud de la France, en licence professionnelle « Entrepreneuriat ». Après avoir décroché de justesse un bac scientifique, il obtient laborieusement en trois ans, un BTS « Négociations relations clients » alors que, plus jeune, il s'était rêvé journaliste, ostéopathe ou encore gendarme du GIGN. Durant son contrat d'alternance puis sa tentative de recherche d'emploi, il réalise avec un certain dépit que ce diplôme ne lui permet guère de prétendre à court terme à autre chose qu'à un emploi de commercial qu'il qualifie de « bas de gamme » (« je voulais quand même avoir un poste un peu plus haut que ça. Ouais, ça aurait été un peu chiant »). Après un voyage en Australie au cours duquel la réussite de jeunes entrepreneurs français installés là-bas le fait rêver, il postule pour intégrer la licence professionnelle « Entrepreneuriat », à la fois pour se hisser au niveau bac +3 et parce que l'entrepreneuriat lui apparaît à ce moment-là comme un moyen de prétendre à un « poste à responsabilités », à un « emploi qui ait un vrai impact » et, surtout, qui lui plairait (« peu importe le secteur, c'est vraiment pas ça qui m'importe, mais que ça me plaise »). Durant cette année d'études supplémentaire, le double objectif qu'il vise est de se former à l'entrepreneuriat et de rencontrer de potentiels associés (ses parents sont infirmiers et ne disposent d'aucun capital à lui prêter). « À l'affût de toute opportunité », il participe durant l'année à deux projets entrepreneuriaux successifs. Le premier est une boutique de streetwear montée par deux jeunes hommes de son âge, dans laquelle il effectue le stage obligatoire dans le cadre de la licence. Se prenant au jeu, il les aide à lancer leur projet. Le second projet relève du secteur de l'import-export. Il est porté par un camarade de promotion, ancien entrepreneur et ancien cadre en reprise d'études. Ils travaillent ensemble dans le cadre de l'exercice qu'ils doivent réaliser pour obtenir la licence puis, en grandeur nature, au cours des mois qui suivent la fin des cours. Aucun de ces deux projets n'aboutissant, Adrien travaille cinq ans plus tard comme responsable de rayon dans un magasin Décathlon.

Entre entrepreneuriat capitaliste et entrepreneuriat social

Évoquant les étudiants qu'elle accompagne, une chargée de mission du PEPITE d'une université parisienne les décrit comme :

Des jeunes qui veulent faire des projets, des choses construites par eux. Et ça, c'est vraiment punk, vraiment *underground*... Là où se trouvent aujourd'hui le *punk* et l'*underground* ! [...] Ces nouveaux aspirants à l'entrepreneuriat sont des acteurs du changement social, d'une révolution sociale. Nos parents ont fait mai 68, mais maintenant c'est du côté des entrepreneurs que ça se passe !

Ces propos font écho au désir « d' impact » déjà signalé plus haut. Mais si, au-delà du discours, on porte le regard sur les pratiques et les propriétés des acteurs, on constate que cette catégorie peut être mobilisée avec des velléités plus ou moins marquées de tracer des voies alternatives à l'entreprise capitaliste classique.

On a d'un côté affaire à des entrepreneurs qui s'approprient une catégorie aussi polysémique que l'impact, pour justifier le fait qu'ils ne sont pas uniquement mus par un souci de profit et qu'ils entendent contribuer au bien commun, même si leur perspective n'est pas réellement sociale. Les grandes écoles et universités font d'ailleurs largement la promotion d'un entrepreneuriat engagé, sans pour autant inciter les jeunes qu'elles forment à remettre frontalement en question les catégories dominantes de l'économie. Prenons le cas de Louis, l'« héritier » déjà rencontré. Pour justifier son orientation vers la création d'entreprises, ce dernier met au centre de son discours, non pas « la liberté » de l'entrepreneur (thème qu'il juge trop convenu et finalement pas si réaliste au vu de la pression à laquelle il est soumis), mais la volonté d'avoir un « impact sur le monde ». Soulignant que l'entrepreneuriat n'a pas toujours été une évidence pour lui (« je me disais que le commerce, c'était pas noble... Gagner de l'argent, c'était pas... Je voulais faire de la politique, je voulais faire de la diplomatie, plein de trucs »), il explique avoir découvert durant ses années d'études que cela pouvait être une façon de « faire un peu bouger les lignes » et de « contribuer à quelque chose de nouveau » :

> Je crois beaucoup au produit qu'on a, je crois vraiment qu'on améliore la vie des gens, on permet de bien manger pour dix euros ce qui était difficile à faire avant, dans le huitième arrondissement tu pouvais pas... À part le Mac Do et la boulangerie du coin, pour dix euros, il n'y a pas grand-chose. Démocratiser la bonne bouffe, ça, j'y crois beaucoup. Il y a ça qui me motive et c'est assez idéaliste en fait.

On peut ici pointer une forme de décalage entre l'expression de grandes ambitions et un projet – permettre aux actifs du huitième arrondissement de Paris de manger correctement le midi pour un prix abordable – somme toute modeste dans son ambition sociale. D'autres entrepreneurs, rencontrés pour une majorité dans les deux structures favorisant l'entrepreneuriat social dans lesquelles j'ai enquêté, ont quant à eux à cœur de développer des projets dotés d'un impact social (lutte contre les inégalités, les discriminations, promotion de l'éducation, de la santé, etc.) ou écologique plus marqué.

Désignant une tentative pour (ré)concilier les valeurs et pratiques du secteur de l'économie sociale et solidaire (ESS) et celles du « nouveau monde » des start-ups, l'entrepreneuriat social est aujourd'hui une catégorie qui fait l'objet de luttes âpres pour sa définition, à la mesure de l'engouement qu'elle suscite[34]. Soucieux de placer l'innovation technologique au service du bien commun, une partie des entrepreneurs rencontrés revendique ainsi une affiliation au mouvement de la *Tech for good*, un label institutionnalisé en 2018 par les pouvoirs publics français. Quelles sont les propriétés sociales et les pratiques de ces entrepreneurs sociaux, qui suscitent l'engouement des jeunes étudiants et diplômés ?

« Une infirmière et un chef d'entreprise, ça fait un coach ». C'est ainsi que l'un des promoteurs du coaching en France, interrogé par Scarlett Salman[35], évoque ses origines sociales. Cette assertion fait écho aux profils des entrepreneurs sociaux rencontrés, qui sont souvent issus de familles combinant des propriétés de la bourgeoisie économique et culturelle (par exemple un père entrepreneur ou cadre d'entreprise et une mère enseignante) ou encore liées au champ médical. Dans les deux structures dédiées à l'économie sociale qui ont été ethnographiées, on constate en effet une surreprésentation des personnes possédant au moins un parent médecin, comme si on avait affaire à une forme de déplacement des héritiers de la bourgeoisie traditionnelle vers des secteurs perçus comme plus porteurs. Au cœur des socialisations primaires de ces jeunes diplômés se trouve fréquemment une combinaison d'excellence scolaire (avoir au moins un parent enseignant n'est pas rare, notamment parmi les diplômés des écoles d'ingénieurs les plus élitistes), d'ambition professionnelle mais également d'attirance-répulsion pour le monde des grandes entreprises.

---

[34] Moutard-Martin, P., « La cause de l'efficacité économique. Les entrepreneurs sociaux, agents et produits des transformations de l'économie engagée ? », PSSP Working Paper, n° 4, 2021.

[35] Salman, S., « Un coach pour battre la mesure ? La rationalisation des temporalités de travail des managers par la discipline de soi », Revue d'anthropologie des connaissances, 8, 1, 2014, p. 97–122.

Cette ambivalence s'appuie pour certains sur des dispositions liées au christianisme social[36] ou encore sur une valorisation de la « province » ou de la « campagne » contre « Paris », qui n'est pas sans faire écho à l'opposition entre la start-up et le grand groupe. C'est ainsi que Marine (25 ans, créatrice d'un projet de promotion de l'entrepreneuriat social auprès des ingénieurs qu'elle a développé dès sa scolarité à l'École Centrale, père ingénieur et mère professeure des écoles) m'explique que son père, ingénieur agronome, est venu à Paris pour ses études puis pour le travail mais que le reste de sa famille élargie est restée en Normandie (« ils sont tous agriculteurs là-bas ») et qu'elle se sent « plus proche de là-bas que de Paris ». Au moment de l'entretien (juste avant le déclenchement de l'épidémie de Covid), elle envisage d'ailleurs de s'installer à la campagne grâce aux possibilités qu'offre déjà le travail à distance. Noé, fils de médecins, estime quant à lui qu'il n'a « pas d'énormes besoins » car « chez ses parents, on consommait assez peu aussi, on vivait à la campagne » et qu'à HEC il s'est toujours senti un « provincial » (il a d'ailleurs été membre d'une association baptisée « À contre-courant »). Dès sa classe préparatoire commerciale, il s'est senti isolé en raison de ses opinions politiques : « C'était Royal contre Sarko, j'étais le seul pour Royal dans toute ma prépa » ; alors qu'à l'inverse, dans la famille, son père « c'était le mec de droite, parce qu'il avait fait médecine, tu vois. [...] Tous mes oncles et tantes sont profs ». Tout se passe ainsi comme si la réunion des contraires qui caractérise les familles dont sont issus ces jeunes entrepreneurs sociaux (urbain/ rural, droite/gauche, public/privé, réussite sociale/ simplicité, mondes de l'entreprise/mondes social, éducatif, de la santé, etc.) se réfractait dans des projets cherchant à combiner utilité sociale et pratiques managériales – auxquelles ils ont été formées dans les grandes écoles et lors de leurs premières expériences professionnelles –, normes et valeurs des monde de l'ESS[37] avec celles des start-ups. Ces tentatives de réconciliation ne vont pas sans tiraillements pour ces jeunes entrepreneurs, notamment pour la fraction la plus engagée et la plus critique à l'encontre des catégories de l'économie dominante.

---

[36]   Voir, sur cette sensibilité chrétienne sociale ou chrétienne de gauche dans l'univers de l'économie sociale, Darbus, F., Lazuech, G., « Du militant au manager ? Les « nouveaux » cadres de l'économie sociale » in Bouffartigue, P., Gadea, C., Pochic, S., *Cadres, classes moyennes : vers l'éclatement ?*, Paris, Armand Colin, 2011, p. 76–86.

[37]   Secteur traditionnel de l'ESS lui-même non exempt de ces tensions entre économique et social. Voir Lazuech, G., Darbus, F., « Du militant au manager ? », *ibid.*

Dans la première structure enquêtée qui accueille nombre de jeunes ingénieurs intéressés par la *Tech for good*, les principaux dilemmes rencontrés tournent autour de l'(im)possibilité de réaliser un chiffre d'affaire en maintenant l'idéal de l'*open science*; de l'obligation de renoncer à la forme associative pour lever des fonds ou convaincre des clients ; ou encore des tensions que peuvent générer les principes d'horizontalité auxquels tiennent initialement les fondateurs. Axel explique ainsi les contradictions de leur projet :

> Mais on a beaucoup de mal à trouver une position intermédiaire, entre notre code est complètement ouvert et on va se faire rouler dessus par le premier flibustier qui passe, et on ferme complètement tout et où on se fixe des objectifs qui sont plus mercantiles que ce qu'on a maintenant. C'est dur de trouver une stratégie intermédiaire en fait.

Des tensions émergent au sein de l'équipe opposant Axel, plus idéaliste, à deux de ses associés, plus pragmatiques (« ils disaient il faut qu'on fasse une boîte privée, et moi je disais « non, on va rester en tant qu'ONG » »). Plusieurs compromis sont trouvés, telle la rédaction d'un pacte d'actionnaire atypique (« On avait fait un truc de communiste ! Les équipes de l'incubateur n'avaient jamais vu ça »), mais cela n'empêchera pas Axel de claquer la porte. D'autres sont déçus quand ils découvrent le fossé entre les discours de valorisation de l' « impact » et le manque de financement existant pour des projets sortants des normes de l'économie marchande capitaliste. C'est le cas de Corentin qui a lui aussi monté un projet dans le secteur de la santé (sous forme associative) :

> Moi ce qui me décourage... Enfin, le plus dur, c'est de se dire qu'on a, nous, l'état d'esprit social et solidaire, open source, on en est convaincus. On a de très bons accueils des patients, des médecins, même des contributeurs de la communauté. Mais en face ... tout ce qui est au niveau financement, finalement, ils n'en sont pas convaincus. Aujourd'hui, l'état d'esprit, que ce soit les financiers, tu vois, traditionnels, ou alors ce qu'ils appellent à impact [...] Financièrement, les logiques, elles n'ont pas bougé.

D'autres, enfin, qui ont plus franchement joué le jeu du capitalisme et ont pu réaliser des levées de fond importantes, déchantent face au pouvoir pris par les actionnaires. C'est le cas de Baptiste, co-fondateur d'une start-up de la *ed tech* déjà rencontré plus haut :

Avant on avait des *business angels* mais on ne les voyait pas trop. Maintenant, on a des investisseurs, fonds d'investissement etc., on sent vraiment leur présence, donc du coup... C'est pas que tu te sens désinvesti, mais enfin un peu... Moi je me sens toujours énormément investi, quoi, ça reste mon bébé. Ou notre bébé, en tout cas. Mais bon, tu as des gens qui arrivent, et qui t'apprennent comment tu dois élever ton bébé, quoi.

De nombreuses incertitudes subsistent dès lors autour de la définition de l'entrepreneuriat à impact (social), de sa mesure et surtout des possibilités de financement qui lui sont associés. Le manque de financement peut contraindre à renoncer à un développement ambitieux ou, à l'inverse, à revoir à la baisse la dimension sociale ou écologique du projet.

Conclusion

Qui crée une start-up à l'issue de ses études ? Quelles sont les conditions sociales de possibilités de ce type d'entrée atypique dans la vie active ? Cet article s'est attaché à saisir la manière dont la rencontre entre des contextes traversés et des ressources sociales se réfractent dans des trajectoires individuelles. Du point de vue du contexte, une action publique de promotion de l'esprit d'entreprendre auprès de la jeunesse étudiante se combine, depuis plus d'une décennie, avec des conditions politiques (mesures facilitant la création d'une société, régime de l'autoentrepreneur, essor d'un « écosystème » accompagnant les entrepreneurs, etc.), technologiques (boom numérique) et économiques (externalisation d'une partie de leurs fonctions par les grands groupes) favorisant la création d'entreprise. Du point de vue des trajectoires sociales, pour les jeunes diplômés, notamment ceux issus des filières les plus prestigieuses de l'enseignement supérieur, l'entrepreneuriat sous la forme de la start-up s'apparente à une nouvelle forme de distinction même si, ou peut-être *parce qu*'une minorité se lance dans l'aventure. Loin de l'image d'une voie accessible à de rares individus possédant les qualités associées à la figure mythique de l'entrepreneur schumpétérien, l'entrepreneuriat est d'abord accessible à ceux qui possèdent des ressources leur permettant de s'y engager en limitant les risques. Capital économique (sous la forme de soutien familial), capital culturel (sous la forme d'un diplôme prestigieux), capital social (constitué via la famille et lors du passage dans une grande école) et, dans une moindre mesure genre masculin, semblent en effet les prérequis les plus répandus pour devenir « startuppeur ». Les petits et moyens diplômés, souvent issus de milieux plus modestes, ont quant à eux moins de possibilité d'accéder au monde des start-up dont les barrières à l'entrée restent très fortes. Même s'ils s'en approprient parfois les références, les rares qui se lancent dans la création ou reprise d'une entreprise restent cantonnés à des formes d'entrepreneuriat plus traditionnel. Quant au désir d' « impacter » la société, il reste souvent un simple label sans contenu, si ce n'est pour la frange la plus engagée des entrepreneurs qui s'affronte alors aux contradictions de l'économie sociale sous sa forme renouvelée par les nouvelles technologies.

Ce que peut produire à terme cet engouement pour les start-ups, reste une question encore largement ouverte. Au niveau individuel, s'agit-il pour des jeunes diplômés issus de milieux favorisés de goûter les charmes d'une bohême 2.0, avant de rejoindre les rangs du salariat lorsque se dissipe l'apesanteur sociale de la jeunesse ? Au niveau collectif, les start-ups sont-elles à même de devenir un espace privilégié où l'innovation peut éclore de manière plus efficace que dans les grands groupes ou dans les instituts publics de recherche[38] ? Ou ne sont-elles que le produit d'une politique d'externalisation des coûts et du risque associés à la recherche et au développement par les grandes entreprises[39], et d'un désengagement de l'Etat – perceptible par exemple quand des jeunes docteurs et ingénieurs destinés à rejoindre les grands corps de l'Etat sont incités à créer des start-ups ?

L'avenir le dira. Mais, en attendant, le développement des start-ups est, d'un côté, le produit d'une stratégie d'externalisation par les grandes entreprises des coûts et du risque associés à la recherche et au développement[40] et, de l'autre, d'un désarmement de l'État qui, non content de renoncer à employer des jeunes diplômés de haut niveau (par exemple les jeunes docteurs et ingénieurs destinés à intégrer les grands corps de l'Etat et qui sont incités à rejoindre le secteur privé), préfère subventionner le développement des start-up plutôt que financer la recherche publique. Alors même que la Silicon Valley avait trouvé son origine dans des programmes étatiques et notamment militaires, ce retrait des pouvoirs publics au profit de l'entrepreneuriat individuel pourrait être préjudiciable au progrès de notre société et à sa capacité à affronter les défis issus de la crise écologique.

---

[38] « A VivaTech, Emmanuel Macron vante *le succès de la tech, bon pour tout le pays* », Les Echos, 16 juin 2021.

[39] Comme le suggère Samir Bedreddine, dans « Des grandes entreprises et des start-up. Logiques d'interactions, pratiques de contrôle », Savoir/Agir, 51, 2020, p. 69–77.

[40] *Ibid.*

Chapitre 2.

Vivre le « rêve américain » dans la Silicon Valley

Marion Flécher

Si elle a longtemps été connue pour ses vergers et son activité agricole[1], la Silicon Valley est aujourd'hui devenue le symbole du progrès technologique et de l'innovation. Cette région, qui a vu émerger les plus grandes figures de la « Tech », a donné une résonance toute particulière au rêve américain, ravivant les croyances anciennes dans le mythe du *self-made man*. Mais si la création de start-up peut permettre, à l'instar de Steve Jobs, Larry Page ou Mark Zuckerberg, de se classer parmi les plus grandes fortunes mondiales, l'ampleur de leur succès est loin d'être à la portée de tout le monde. Érigés au rang de légendes, leurs exemples contribuent pourtant à entretenir la croyance en l'idéologie méritocratique, amenant des individus du monde entier à venir tenter leur chance dans la Silicon Valley.

Nourrie par ces imaginaires, la Silicon Valley est une région particulièrement attractive : entre 2008 et 2018, sa population a augmenté plus rapidement que dans le reste de la Californie (+10,5 % contre +8,1 %), passant de 2,47 millions à 2,73 millions d'habitants[2]. Son attractivité est d'échelle internationale : en 2018, plus d'un tiers des résidents de la vallée (35 %) étaient nés à l'étranger[3]. La population immigrée de la Vallée est en outre particulièrement jeune (56 % des résidents ont entre 18 et 34 ans) et fortement qualifiée (53 % ont un niveau de diplôme équivalent ou supérieur au *bachelor's degree*[4], contre 33 % de la population totale des États-Unis[5]). S'intéressant à l'immigration de cette main d'œuvre

---

[1] Saxenian, A., « The Genesis of Silicon Valley », *Built Environment (1978-)*, n° 1, vol. 9, 1983, p. 7-17.

[2] *2019 Silicon Valley Index*, Joint Venture Institute for Regional Studies, 2019.

[3] *2018 Silicon Valley Index*, Joint Venture Institute for Regional Studies, 2018.

[4] Il s'agit de l'équivalent d'un niveau bac +3 en France.

[5] *2018 Silicon Valley Index*, Joint Venture Institute for Regional Studies, 2018.

qualifiée, aussi appelée « brain drain » (« fuite des cerveaux »), AnnaLee Saxenian, – historienne spécialiste de la Silicon Valley – souligne que ces immigrés qualifiés sont en grande partie originaires des pays d'Asie et représentent désormais une part substantielle de la main d'œuvre des grandes entreprises technologiques de la région[6]. Du fait de la prédominance numérique de cette communauté, qui a désormais dépassé le nombre de résidents « blancs » de la Vallée (la Vallée compte désormais 35 % de résidents d'origine asiatique, contre 33 % de « White people »[7]), les travaux qui se sont intéressés aux expatriés et aux réseaux ethniques de la Silicon Valley se sont surtout concentrés sur l'étude de la communauté asiatique[8], tandis que peu d'enquêtes documentent les trajectoires des ingénieurs et des cadres venus d'Europe et de France[9].

Pourtant, bien que la part des Français et Françaises installés dans la baie de San Francisco ne représente qu'un peu plus de 1 % des résidents de la vallée[10], San Francisco et sa baie sont devenues, depuis une dizaine d'années, une destination de plus en plus prisée des Français. En effet, alors que le nombre d'expatriés Français est en baisse depuis 2017, la communauté française installée aux États-Unis a augmenté de 0,5 % sur l'ensemble du territoire et de 11,2 % à San Francisco[11]. San Francisco est

---

[6] Saxenian, A., « Brain Circulation: How High-Skill Immigration Makes Everyone Better Off », The Brookings Review, n° 1, vol. 20, 2002, p. 28–31.

[7] *2019 Silicon Valley Index, op. cit.*

[8] Shih, J., « Circumventing discrimination: Gender and ethnic strategies in Silicon Valley », Gender & Society, vol. 20, n° 2, 2006, p. 177-206.

[9] On peut toutefois citer le livre de Denis Lacorne qui s'intéresse au cas des Français et Françaises partis s'installer dans la Silicon Valley, cf. Lacorne, D., *Tous milliardaires ! Le rêve français de la Silicon Valley*, Paris, Fayard, 2019, p. 265.

[10] 14 900 Français et Françaises étaient inscrits sur les registres du Consulat général de San Francisco en 2005, mais l'inscription n'étant pas obligatoire, le consulat estime que seul un Français sur trois installé dans la région est immatriculé, et qu'il faut donc multiplier par trois le nombre d'inscrits pour avoir une idée plus juste du nombre de Français et Françaises dans la vallée. Le consulat estime ainsi à 30 000 le nombre de Français et Françaises qui résident dans la baie en 2005.

[11] Il s'agit des seuls chiffres que l'on possède sur la communauté française de la Silicon Valley : Verdier, F., Lerouge, C., « Présence française dans le domaine du High Tech dans la région de San Francisco », San Francisco, Rapport de la Mission pour la Science et la Technologie pour le Consulat Général de France à San Francisco, 2006, p. 28. Source : https://consulfrance-sanfrancisco.org/IMG/pdf/SMM06_005.pdf et https://www.diplomatie.gouv.fr/fr/services-aux-francais/l-action-consulaire-missions-chiffres-cles/la-communaute-francaise-a-l-etranger-en-chiffres/

pourtant connue pour être une des villes les plus onéreuses du monde, au sein de laquelle l'expatriation est mise à rude épreuve.

Issue d'un travail de thèse portant sur le monde des start-ups, cette étude s'intéresse tout particulièrement au petit monde des Français et Françaises partis dans la baie de San Francisco pour y créer leur start-up[12] (voir encadré). À partir de l'analyse de leurs trajectoires sociales, professionnelles et migratoires, ce chapitre vise à éclairer les raisons et les logiques de leur expatriation, en interrogeant d'une part les représentations, les croyances et les mythes qui alimentent leur « rêve siliconien » ; et en analysant d'autre part les épreuves et les désillusions auxquelles ils se retrouvent confrontés dans la réalisation de ce rêve. Quelles sont les motivations qui amènent une part croissante de Français et de Françaises à venir d'installer dans cette région et à quelles conditions parviennent-ils à s'y établir durablement ?

Au regard des profils des Français et Françaises rencontrés dans la baie, il apparait tout d'abord que le « rêve siliconien » n'est pas à la portée de tous, mais qu'il est au contraire réservé à une élite économique, cosmopolite et masculine, en quête de prestige et de distinction sociale. En dépit de leurs ressources distinctives, la réussite sociale et économique de ces nouveaux entrepreneurs est pourtant fortement mise à l'épreuve des conditions économiques, administratives et familiales de l'immigration dans la baie, qui constituent un véritable obstacle à l'expatriation, que seuls quelques-uns parviennent à surmonter. Cette trajectoire migratoire ne va donc pas toujours dans le sens d'une ascension sociale et professionnelle, surtout pour les femmes qui, en suivant leurs conjoints dans leur mobilité, se retrouvent souvent à sacrifier leur carrière.

Une enquête sur les créateurs et créatrices de start-up Français et Françaises de la Silicon Valley

Ce chapitre s'appuie sur une enquête ethnographique menée pendant trois mois (entre juin et août 2019) dans la Silicon Valley.

---

[12]   En 2017, Romain Serman, ancien Consul Général de France à San Francisco devenu directeur du bureau de la Bpifrance à San Francisco, estime à environ 300 le nombre de Français et Françaises venus créer leur start-up dans la vallée. Source : Cassini, S., « Le rêve américain des start-upeurs français». Une « pouponnière » propose des stages d'observation pour aider les créateurs de jeunes pousses à appréhender les us et coutumes de la Silicon Valley », Le Monde, publié le 24 mars 2017.

S'inscrivant dans le cadre d'une thèse portant sur les modes de création et d'organisation des start-up en France et aux États-Unis, cette enquête visait à éclairer les dimensions idéologiques et symboliques du monde des start-up, en se rendant dans le foyer historique des start-up et des hautes technologies : la Silicon Valley. Au cours de ce terrain, nous sommes allés à la rencontre de 45 Français et Françaises ayant créé leur start-up dans la baie de San Francisco. La plupart de nos enquêtés sont arrivés dans la baie au cours des dix dernières années (depuis 2010), mais quatre d'entre eux s'y sont installés dans les années 1980, deux dans les années 1990 et huit dans les années 2000. Parmi les plus anciens, huit sont devenus milliardaires ou multimillionnaires, suite à la vente ou l'entrée en bourse de leur start-up. Les entretiens menés avec ces créateurs et créatrices de start-up ont ainsi permis d'interroger les représentations associées à la Silicon Valley et au « rêve américain », mais également d'analyser les conditions sociales de l'immigration et de leur installation durable dans la baie.

Le rêve américain d'une élite française

S'il est déjà établi que les individus qui s'expatrient dans un pays étranger pour mener une carrière à l'international sont généralement issus des classes les plus favorisées de leur pays d'origine[13], les créateurs et créatrices de start-up Français de la baie n'échappent pas à ce constat. Appartenant, dans leur pays d'origine, à une élite économique, cosmopolite et masculine, les profils de ces expatriés laissent entrevoir les conditions très sélectives d'intégration à ce monde.

---

[13] Colombi, D., « Les usages de la mondialisation : mobilité internationale et marchés du travail en France », Thèse de doctorat, Paris, Institut d'études politiques, 2016.
    Wagner, A.-C., *La mondialisation des classes sociales*, Paris, La Découverte, 2020, p. 128 ; Wagner, A.-C., *Les nouvelles élites de la mondialisation: une immigration dorée en France*, Paris, Presses universitaires de France, 1998, p. 236.

Une élite économique

Si la plupart des créateurs et créatrices de start-up appartiennent déjà, en France, aux classes supérieures[14], celles et ceux qui sont partis s'établir dans la Silicon Valley sont issus d'une fraction de classe encore plus fortement dotée. À l'exception de deux d'entre eux, dont le père est gendarme et technicien, les créateurs et créatrices de start-up Français de la Vallée ont tous et toutes un père chef d'entreprise, cadre ou membre des professions intellectuelles supérieures, les situant parmi les classes supérieures de la population française. La grande majorité provient en outre de la fraction économique des classes supérieures[15], puisque plus de la moitié avaient un père dirigeant, cadre du privé ou indépendant (commerçant, comptable, médecin).

En outre, si les créateurs et créatrices de start-up étudiés en France se distinguent des créateurs d'entreprises classiques par leur niveau de diplôme (80% ont un niveau de diplôme équivalent au master et 56 % sont passés par une école de commerce ou d'ingénieurs, contre 45% et 7% des créateurs d'entreprise[16]), celles et ceux qui sont partis dans la Silicon Valley se démarquent encore davantage par le prestige et le rang de leurs écoles, qui comptent parmi les « très grandes écoles » françaises : 14 d'entre eux étaient issus de Polytechnique (X), Centrale Paris, les Mines de Paris, l'école des Ponts-et-Chaussées, HEC, l'ESSEC, l'ESCP, l'ENS ou encore l'IEP de Paris (Sciences Po) – les autres étant tous et toutes diplômés d'une grande école de commerce ou d'ingénieurs. De telles trajectoires scolaires les rapprochent ainsi davantage des profils des PDG des plus grandes entreprises françaises[17], des patrons des entreprises du CAC 40[18] ou encore des personnalités inscrites au *Who's*

---

[14] Flécher, M., « Des inégalités d'accès aux inégalités de succès : enquête sur les fondateurs et fondatrices de start-up », Travail et emploi, vol. 159, n° 3, 2019, p. 39-68.

[15] On reprend ici la théorie du champ de Bourdieu (2013), qui explique qu'au sein même de la classe dirigeante, on trouve différentes fractions (fraction culturelle, professions libérales, et fraction économique) selon la structure des différents capitaux (capital relationnel, capital culturel, capital économique).

[16] Flécher, M., « Des inégalités d'accès aux inégalités de succès : enquête sur les fondateurs et fondatrices de start-up », op. cit.

[17] Hartmann, M., « Internationalisation et spécificités nationales des élites économiques », Actes de la recherche en sciences sociales, n° 5, n° 190, 2011, p. 10-23.

[18] Dudouet, F.-X., Grémont É., *Les grands patrons en France. Du capitalisme d'État à la financiarisation*, Paris, Éditions Lignes de Repères, 2010, p. 176.

Who[19] que des travailleurs indépendants et créateurs d'entreprise classiques, et attestent de leur appartenance au pôle économique des classes supérieures[20].

Une élite internationalisée

Les trajectoires scolaires et professionnelles de ces Français et Françaises sont en outre marquées par un forte internationalisation, encouragée par leur parcours au sein de ces filières d'élites. Si la possibilité de voyager a longtemps fonctionné comme un marqueur de classe réservé à l'aristocratie et la haute bourgeoise[21], les expériences à l'étranger sont de plus en plus encouragées par les grandes écoles[22]. L'internationalisation du corps professoral, les accords entre institutions prestigieuses des différents pays ou encore les programmes d'études à l'international qui se sont multipliés ces dernières années ont contribué à démocratiser, au sein de certaines catégories, l'accès à l'international. De fait, plus de la moitié des Français rencontrés à San Francisco ont eu au moins une expérience à l'international dans le cadre de leurs études, d'un stage ou d'un emploi.

Aussi, bien que l'internationalisation des trajectoires scolaires ne se limite pas à ces institutions d'élite, Adrien Delespierre[23] montre que les programmes mis en place au sein des plus grandes écoles constituent un véritable signe de distinction sociale pour ces étudiants, venant s'ajouter à l'excellence de leur diplôme et le prestige de leur institution. A l'instar de Gaetan et de Rayan, qui ont tous deux pu aller étudier à Stanford ou à Berkeley dans le cadre d'un partenariat passé avec leur école française (l'Université Paris-Dauphine et HEC), mettant ainsi un premier pas dans la Silicon Valley, ce sont ceux qui maîtrisent le mieux la culture

---

[19] Denord, F., Lagneau-Ymonet, P., Thine, S., « Le champ du pouvoir en France », Actes de la recherche en sciences sociales, vol. 5, n° 190, 2011, p. 24-57.

[20] Bourdieu, P., *La noblesse d'État. Grandes écoles et esprit de corps*, Paris, Les Éditions de Minuit, 1989, p. 569 ; Saint-Martin, M. de, « Les recherches sociologiques sur les grandes écoles : de la reproduction à la recherche de justice », Éducation et sociétés, n° 1, n° 21, 2008, p. 95-103.

[21] Wagner, A.-C., « La place du voyage dans la formation des élites », Actes de la recherche en sciences sociales, vol. 170, n° 5, 2007, p. 58-65.

[22] Delespierre, A., « L'usage du monde », Actes de la recherche en sciences sociales, vol. 3, n° 228, 2019, p. 42-55.

[23] *Ibid.*

dominante dans leur pays d'origine qui sont les mieux placés pour donner une forme internationale à leurs capitaux[24].

Les scolarités internationales et les séjours à l'étranger supposent aussi – selon les destinations et les institutions – un certain niveau de capital économique. Les MBA par exemple, qui sont de véritables « formations de luxe » destinées à un public « trié sur le volet »[25], peuvent coûter entre 100 000 $ et 200 000 $ par an. Les cinq enquêtés qui ont pu suivre ces formations le doivent ainsi à un important capital économique qui leur a permis d'engager de telles sommes. Si cette élite doit moins son ouverture internationale à un cosmopolitisme familial qu'au rôle des grandes écoles, l'acquisition d'un capital international reste ainsi étroitement liée au capital de départ, de sorte que l'inscription des pratiques et des modes de vie dans un espace international demeure un « marqueur de l'appartenance aux classes supérieures »[26].

Une élite masculine

Les créateurs et créatrices de start-up Français et Françaises de la Silicon Valley forment en outre une population majoritairement masculine. Au sein de la communauté française installée dans la baie, seules 10 femmes s'étaient lancées dans la création d'une start-up. Deux phénomènes semblent expliquer la sous-représentation des femmes parmi ces créateurs et créatrices de start-up expatriés.

Le premier est lié aux logiques de genre à l'œuvre dans l'expatriation. En effet, les grandes enquêtes sur la mobilité des couples expatriés montrent que les arbitrages conjugaux favorisent bien souvent la carrière des hommes au détriment de celle de leur épouse[27]. Les travaux de sociologie du genre portant sur les carrières des hommes et des femmes montrent en outre que les hommes sont plus aptes à se soumettre aux normes de mobilité, leur conjointe sacrifiant souvent leur propre carrière

[24] Börjesson, M., « The global space of international students in 2010 », Journal of Ethnic and Migration Studies, vol. 43, n° 8, 2017, p. 1256-1275.

[25] Wagner, A.-C., *Les nouvelles élites de la mondialisation: une immigration dorée en France*, op. cit., p. 135.

[26] Wagner, A.-C., *La mondialisation des classes sociales*, op. cit., p. 46.

[27] Shinozaki, K., « Career Strategies and Spatial Mobility among Skilled Migrants in Germany: The Role of Gender in the Work-Family Interaction », Tijdschrift voor Economische en Sociale Geografie, vol. 105, n° 5, 2014, p. 526-541.

pour les « suivre »[28]. À l'inverse, les femmes cumulent les obstacles : résistance de leur conjoint, souvent lui-même cadre ; affaiblissement du réseau familial en cas de déménagement, pourtant précieux pour la garde des enfants ; culpabilité de l'absence de la mère, lorsqu'elles consacrent beaucoup de temps à sa carrière, etc. Ainsi, « la mobilité des femmes reste soumise à un ensemble de conditions que ne connaissent pas les hommes, à commencer par la priorité accordée à la carrière du conjoint »[29], tandis que les carrières internationales des hommes reposent sur des configurations familiales traditionnelles, avec beaucoup de conjointes d'expatriés inactives[30].

Le deuxième facteur pouvant expliquer que les femmes ne se lancent pas dans la création d'une start-up tient au fait que le monde des start-up de la Silicon Valley constitue un monde dominé à la fois numériquement et symboliquement par les hommes. Or, à l'instar des mondes gouvernés par la technique[31], le pouvoir ou l'argent, celui des start-ups constitue un monde dominé à la fois symboliquement et numériquement par les hommes, dont l'*ethos* professionnel fonctionne comme une barrière genrée à l'entrée et au succès des femmes. Renforcé par le poids des stéréotypes de genre, qui associent le domaine de la technique et des nouvelles technologies à un domaine « masculin »[32], ce phénomène peut expliquer que les femmes soient encore moins nombreuses à se lancer dans une carrière entrepreneuriale dans le monde des start-up de la Silicon Valley, fortement dominé par la « Tech ».

L'analyse des profils des créateurs et créatrices de start-up expatriés dans la Silicon Valley, qui appartiennent à une élite économique,

---

[28]   Marry, C., Bereni, L., Jacquemart, A., et al., « Le genre des administrations. La fabrication des inégalités de carrière entre hommes et femmes dans la haute fonction publique », Revue française d'administration publique, vol. 1, n°153, 2015, p. 45-68.

[29]   *Ibid.*, p. 57.

[30]   Guillaume, C., Pochic S., « Mobilité internationale et carrières des cadres : figure imposée ou pari risqué ? », Formation emploi. Revue française de sciences sociales, n° 112, 2010, p. 39-52.

[31]   Marry, C., *Les femmes ingénieurs : une révolution respectueuse*, Paris, Belin, 2004, p. 288.
       Lemarchant, C., « La mixité inachevée », Travail, genre et sociétés, vol. 2, n°18, 2007, p. 47–64.

[32]   Mosconi, N., « Rapport au savoir et division socio-sexuée des savoirs à l'école », La lettre de l'enfance et de l'adolescence, vol. 1, n°51, 2003, p. 31-38.

internationale et masculine, pose ainsi la question suivante : alors que ces individus détiennent des capitaux culturels, économiques et sociaux qui leur permettraient d'occuper des positions prestigieuses au sein de leur espace social national, comment comprendre leur décision de quitter leur pays et de venir s'installer dans la Silicon Valley, où leur réussite sociale, économique et entrepreneuriale est beaucoup plus incertaine ?

Entreprendre dans la Silicon Valley : légitimer sa réussite par le mérite

Deux grandes logiques ressortent de l'analyse des entretiens, quant aux raisons et aux motivations qui les ont amenés à s'expatrier dans la Silicon Valley. Une première logique, d'ordre économique, tient à l'activité de la région qui, par sa concentration de capitaux, d'ingénieurs et d'entrepreneurs, offrirait des perspectives de financement et de réussite inégalées pour les créateurs et créatrices de start-up. Une seconde logique d'ordre idéologique et politique se détache également, liée à l'idéologie méritocratique qui domine aux États-Unis et qu'ils perçoivent comme un moyen de légitimer leur réussite en la rattachant à leur mérite individuel.

Une logique économique : maximiser les perspectives de réussite entrepreneuriale

Forte d'une histoire d'un demi-siècle dans le domaine de l'informatique et de la « Tech », la Silicon Valley offre une concentration inégalée de capitaux, d'investisseurs et d'ingénieurs, en faisant le lieu « rêvé » de toute personne souhaitant créer une start-up. Comme le souligne André Lamothe, qui est arrivé dans la vallée en 2005 après avoir monté une première start-up à New York, c'est cette « combinaison de facteurs » qui fait la richesse et l'attractivité de cette région :

> Pour un entrepreneur, la société américaine, c'est un rêve. Et les gens de la Silicon Valley ils viennent de partout dans le monde parce que justement y a cet écosystème assez génial qui combine un esprit d'entrepreneuriat et d'innovation, un accès au capital et un accès aux talents, qui vient du fait que y a tellement eu de start-up que les gens ont l'expérience des start-up. Donc ça c'est une combinaison de facteurs qui est assez rare dans le monde.

André Lamothe[33], 43 ans, diplômé d'une université de droit et d'un MBA, père épicier, mère bibliothécaire. Arrivé dans la vallée en 2005 pour lancer une deuxième start-up après un premier succès à New York.

En effet, par rapport à la France, la Silicon Valley offre tout d'abord un accès privilégié aux capitaux. En 2018, les fonds de capital-risque de la Silicon Valley et de San Francisco avaient investi un total de 50 milliards de dollars, soit 79 % des investissements en capital-risque de la Californie et 45 % de ceux des États-Unis[34] – contre 3,7 milliards de dollars injectés la même année en France[35]. C'est également la Silicon Valley qui détient le record des « *megadeals* » (levées de fonds de plus de 100 millions de dollars) avec 81 *megadeals* enregistrés en 2018, contre 26 pour le reste de la Californie[36].

L'attractivité de cette région tient également à sa main d'œuvre hautement qualifiée, formée dans les plus grandes universités et venue du monde entier pour travailler dans les grandes entreprises technologiques de la vallée. C'est cette hyper-concentration, sur un territoire restreint, de toutes les ressources nécessaires à la création d'une start-up, qui explique que cette région soit devenue le haut-lieu de l'innovation, des nouvelles technologies et de la création de start-up. Pour le dire comme Sylvain, qui a fini par créer un fonds d'investissement dans la baie, « s'ils viennent ici, c'est parce que ça se passe ici » :

> C'est tout petit San Francisco ! Alors que t'as pas forcément beaucoup plus de start-up mais tu as une densité vraiment plus grande, t'as aussi les plus grands, les géants de la Tech, tout l'écosystème est là, et tu as les capitaux risqueurs. Donc finalement, tout se passe dans un rayon de 3 km carré, même si la Silicon Valley s'étend sur 60 km carré, c'est vraiment sur SF que ça se passe. Donc quand t'es dans un café, potentiellement tu peux être entre le VP de Google, d'Adwords, etc. Donc s'ils viennent ici c'est parce que ça se passe ici.
>
> Sylvain Echeverri, 45 ans, diplômé d'un doctorat en informatique, profession des parents inconnue. Arrivé dans la vallée en 2008 pour créer une start-up, avant de fonder un fonds d'investissement.

---

[33] Tous les noms des enquêteurs ont été modifiés afin de préserver l'anonymat des personnes et la confidentialité des données mobilisées.

[34] *2018 Silicon Valley Index*, op. cit.

[35] Lacorne, D., *Tous milliardaires ! Le rêve français de la Silicon Valley*, op. cit.

[36] *Ibid.*

L'autre raison qui amène souvent les créateurs et créatrices de start-up Français et Françaises à migrer dans la vallée pour créer ou développer leur start-up tient à la taille du marché américain, qui leur donne directement accès à un marché de 330 millions de consommateurs partageant la même langue et la même culture[37]. À l'inverse, la conquête du marché européen suppose de faire face à une grande diversité linguistique, culturelle et réglementaire, rendant difficile une croissance à grande échelle. Beaucoup de Français viennent dans la Silicon Valley pour développer leur entreprise en essayant de conquérir le marché américain.

L'attractivité de la Silicon Valley tient ainsi aux ressources financières, humaines et économiques qu'offre cette région en matière d'innovation et d'entrepreneuriat et qui augmentent considérablement les perspectives de croissance et de succès des créateurs de start-up.

Une logique idéologique : passer de ceux qui héritent à ceux qui méritent

La deuxième logique qui ressort des entretiens est d'ordre idéologique et politique. Croyant puissamment en l'idée que la réussite se mérite plus qu'elle ne s'hérite, les créateurs de start-up Français de la baie voient dans l'idéologie méritocratique qui régit la société étatsunienne et qui domine le monde des start-up, une manière de justifier leur réussite. Daniel Bourgogne par exemple, qui est diplômé d'une grande école d'ingénieurs, issu d'une classe dirigeante et qui est devenu millionnaire à la suite de la vente de sa première start-up dans les années 1990, est convaincu qu'il suffit de « se remonter les manches » et de travailler dur pour devenir la prochaine grande fortune. Bien que sa réussite entrepreneuriale soit en partie liée à ses capitaux, c'est cette idée d'une ascension sociale et d'une réussite méritée qui constitue, pour lui, le rêve américain :

> Le rêve américain, ça reste quand même celui de l'ascension sociale. L'image comme quoi on pouvait venir ici, se remonter les manches, monter un truc et réussir, elle était incroyablement vraie quand je suis venu. Et elle reste encore vraie !
>
> Daniel Bourgogne, 54 ans, diplômé d'une école d'ingénieurs, père directeur d'une PME dans l'agroalimentaire, mère au foyer. Arrivé dans la vallée en

---

[37] *Ibid.*

1988 dans le cadre de son service militaire. Création de 2 start-up qui l'ont rendu millionnaire, puis d'un fonds d'investissement.

L'invocation des théories idéologiques de type méritocratique vient pourtant souvent révéler le besoin, de la part des fractions de classe qui les formulent, de justifier leur domination en convoquant la notion de mérite[38]. À la manière dont, en France, l'école justifie les positions sociales de gens bien nés en transformant leur capital culturel en mérite individuel[39], l'idéologie méritocratique fonctionne comme un instrument de légitimation permettant aux membres des classes privilégiées de « transmuer en mérite » les capitaux dont ils tirent justement leurs privilèges »[40]. Les Français et Françaises de la baie voient ainsi dans le modèle de l'égalité des chances américain un moyen de légitimer et de justifier leur réussite entrepreneuriale par leur mérite, là où ils ont le sentiment d'être trop souvent ramenés, en France, à leur origine sociale. C'est ce que manifeste Daniel Bourgogne, qui considère que les trajectoires sont, en France, trop marquées par le poids de l'héritage, tandis qu'aux États-Unis, les individus ne seraient pas « prisonnier[s] de [leur] histoire » :

En France, on est vraiment défini par son histoire, par le milieu social dans lequel on est né, l'école qu'on a fait, le diplôme qu'on a eu, mais pour y vivre et pour essayer de faire avancer les choses en France, c'est chiant quoi. (…) Et puis en France, c'était un pays où les choses bougeaient pas très vite et où on se sentait un peu prisonnier du système. J'avais l'impression qu'ici c'était le pays où tout est possible, et la France où c'était tout verrouillé. Ce qui m'a tout de suite plu ici, c'était le sentiment de liberté qu'il y avait dans la Silicon Valley. Je savais que c'était le pays où on pouvait faire ce qu'on voulait et où on n'était pas prisonnier de son histoire.

Daniel Bourgogne, 54 ans, diplômé d'une école d'ingénieurs, père directeur d'une PME dans l'agroalimentaire, mère au foyer. Arrivé dans la vallée en 1988 dans le cadre de son service militaire. Création de 2 start-up qui l'ont rendu millionnaire, puis d'un fonds d'investissement.

---

[38] Bell, D., « Meritocracy and equality », The Public Interest, vol. 29, 1972, p. 29-68.

[39] Bourdieu, P., Passeron, J.-C., *Les Héritiers, les étudiants et leurs études*, Paris, Éditions de Minuit, 1964, p. 189 ; Duru-Bellat, M., Tenret, É., « Who's for meritocracy? Individual and contextual variations in the faith », Comparative Education Review, vol. 56, n° 2, 2012, p. 223-247 ; Passeron, J.-C., Bourdieu, P., *La Reproduction*, Paris, Éditions de Minuit, 1970, p. 284 ; Tenret, É., *L'école et la méritocratie*, Paris, Presses Universitaires de France, 2011, p. 192.

[40] Bourdieu, P., « Séminaires sur le concept de champ, 1972–1975 », Actes de la recherche en sciences sociales, n° 5, 2013, p. 4-37.

Les créateurs et créatrices de start-up Français et Françaises qui immigrent dans la vallée y voient ainsi un monde où les règles du jeu seraient plus justes que dans le système français. C'est pourtant grâce à un capital international, indissociablement culturel, linguistique, et social, en grande partie hérité et renforcé par des cursus scolaires et des expériences professionnelles à l'international, que leurs ressources s'avèrent particulièrement bien ajustées au champ du pouvoir américain. Leur décision d'aller créer leur start-up dans la Vallée comporte ainsi une forte dimension idéologique, visant à légitimer leur réussite en l'associant à l'idée de mérite. Plus que devenir millionnaires, ils cherchent à être perçus comme des *millionnaires légitimes*.

C'est donc dans une quête de réussite mais surtout de réussite légitime et légitimée par l'idée de mérite, que ces Français et Françaises s'expatrient dans la Silicon Valley pour y créer leur start-up. Pour autant, bien qu'ils et elles appartiennent à une élite dans leur pays d'origine, ces créateurs et créatrices de start-up se retrouvent souvent mis à l'épreuve par les conditions administratives, économiques et familiales d'immigration dans la baie, de sorte que leur trajectoire migratoire n'est pas toujours facteur d'une trajectoire sociale ascendante.

La mobilité internationale : une source de mobilité sociale ?

Puisque « immigration ici et émigration là sont les deux faces indissociables d'une même réalité »[41], l'analyse des trajectoires sociales et migratoires de ces Français et Françaises pose la question de la transférabilité de leurs capitaux – économique, culturel, et social – dans l'espace social d'arrivée, où les hiérarchies sociales sont souvent distinctes de celles de l'espace de départ[42]. Si certains Français ont réussi à faire fortune et à s'installer durablement dans la région, l'immigration dans la Silicon Valley peut entrainer des formes de déclassement social, pour des individus pourtant privilégiés dans leur pays d'origine.

---

[41] Sayad, A., *La Double Absence. Des illusions de l'émigré aux souffrances de l'immigré*, Paris, Seuil, 1999, 437, p. 15.

[42] Bidet, J., « Déplacements : Migrations et mobilités sociales en contexte transnational », *Actes de la recherche en sciences sociales*, vol. 225, n° 5, 2018, p. 67.

Des conditions d'immigration sélectives

Bien que ces créateurs et créatrices de start-up appartiennent, dans leur pays d'origine, à une fraction de hauts cadres fortement dotés, les conditions économiques et administratives de l'installation dans la Silicon Valley mettent cette élite à rude épreuve. Le premier défi est d'ordre économique. Que ce soit au regard du prix de l'immobilier, de la santé ou de l'éducation, s'installer dans la Silicon Valley a un coût économique qui a de quoi décourager même les plus dotés. La question économique est particulièrement centrale dans les trajectoires migratoires des créateurs et créatrices de start-up, car à la différences des ingénieurs qui viennent travailler pour les grandes entreprises Tech de la Silicon Valley (Apple, Google, Facebook, Twitter) et qui bénéficient à ce titre de conditions d'emploi avantageuses (accès à un visa, salaire attractif, assurance maladie, etc.)[43], ce n'est pas le cas de celles et ceux qui viennent dans la Silicon Valley pour y créer leur entreprise et qui ne peuvent pas se verser un salaire aussi élevé au lancement de leur activité. Ainsi, même en ayant levé des fonds et négocié avec ses investisseurs de tripler son salaire par rapport à ce qu'il se versait en France, Lucas Dalois parvient tout juste à maintenir le niveau de vie qu'il avait en France :

> La vie est hors de prix. Quand je dis hors de prix c'est que tout est trois fois plus cher, et de surcroit quand t'as des enfants. (…) Et donc quand tu as des enfants, tu rentres dans un truc qui t'asphyxie. Et ça faut le prendre en compte. Quand t'es *founder*, à ce stade de boite, faut surtout pas trop te payer, il faut pas rouler sur l'or, mais il faut absolument te payer assez. (…) Parce que tu peux pas non plus mettre toute ta famille qui avait un certain niveau de vie en France, dans un truc à 2 heures de la ville ! Donc bon (…) Et en vrai quand on est arrivés et que ma femme travaillait pas, j'ai dû remettre de l'argent que j'avais mis de côté, tous les mois, parce qu'on n'y

---

[43] Majda Aouani, qui travaillait pour Apple dans la Silicon Valley, explique en effet que lorsqu'une entreprise comme Apple fait venir des ingénieurs d'autres pays, ceux-ci bénéficient d'un salaire ajusté au coût de la vie dans la Silicon Valley ainsi que de nombreux avantages. Les salariés ont le choix entre différents *packages* de rémunérations et d'avantages, comportant une assurance santé, des *stock-options*, ainsi qu'un plan retraite, le 401K, sur lequel ils peuvent placer de l'argent (détaxé), avec un plafond d'épargne de 18 000 dollars par an. Ils bénéficient en outre d'un accompagnement inédit pour leurs démarches administratives. Des avocats leur sont attribués pour monter leur dossier d'expatriation, ce qui leur permet d'obtenir facilement un visa de travail (L-1), mais également pour monter leur dossier de candidature pour la *Green Card*.

arrivait pas. Donc même avec mon salaire fois trois par rapport à Paris, tu sens que t'as de l'eau jusque-là [*il met sa main au niveau du menton*].

Lucas Dalois, 37 ans, diplômé d'une école d'ingénieurs, arrivé dans la vallée en 2018. Père cadre dirigeant dans un grand groupe, mère en charge du recouvrement dans un grand groupe. Marié, 2 enfants.

Le coût du logement à San Francisco et dans la baie constitue un premier défi économique pour ces Français venus créer leur start-up car il faut compter entre 1 500 et 2 000 dollars par mois pour une chambre en colocation à San Francisco ; entre 4 000 et 6 000 dollars pour une maison en location ; et entre 2 et 5 millions de dollars pour l'achat d'une maison dans la baie[44].

Au coût de l'immobilier s'ajoute le coût du système éducatif, car la plupart des Français et Françaises rencontrés dans la baie ont immigré en famille. Âgés de 33 ans en moyenne au moment de leur arrivée, la très grande majorité ont immigré en couple (39/45) et les trois quarts avec au moins un enfant (32/45). Or, il faut compter 30 000 dollars par an et par enfant pour les écoles bilingues, 25 000 dollars pour l'école française, 20 000 dollars pour les « *pre-school* » (l'équivalent de l'école maternelle) et 15 000 dollars pour l'emploi d'une « *nanny* » (nounou). Même l'école publique américaine, qui est gratuite en théorie, est en réalité très onéreuse car elle fonctionne aux donations, dont le montant dépend du niveau de vie des résidents.

Les frais de santé aux États-Unis constituent un autre poste de dépense important dans le budget de ces Français qui viennent créer leur entreprise. Puisqu'ils ne bénéficient pas d'une assurance par le biais d'un employeur, ils doivent souscrire à une assurance privée dont les mensualités avoisinent les 2 000 dollars, soit un budget de 20 000 dollars annuel. Sans assurance, le coût de l'hospitalisation s'élève à 20 000 dollars par jour – il faut par exemple compter 50 000 dollars minimum pour un accouchement. On comprend alors que le salaire annuel moyen de la Silicon Valley (140 000 $ en 2018) soit deux fois plus élevé que dans le reste des États-Unis (68 000 $[45]). Timothée, qui est marié et père de

---

[44]   Le loyer médian pour un appartement à San Francisco est de 3 728 dollars, et de 4 498 dollars pour une maison familiale, tandis que le prix médian de vente d'une maison st de 1,18 million de dollars dans la Silicon Valley et de 1,31 million de dollars à San Francisco, soit près de six fois plus que dans le reste des États-Unis (*2019 Silicon Valley Index*, 2019)

[45]   *2019 Silicon Valley Index*, Joint Venture Institute for Regional Studies, 2019.

deux enfants, considère ainsi qu'il faut compter 300 000 à 400 000 $ à deux pour « vivre confortablement » dans la baie :

> Dès que j'ai eu ma *Green Card* j'ai acheté une maison (…) La maison était à quasiment 1 million de dollars ici [à Mountain View], et ça a été compliqué parce qu'il fallait quand même mettre 200 à 300 000 d'apport, et puis fallait ensuite faire un gros emprunt, donc c'était pas évident. Les mensualités c'était quand même 4 à 5 000 dollars, donc j'ai dû me battre, j'ai dû louer une chambre dans ma maison pendant des années, j'ai dû faire un crédit hypothéqué sur mon appart en France, enfin bon ça a été une galère sans nom. (…) Aujourd'hui c'est encore plus dur, parce qu'il faut des apports de 500, 600 000. Mais qui a ça, à part ceux qui ont des stock-options ? Parce que même avec deux salaires corrects, de 300 à 400 000 par an, ce qui est quand même le minimum pour vivre confortablement ici, les gens ont du mal à acheter. Et là, on commence à payer pour l'école de ma fille, et c'est 35 000 $ par an, et elle a 3 ans, c'est la *pre-school*, c'est même pas Harvard ! C'est aberrant.
>
> Timothée Laquer, 41 ans, diplômé d'une école d'ingénieurs, père cadre dans le marketing, mère chercheuse en sociologie. Arrivé dans la vallée en 2005 dans le cadre d'un emploi salarié pour un grand groupe français. Il travaille ensuite pour plusieurs start-up avant de créer sa start-up.

Pour cette élite d'affaires, habituée à un certain niveau de vie en France, l'installation dans la Silicon Valley constitue un véritable défi pour lequel leurs capitaux, qui leur garantissent une position élevée dans leur pays d'origine, ne sont pas toujours suffisants pour leur garantir une position équivalente dans l'espace social d'arrivée. À quelles conditions l'expatriation dans la Silicon Valley est-elle, pour ces Français et Françaises, facteur de mobilité sociale ? Et à quoi se mesure cette forme d'ascension sociale ?

Les Français devenus multimillionnaires : les gagnants de la mobilité

Il existe, dans la Silicon Valley, une population française bien établie, ayant fait fortune entre les années 1980 et le début des années 2000, au moment où le marché des start-up connaissait son plus grand essor : les financements coulaient à flot, encouragées par les entrées en bourse qui rendaient millionnaires investisseurs, entrepreneurs et ingénieurs. Au cours de mon terrain dans la baie, j'ai pu rencontrer huit de ces Français (tous des hommes) devenus multimillionnaires, aujourd'hui considérés

comme de véritables « stars »[46] au sein de la communauté française de
la baie de San Francisco. Ces vétérans sont complètement intégrés dans
le milieu d'affaires de la Silicon Valley et acculturés au style de vie siliconien. Leurs enfants ont grandi dans la vallée et ils ont tous fini par
obtenir la nationalité américaine.

Parmi eux, Richard Wilson fait figure de modèle. Il est un des Français les plus anciens de la Silicon Valley, connu et respecté bien au-delà
du cercle français. Marié à une Américaine, avec qui il a eu deux fils, cela
fait aujourd'hui plus de quarante ans qu'il habite une grande maison pro-
vençale d'une valeur de 15 millions de dollars. Fils de deux ingénieurs,
il est un des premiers Français à arriver dans la vallée en 1981, alors âgé
de 23 ans, pour faire un MBA à Stanford. Tout juste diplômé de Polytechnique, où il avait développé un « bon bagage technique », il voulait
« apprendre à faire du business, comme les Américains ». À l'issue de son
MBA, « poussé par un goût pour l'aventure » et par « un désir de faire
des choses plus excitantes », il décide de rester dans la Silicon Valley et
quitte alors le corps des Ponts. C'est à ce moment qu'il est recruté par
Apple, où il travaille pendant trois ans dans l'équipe de Steve Jobs sur le
Macintosh.

En 1986, deux de ses collègues lui proposent de s'associer avec eux
pour monter une start-up de périphérique informatique. En seulement
deux ans, l'entreprise connait une croissance fulgurante, de sorte qu'en
1989, elle emploie 500 personnes et entre au Nasdaq[47] : il devient millionnaire. Il décide cependant de quitter l'entreprise car c'était pour lui
« la fin de l'aventure ». Il fonde alors une nouvelle start-up fabriquant des
puces de compression de vidéos. Au bout de trois ans et grâce à plusieurs
levées de fonds, l'histoire se répète et l'entreprise entre en bourse. À l'âge
de 35 ans, il est multimillionnaire. En 1995, il crée une troisième start-up

---

[46]   Il s'agit d'une expression employée par un article du magazine Challenges, cf. Gilles
Fontaine, « Qui sont les stars françaises de la fameuse Silicon Valley ? », Challenges, 30 juin 2019, https://www.challenges.fr/high-tech/les-stars-francaises-de-lasili
con-valley_661201)

[47]   Le Nasdaq (*National Association of Securities Dealers Automated Quotations*) est une
bourse de valeurs aux États-Unis qui a été créée en 1971 spécialisé dans le marché
boursier électronique. Il est souvent considéré comme l'antichambre de la bourse de
New York, qui accueille les entreprises qui ne sont pas encore suffisamment importantes pour être cotées sur cette dernière. En réalité, le Nasdaq a conservé la plupart
des entreprises technologiques des années 1980 et 1990 et est devenu le marché
boursier de référence des entreprises technologiques.

avec deux anciens ingénieurs de chez Apple, pour « mettre internet sur le mobile ». Il dépose alors plus de 45 brevets, qui contribuèrent à augmenter continuellement sa fortune par la suite. En 1999, l'entreprise, qui emploie 1 500 personnes dans le monde entier et génère plus de 400 millions de dollars de chiffre d'affaires, entre à nouveau en bourse. En 2001, à l'âge de 43 ans, Richard Wilson est milliardaire et, « poussé par [sa] femme », il prend sa retraite.

À l'instar de Richard Wilson, tous les Français qui sont arrivés dans la Silicon Valley entre les années 1980 et les années 2000 et qui y résident encore aujourd'hui ont connu une trajectoire sociale ascendante. Outre l'effet du contexte économique qui leur a été particulièrement favorable, ces individus doivent aussi leur ascension à leur position sociale dans leur pays d'origine. Il s'agissait en effet d'individus particulièrement dotés en capital économique, culturel et social, pour lesquels le capital international, accumulé lors de leurs expériences professionnelles et scolaires à l'international, a fonctionné comme un « multiplicateur »[48].

Cependant, pour ces quelques Français qui sont devenus multimillionnaires par la vente ou l'entrée en bourse de leur start-up, il y a des dizaines de Français et Françaises pour lesquels la réussite est beaucoup plus incertaine.

Les trajectoires incertaines des jeunes créateurs et créatrices de start-up

Pour la plupart des créateurs et créatrices de start-up Français partis tenter leur chance dans la Silicon Valley, la situation économique et administrative est beaucoup plus instable que pour ces multimillionnaires qui ont réussi à faire fortune. En effet, tant que les créateurs et créatrices de start-up n'ont pas réalisé d'opération de « sortie », par la vente ou l'entrée en bourse de leur entreprise, ils doivent parvenir à lever des fonds régulièrement et suffisamment, s'ils veulent pouvoir se verser un salaire et s'établir durablement dans la baie.

Certains Français ont ainsi réussi à lever plusieurs centaines de milliers de dollars, ce qui les sécurise d'un point de vue économique. C'est le cas par exemple de Maxence Lamour, de Christian Doyle, d'André Lamothe, ou encore de Brice Schwaiger, qui ont tous levés entre 150 et

---

[48] Wagner, A.-C., *La mondialisation des classes sociales*, op. cit.

450 millions de dollars et emploient entre 100 et 400 personnes. Comptant parmi les créateurs d'entreprise à succès dans la Silicon Valley, ces Français parviennent à se verser un très bon salaire (420 000 dollars brut par an pour Christian Doyle) et sont tous devenus propriétaires de belles maisons : André Lamothe s'est acheté une maison de 800 m² à Sausalito, avec une piscine, un terrain de foot et « même une tyrolienne », pour 9,5 millions de dollars ; Maxence Lamour a acquis une maison de 280 m² à Palo Alto, pour 3 millions de dollars ; et Christian Doyle, une maison de 230 m² à Curlingame, qu'il a achetée à 3,6 millions de dollars. Ces entrepreneurs sont également durablement établis dans la région car ils ont tous obtenu une Green Card, et André Lamothe a même obtenu la nationalité Américaine, témoignant de leur ancrage sur le sol étatsunien.

D'autres se retrouvent cependant dans des situations plus précaires et incertaines. Il s'agit des jeunes créateurs et créatrices de start-up arrivés plus récemment dans la Vallée dans le cadre de programmes d'accompagnement de start-up comme *Y Combinator* ou *The Refiners*[49]. Ces programmes leur permettent généralement de lever les fonds nécessaires pour vivre dans la baie jusqu'à une prochaine levée de fonds, mais ils ne suffisent pas à s'établir durablement dans la région. Pour ces jeunes, la migration est donc souvent synonyme de déclassement, notamment pour les plus diplômés, qui ont vu leur niveau de vie se dégrader. Pourtant, la plupart perçoivent leur position dans le pays d'arrivée comme valorisante, y voyant une forme d'ascension sociale, *a minima* symbolique. Paul par exemple, qui est arrivé dans la vallée à 21 ans, à la sortie de son école d'ingénieurs, pour faire un stage dans une start-up de la baie avant de créer sa propre entreprise, explique que sa situation économique serait meilleure s'il était salarié dans une grande entreprise, mais qu'il a quand même l'impression d'avoir une meilleure qualité de vie qu'en France. Il valorise notamment le fait de résider au même endroit que la plupart des grandes figures du monde de la Tech, et de pouvoir faire le même type de voyage que les dirigeants d'entreprises du CAC 40 :

> Au départ, on se payait pas, ensuite on s'est payé 60K [par an] avant la levée de 4 millions, et ensuite on s'est payé 90K et maintenant on se paie 105K à l'heure actuelle. Globalement avec 90K tu vis … « bien » à SF. Tu mets pas

---

[49] *The Refiners* et Y Combinator sont deux structures d'accompagnement respectivement française et américaine de la baie, appelées « accélérateurs ». Le principe de ce type de structure est d'investir au capital des start-up sélectionnées tout en les accompagnant dans leur développement.

de côté mais tu peux payer ton loyer si c'est 1 500 / 2 000 dollars par mois, donc tu t'en sors. Nous on paie 1500 chacun [il vit avec sa femme] entre le loyer, le garage, etc. Mais si je montais pas ma boite et que je travaillais ici, je toucherais entre 180 et 200K par an. Donc c'est un choix aussi. (…) Puis globalement, t'as quand même une qualité de vie beaucoup plus *high* que ce que t'aurais en France, même si les loyers coutent cher, mais tu vois ça me parait ouf que l'an dernier pour *Thanksgiving* on soit allés à Tahiti, alors qu'on avait que 25 ans et que pour moi qui viens de France, c'était un voyage de daron de 50 ans, d'une famille de PDG du CAC 40, avec un vol Air France à 6000 balles.

Paul Méthault, 27 ans, diplômé d'une école d'ingénieurs, arrivé dans la vallée en 2013. Père kinésithérapeute, mère médecin généraliste. Marié, pas d'enfants.

Même lorsqu'ils ne réussissent pas à faire fortune et qu'ils rencontrent des difficultés à lever des fonds, la plupart cherchent à rester dans la baie. Ils apprécient le mode de vie de la région, les possibilités de voyage qu'elle offre aux alentours et manifestent un véritable attachement à la communauté française. Raphael par exemple, qui a dû vendre sa start-up à son principal concurrent car il ne parvenait pas à s'imposer face à lui, ne considère pas cela comme un échec. Le simple fait qu'il ait pu, grâce à cette transaction, s'établir durablement dans la Silicon Valley, constitue à ses yeux une forme de réussite :

Bah tu vois, se retrouver avec une *Green Card* aux US, après une expérience entrepreneuriale, avoir réussi à monter une boite, vendu une boite, avoir réussi à la revendre, avoir vu *pitcher* les investisseurs et tout, et avec une *Green Card* en poche, avoir une situation à peu près stable, bah ça c'est une réussite ! Parce que c'est *challenging* d'immigrer aux US, très *challenging*. En termes de coûts, mais aussi pour les problèmes de VISA, l'installation même dans un réseau professionnel et amical, l'école des enfants…

Raphael Elvire, 35 ans, diplômé de l'ENS en biologie, père cadre dirigeant dans un grand groupe, mère dentiste. Arrivé dans la vallée en 2016 pour développer sa start-up dans les drones, avant de la vendre à son concurrent.

Cette revalorisation symbolique de telles situations de déclassement social dépend cependant des ressources de ces individus, qui ont les moyens de convertir ces situations en capital symbolique. Cela rejoint ce qu'a pu observer Jennifer Bidet, qui note qu'un « déclassement dans le pays d'arrivée peut s'accompagner d'une promotion sociale dans le pays d'origine »[50]. Tout semble ainsi fonctionner comme si l'expérience

---

[50]   Bidet, J., « Déplacements : Migrations et mobilités sociales en contexte transnational », op. cit., p. 13.

entrepreneuriale dans la Silicon Valley constituait un symbole suffisamment prestigieux pour être valorisé et valorisable dans leur pays d'origine, et ce, quelle qu'en soit l'issue. Si « ce n'est pas l'accès à l'étranger en lui-même qui hiérarchise les groupes sociaux, mais la valeur sociale conférée à ces expériences »[51], on peut en conclure que l'expérience entrepreneuriale dans la Silicon Valley constitue une véritable marque de prestige permettant à cette élite, même en cas de moindre succès, de se distinguer positivement des créateurs et créatrices de start-up restés en France.

Les « sacrifiées » de la mobilité

Certaines personnes sont néanmoins les grandes perdantes de ces mobilités internationales : les femmes – et plus précisément, les conjointes de ces entrepreneurs. Les trajectoires migratoires sont en effet largement façonnées par des rapports sociaux de genre, jouant en défaveur de ces dernières. Jennifer Bidet montre notamment que dans le cas des migrations « familiales », ce sont plus souvent les hommes cadres qui s'expatrient par opportunité professionnelle[52]. En effet, les quelques femmes que nous avons rencontrées n'étaient pas à l'initiative de cette immigration, mais avaient suivi leurs conjoints dans leur trajectoire migratoire. À l'inverse, sur les 38 hommes que nous avons rencontrés, dont 27 étaient en couple, l'expatriation était toujours à leur initiative.

Si la décision de partir s'installer dans la Silicon Valley est le plus souvent à l'initiative des hommes, elle implique pourtant généralement leur famille proche, puisque la plupart amènent avec eux leur conjointe et leurs enfants. Or, si ce sont plus souvent les hommes cadres qui décident de s'expatrier par opportunité professionnelle[53], ces « migrations familiales » ne sont pas sans conséquence sur la situation professionnelle de leur conjointe. Au contraire, ces mobilités reposent bien souvent sur des arrangements familiaux qui tendent à renforcer des inégalités de carrière déjà marquées entre les hommes et les femmes.

---

[51] Wagner, A.-C., *La mondialisation des classes sociales*, op. cit., p. 108.

[52] Bidet, J., « Déplacements : Migrations et mobilités sociales en contexte transnational », op. cit.

[53] *Ibid.*

De fait, « les inégalités face à la mondialisation ne s'expriment pas seulement en termes de différences de revenus, de qualifications ou de rapports aux moyens de production. Elles renvoient aussi à la capacité inégale d'avoir prise sur le processus de mondialisation »[54]. Pour les femmes qui « suivent » leur conjoint, la reconversion des ressources peut s'avérer plus difficile[55]. Elles peuvent notamment rencontrer des difficultés à retrouver un emploi en lien avec leur niveau de qualification pour deux raisons majeures : soit parce que leur diplôme n'est pas reconnu dans le pays d'immigration ; soit parce qu'elles ne sont même pas autorisées à travailler dans le pays d'immigration, en raison du type de visa de leur conjoint.

Aux États-Unis, le diplôme obtenu à l'étranger de certaines professions, comme celles d'avocat ou de médecin, n'est pas reconnu sur le sol américain. Si ces professionnels veulent continuer à exercer leur métier sur le sol étatsunien, ils doivent alors reprendre leurs études et repasser leurs concours. C'était notamment le cas de la conjointe de Lucas Dalois, qui était avocate en France mais qui a dû passer le concours du barreau américain avant de pouvoir reprendre son activité aux États-Unis :

> Ma femme est avocate donc un peu comme mon ex chirurgienne, elle pouvait pas travailler ici. Mais elle travaillait avec Amazon donc elle a passé 8 ans chez Amazon, elle a dû démissionner, repasser son *bar*, le barreau, parce que, même problème, pour pouvoir exercer, pour pouvoir bosser, il faut que tu repasses le *bar*. (...) Donc elle vient de l'avoir, donc elle va pouvoir rebosser enfin.
>
> Lucas Dalois, 37 ans, diplômé d'une école d'ingénieurs, arrivé dans la vallée en 2018. Père cadre dirigeant dans un grand groupe, mère en charge du recouvrement dans un grand groupe. Marié, 2 enfants.

En outre, certains types de visa (comme le visa H1-b) n'autorisent pas les conjoints à travailler sur le sol américain. Puisque ce sont plus souvent les hommes qui initient les trajectoires migratoires, ce sont de fait plus souvent les femmes qui se retrouvent à sacrifier leurs carrières professionnelles, faute d'autorisation de travailler. Ainsi, sur les 27 femmes qui ont suivi leur conjoint dans la Vallée, moins de la moitié ont pu retrouver un emploi salarié dans les secteurs du marketing ou du commerce, et autant

---

[54]   Wagner, A.-C., *La mondialisation des classes sociales*, op. cit., p. 41.
[55]   Bidet, J., « Déplacements », op. cit.

se sont retrouvées inactives, alors même qu'elles étaient toutes diplômées d'un master ou, pour certaines, d'un doctorat.

Parmi celles qui ont dû s'arrêter de travailler pour des raisons de visa, certaines n'ont jamais repris d'activité, même après l'obtention d'un *Green Card* les y autorisant. En effet, comme le souligne A.-C. Wagner, « l'internationalisation des trajectoires repose le plus souvent sur une stricte division des rôles sexuels qui cantonne les femmes à la sphère domestique »[56]. Se retrouvant assignées à domicile pendant une longue période, elles n'ont pas toujours l'occasion de développer un réseau de relations leur permettant de retrouver un emploi et finissent par se résigner, comme la conjointe de Jean, à continuer de « s'occuper des enfants » :

> C'est là que c'est important d'avoir un conjoint ou une conjointe qui soit dans le même état d'esprit. (…) Parce qu'avec mon visa, le conjoint / la conjointe, il peut pas travailler. Le L-1, qui est celui de la filiale, on peut. (…) Mais non ma femme elle s'occupait des enfants, et ici c'est un truc à temps plein. Parce que tu fais chauffeur. L'école termine tôt, tu dois emmener les enfants à leurs activités, tu passes ton temps à les conduire partout.
>
> Jean Zagman, 59 ans, diplômé d'une école d'ingénieurs, arrivé dans la vallée en 2006. Père chef d'entreprise, mère en charge de l'administration de l'entreprise. Marié, 2 enfants.

Ces trajectoires migratoires, généralement impulsées par les hommes, impliquent des sacrifices de la part de leurs conjointes qui sont lourds de conséquence sur leur carrière et leur vie personnelle. L'expatriation repose ainsi sur un modèle conjugal qui, même lorsqu'elle est facteur de promotion sociale, produit des hiérarchisations spécifiques au sein des classes supérieures.

Conclusion

Offrant une concentration de ressources inédites pour ceux qui souhaiteraient créer une entreprise dans le domaine de la Tech, la Silicon Valley est devenue le haut-lieu de l'innovation et de l'entrepreneuriat, attirant des cadres et des ingénieurs venus du monde entier pour y créer leur start-up, dans l'espoir devenir le prochain Mark Zuckerberg. Cependant, de nombreux obstacles économiques, administratifs et culturels

---

[56] Wagner, A.-C., *La mondialisation des classes sociales*, op. cit., p. 109.

mettent ces projets entrepreneuriaux à rude épreuve, de sorte que seule une élite économique, internationale et masculine, peut prétendre à ce « rêve siliconien ». Mais en dépit des capitaux économiques, culturels et sociaux qui assurent à ces immigrés qualifiés une position sociale élevée dans l'espace national de départ, leur expatriation dans la Silicon Valley est loin de leur garantir le succès attendu. Si les plus anciens, arrivés dans la baie dans les années 1980 et 1990, ont pu bénéficier d'un contexte économique particulièrement favorable au financement et au développement de leur start-up qui les a rendus multimillionnaires, les plus jeunes se trouvent dans des situations économiques et administratives bien plus incertaines, pouvant les conduire à des situations de déclassement social. Pour autant, loin d'y voir le signe d'un échec, ces individus disposent des ressources nécessaires pour revaloriser ces situations de déclassement et en retirer une forme de prestige au sein de l'espace social d'origine, de sorte que le déclassement social dans la Silicon Valley peut se traduire par une forme d'ascension sociale en France. On peut ainsi comprendre que, qu'elle qu'en soit l'issue, le simple fait d'aller « tenter sa chance » dans la Silicon Valley constitue une marque de distinction sociale pouvant donner lieu à de fortes rétributions symboliques et économiques à leur retour en France.

Chapitre 3.

L'entrée en bourse de Google : une analyse socio-financière

François-Xavier Dudouet et Antoine Vion[1]

Les start-up de l'Internet, sont souvent présentées de manière paradoxale. D'un côté, elles incarneraient une forme de rupture avec le capitalisme traditionnel, tant par leur technologie que leur mode de financement et leur méthode de management. De l'autre, elles seraient les enfants chéris des marchés boursiers qui, reconnaissant la portée de leur innovation, valoriseraient leurs actions à des montants astronomiques. Pourtant le lien entre innovation technologique et succès financier n'a rien d'automatique, ni de nécessaire, comme le prouve l'histoire de Linux[2] ou l'industrialisation du hacking[3]. Nombre de jeunes entrepreneurs de la Silicon Valley n'ont initialement que peu d'affinité avec le monde de la finance, voire de l'entreprise, et dans les faits, un grand nombre de start-up échouent à court ou moyen terme[4]. On ne connait

---

[1] Nous aimerions remercier chaleureusement Olivier Alexandre et Benjamin Loveluck pour nous avoir donné l'opportunité de présenter une version préliminaire de cet article dans leur séminaire : « Capitalisme numérique et idéologies » en février 2021. Nous remercions aussi du fond du cœur Philippe Humeau, fondateur de start-up, qui nous a aidé à décrypter les méandres des levées de fonds, Marion Flécher et Mathilde Krill, doctorantes à l'IRISSO, pour leurs précieuses indications bibliographiques, et bien sûr Dominique Maret pour sa relecture attentive.

[2] Dalle, J. M., Jullien, N., "Windows vs. Linux: some explorations into the economics of Free Software", Advances in Complex Systems, vol. 3, n°1, 4, 2000, p. 399–416; Fink, M., *The business and economics of Linux and open source*, Prentice Hall Professional, 2003.

[3] Lusthaus, J., *Industry of anonymity: Inside the Business of Cybercrime*, Cambridge (MA), Harvard University Press, 2018.

[4] Une statistique souvent citée est celle du rapport Business Employment Dynamics du Bureau of Labor, qui fait ressortir un taux d'échec de 90 %. Le détail des statistiques est plus intéressant : les taux d'échec sont de 20 % à la fin de la 1ère année,

pas le nombre exact de start-up qui parvient jusqu'à une introduction en bourse ou *Initial Public Offering* (IPO) aux Etats-Unis, mais sans doute ce chiffre est-il infinitésimal si on en croit les quelques estimations disponibles[5]. L'introduction en bourse n'est donc pas le débouché le plus fréquent des start-up, mais il en constitue une sorte d'objectif normatif pour les capitaux-risqueurs qui y voient le mode de sortie le plus profitable[6]. Elle offre, par ailleurs, une grande notoriété à la firme, à ses fondateurs et aux investisseurs initiaux, ainsi que l'accès à de nouveaux modes de financement et à la liquidité des titres[7]. Dans l'habitacle inaltérable du capitalisme financier, pour parler à la manière de Max Weber[8], la bourse joue comme un horizon d'attente ultime qui sanctionne non seulement la réussite financière mais encore la réussite professionnelle des

---

30 % à la fin de la 2ème année, 50 % à la fin de la 5ème année, 70 % à la fin de la 10ème année. Pour une explication détaillée, https://www.failory.com/blog/star tup-failure-rate

[5] Une requête sur la base de données Crunchbase nous indique que sur 10.702 sociétés fondées à San Francisco depuis 1990 dans le secteur de l'Internet et du logiciel, seulement 73 ont été introduites en bourse, soit 0,007 %. Parmi ces dernières 22 ne sont plus cotées en bourse soit qu'elles aient été rachetées, soit qu'elles aient fait faillite. Les estimations sur une base plus large, tous secteurs confondus à l'échelle des Etats-Unis oscillent entre 0,001 et 0,003 % (https://www.quora.com/What-per centage-of-startups-become-public-corporations), ce qui indique que les start-ups web-Internet de la Silicon Valley pourraient être au moins deux fois plus performantes que la moyenne en matière d'introduction en bourse.

[6] Gompers, P. A., "Optimal Investment, Monitoring, and the Staging of Venture Capital", The Journal of Finance, vol. 50, n°5, 1995, p. 1461–1489 ; Schwienbacher, A., "Venture Capital Exits and Return" in Cumming, D. J. (ed.), *Venture Capital, Investment Strategies, Structures, and Policies*, Hoboken (NJ), John Wiley and Sons, 2012, p. 389–405.

[7] Roël, A., "The decision to go public: An overview", European Economic Review, vol. 40, 1996, p. 1071–1081.

[8] On a souvent traduit « Stahlhartes Gehäuse », littéralement, « coquille aussi dure que de l'acier » par cage d'acier, à la suite de la traduction approximative de Parsons. Comme le signale Bruce Douglass (2016), cette image de la coquille dure comme de l'acier a une signification plus complexe que celle généralement admise puisque le terme de *Gehaus* est employé par Weber pour signifier que l'ordre économique capitaliste est un « vaste cosmos » dans lequel naissent les individus, et qu'il forme l'habitacle/coquille/carapace inaltérable (*unabänderliches Gehäuse*) dans lequel les normes de l'action économique s'imposent aux gens. Sur les problèmes de traduction chez Parsons et leurs effets sur la réception de Weber, voir Baehr, P., « The "Iron Cage" and the "Shell as Hard as Steel": Parsons, Weber, and the Stahlhartes Gehäuse Metaphor in the Protestant Ethic and the Spirit of Capitalism », History and Theory, vol. 40, n°2, 2001, p. 153–169.

fondateurs et de ceux qui les accompagnent. Même si toutes les start-up, loin s'en faut, n'entrent pas en bourse, elles s'étalonnent par rapport à cet objectif en se soumettant à un ensemble d'exigences juridiques, économiques et managériales propres à satisfaire les attentes et les modes de fonctionnement des marchés financiers : adoption des statuts de la société par actions, contrôle des émissions d'actions, recherche rapide de rentabilité, fidélisation des manageurs à la logique actionnariale par le développement de plans d'actions gratuites (stock-options). En ce sens, les start-ups peuvent-être conçues comme un processus par lequel une innovation tente d'être transformée, le plus rapidement possible et au prix le plus élevé possible, en capital financier. Le caractère structurant de cette logique financière n'est cependant que rarement pris en compte dans l'analyse de la destinée des start-ups au profit de récits centrés sur la figure de l'entrepreneur et l'innovation technologique.

Trois types d'explication sont généralement proposées pour rendre compte de l'émergence et du développement des start-up. La première, inspirée par la définition schumpétérienne de l'entrepreneur comme « surhomme »[9] est souvent reprise par la presse spécialisée. Elle fait reposer le succès de l'aventure entrepreneuriale sur la combinaison heureuse entre une personnalité hors du commun et une innovation majeure. La somme considérable d'articles et d'ouvrages qui retracent, souvent de manière hagiographique, les histoires à succès de l'Internet, insiste volontiers sur le caractère disruptif de la technologie développée et sur l'héroïsme des fondateurs qui se sont battus contre vents et marées pour l'imposer. Ces textes, souvent très bien informés, ont cependant du mal à se départir d'une vision épique, teintée de prédestination. La figure prométhéenne de l'entrepreneur, au fondement de la pensée de Joseph Schumpeter[10], l'emporte très largement, faisant de ce dernier le seul responsable de ses succès ou de ses échecs et minorant les conditions sociales de son entreprise.

Le deuxième type d'explication est celui de la sociologie de l'innovation et des *Science and Technology Studies*. Les rédacteurs du *Handbook of Science and Technology Studies*[11] insistent sur le fait que la théorie et la

---

[9] Lapied, A., Swaton, S., « L'entrepreneur schumpétérien est-il surhumain ? », Cahiers d'économie Politique, n°65, 2013, p. 183–202.

[10] Schumpeter, J. A., *Théorie de l'évolution économique. Recherches sur le profit, le crédit, l'intérêt et le cycle de la conjoncture*, Paris, Dalloz, 1999 [1912].

[11] Hackett, E. J., Amsterdamska, O., Lynch, M., Wajcman, J., The *Handbook of Science and Technology Studies*, Cambridge (MA), MIT Press, 2009.

méthode ne sont jamais présentées indépendamment des sujets et problèmes spécifiques abordées empiriquement. Inscrite dans une logique pragmatique et postmoderne, cette démarche a pour principale caractéristique de respecter les spécificités des lieux, des agencements et des rapports aux objets et entre objets pour faire ressortir les facteurs d'émergence d'une nouvelle découverte scientifique ou d'un nouvel artefact technologique. Ainsi, dans le secteur, qui nous occupe, la construction d'algorithmes s'inscrit dans des réseaux sociotechniques complexes qui font progressivement émerger, par déplacement, l'idée susceptible de valorisation capitaliste ultérieure[12]. L'usage singulier par Dominique Cardon de l'expression « capitalisme cognitif »[13] suggère que c'est la valeur cognitive de l'innovation en soi qui produit la valeur financière. Cette démarche, si elle a le mérite d'insister sur les conditions techniques de l'innovation, est cependant plus discrète sur les facteurs socio-financiers, à commencer par la capacité économique à disposer de temps pour élaborer et la capacité sociale à entrer en relation avec des mécènes ou des *business angels*.

Le troisième type d'explication s'intéresse au caractère collectif et historiquement construit du développement des start-ups. Les travaux des historiens ont ainsi montré que ces firmes, souvent issues de la Silicon Valley naissaient dans une configuration socio-techno-financière[14] tout à fait singulière dont les racines remontent au milieu du XXe siècle[15]. La possibilité même de firmes comme Apple, Sun Microsystems ou Google s'explique par un territoire, un passé et une culture. Les sociologues et les anthropologues ont, de leur côté, souligné l'importance des réseaux d'interconnaissance et les structures sociales implicites qui président à

---

[12]　Cardon, D., "Dans l'esprit du PageRank. Une enquête sur l'algorithme de Google", *Réseaux*, n°177, 2013, p. 63–95.

[13]　*Ibid.*

[14]　Nous entendons par là une configuration de relations d'interdépendances au sens de Norbert Elias (Elias, N., *Qu'est-ce que la sociologie ?*, Paris, Pandora, 1981), mais qui ne se limitent pas à des relations inter-individuelles mais englobe des relations entre des institutions.

[15]　Saxenian, A., *Regional Advantage: Culture and Competition in Silicon Valley and Route 128*, Cambridge (MA), Harvard University Press, 1996; Lécuyer, C., *Making Silicon Valley: Innovation and the growth of high tech, 1930–1970*, Cambridge (MA), MIT Press, 2006, Fligstein, N., "Myths of the Market";Ebner, A., Beck, N., *The Institutions of the Market: Organizations Social Systems and Governance*, Oxford Scholarship Online, 2008; Ktitareff, M., « La Californie, le plus grand laboratoire technologique du XXe siècle », *Pouvoirs*, n°133, 2010, p. 115–124.

l'émergence et au succès des aventures entrepreneuriales[16]. Les entrepreneurs ne sont jamais seuls mais s'insèrent toujours dans des relations sociales qui leurs échappent en partie et qui définissent un certain univers des possibles autant qu'elles imposent des normes de comportement[17]. Toutefois, cet encastrement social ne prend toute sa signification qu'à condition d'expliciter les conditions financières dans lesquelles ces relations se déploient. Or, on sait généralement très peu de choses sur les dynamiques financières qui structurent les start-up à leur début : l'évolution du capital-actions de la firme, la répartition des avoirs et des droits entre les différents actionnaires, le montant exact des plus-values réalisées et plus généralement sur la dimension sociale qui organise la distribution des plus-values générées. Inversement, les études financières consacrées aux start-ups s'intéressent assez peu à la sociologie des firmes[18]. Elles se concentrent sur des questions de technique financière en discutant, dans le cas de Google, du prix de l'action, du moment de l'introduction du choix de recourir aux « enchères à la hollandaise » plutôt qu'au livre d'enchérissement, etc.[19]. Pourtant, il est possible de lier ces différentes approches et de proposer une analyse socio-financière des start-up qui montre comment la distribution et le prix des actions sont sociologiquement construits. En prenant pour ligne de mire l'introduction en bourse

---

[16] Aldrich, H. E., Kim, P. H., "Small worlds, infinite possibilities? How social networks affect entrepreneurial team formation and search", Strategic Entrepreneurship Journal, vol. 1, n°1-2, 2007, p. 147–165, Ferrary, M., « Pour une théorie de l'échange dans les réseaux sociaux », Cahiers internationaux de sociologie, n°111, 2001, p. 261–290, Ferrary, M., Granovetter, M., "The role of venture capital firms in Silicon Valley's complex innovation network", Economy and society, vol. 38, n°2, 2009, p. 326–359, Ferrary, M., Granovetter M., "Social networks and innovation," Bathelt, H., Cohendet, P., Henn, S., Simon, L. (ed.), *The Elgar Companion to Innovation and Knowledge Creation*, Chapter 20, Chettenham, Edward Elgar Publishing, 2017, p. 327–341.

[17] Grossetti, M., Barthe, J. F., « Dynamique des réseaux interpersonnels et des organisations dans les créations d'entreprises », Revue française de sociologie, vol. 49, n°3, 2008, p. 585–612, Grossetti, M., Zalio, P. P., Chauvin, P. M., *Dictionnaire sociologique de l'entrepreneuriat*, Paris, Presses de Sciences Po, 2015.

[18] Kanniainen, V., Keuschnigg, C., "The Optimal Portfolio of Start-up Firms in Venture Capital Finance", *Journal of Corporate Finance*, vol 9, N°5, 2003, p. 521–534, Cole, R. A., Sokolyk, T., "Debt financing, survival, and growth of start-up firms", Journal of Corporate Finance, vol. 50, 2018, p. 609–625.

[19] Choo, E., "Going Dutch: The Google IPO", Berkeley Technology Law Journal, vol. 20, 2005, p. 405–441; Hild, M., "The Google IPO", Journal of Business & Technology Law, vol. 3, n°1, 2008, p. 41–59.

de Google nous voudrions souligner de quelle manière la trajectoire financière d'une firme est liée aux conditions sociales de son développement, mais aussi montrer comment ces relations sociales sont structurées et unifiées par les questions financières et notamment les promesses de gain fabuleux que représente une introduction en bourse.

Dans ce chapitre, nous entendons proposer une lecture des processus sociaux de valorisation financière de Google depuis sa fondation jusqu'à son introduction en bourse. Nous étudierons dans un premier temps les conditions socioéconomiques de la fondation de l'entreprise (1), avant d'aborder les logiques de constitution et de contrôle du capital-actions (2), pour enfin examiner l'introduction en bourse et le partage de la plus-value réalisée à cette occasion (3). Nous avons choisi de travailler sur Google car c'est l'une des sociétés de l'Internet les plus connues au monde et qu'elle incarne en bien des points l'idéal type de la start-up du début du XXIe siècle. Elle a été fondée, en 1998, dans la Silicon Valley par deux étudiants de Stanford qui ont développé un moteur de recherche considéré comme révolutionnaire. Introduite en bourse en août 2004, la cotation des actions Google était très attendue. Elle devait marquer le retour en grâce des firmes de haute technologie après l'explosion de la bulle Internet en 2000. Bien que l'introduction elle-même fut quelque peu décevante pour les investisseurs initiaux, le cours de l'action fut multiplié par deux en quatre mois, passant de $ 85 à $ 190. Depuis, sa valeur a plus que décuplé pour dépasser les $ 2500 en 2021. Les actions « Google »[20] sont devenues l'une des toutes premières capitalisations mondiales aux côtés d'Apple, Facebook, Amazon et Microsoft donnant sa première lettre à l'acronyme GAFAM. Pour exceptionnel qu'il soit, ce succès financier a une valeur emblématique très forte, non seulement pour tous ceux qui se sont inspirés de ce modèle, mais plus encore sur la manière dont fonctionne le capitalisme numérique américain. En étudiant les archives juridiques de Google, nous sommes à même de mettre au jour les structures socio-financières qui supportent la naissance et le développement des start-up au sein de la Silicon Valley.

L'essentiel de la littérature scientifique consacrée à Google a trait aux logiciels développés par la société à commencer par son moteur de recherche et ses modalités d'indexation, mais on trouve assez peu de

---

[20]   Le 2 octobre 2015, Alphabet Inc a succédé à Google Inc. qui est devenue une filiale de la première en tant que Google LLC.. Les actions d'Alphabet Inc. continuent cependant d'être négociées sous les appellations GOOGL et GOOG.

travaux dédiés à la firme elle-même. Parmi les études scientifiques qui se sont intéressées à l'entreprise, on peut citer, outre le texte de Dominique Cardon[21], le livre de Barbara Cassin qui examine la révolution culturelle qu'impliquent les usages de Google[22], quelques analyses financières qui retracent l'introduction en bourse de Google[23], ainsi qu'un ouvrage collectif de juristes dirigé par Aurelio Lopez-Taruella[24]. Il existe certainement d'autres références noyées dans la masse des publications à caractère technologique, mais, de manière générale, la sociologie et l'histoire de Google reste encore à écrire. Afin de mener notre étude, nous nous sommes donc appuyés principalement sur des sources non-académiques que l'on peut diviser en trois types de documents. En premier lieu, nous avons eu recours aux nombreux textes qui ont été produits sur l'histoire de Google, qu'il s'agisse d'ouvrages grand public[25] ou de pages Internet. Ces documents fournissent des renseignements de toute nature, souvent incomplets et fréquemment contradictoires, mais ils se sont avérés précieux pour reconstituer la chronologie des évènements et identifier les protagonistes. Le deuxième type de documents est l'information officielle c'est-à-dire estampillée par un organisme qui en assure la validité. Cela recouvre des articles de presse mais aussi les communiqués officiels de la firme, les rapports annuels ainsi que le prospectus d'introduction en bourse. Enfin, nous avons eu recours aux archives proprement dites, qui, elles aussi, sont de plus en plus souvent disponibles sur le web. Nous avons ainsi retrouvé les documents de constitution de la société Google Inc. en septembre 1998, ainsi que les différentes modifications de statut jusqu'à la réincorporation de la firme dans l'état du Delaware en 2003. Ces documents donnent des informations de première main sur la firme,

---

[21]   Art. cit.

[22]   Cassin, B., *Google-moi : la deuxième mission de l'Amérique*, Paris, Albin Michel, 2006.

[23]   Choo, E., art. cit., Hild., M., art. cit., Berg, J. E., Neumann, G. R., Rietz, T. A., "Searching Google's Value: Using Prediction Markets to Forecast Market Capitalization Prior to an Initial Public Offering", *Management Science*, vol. 55, n°3, 2009, p. 348–361.

[24]   Lopez-Tarruella, A., (ed.), "Google and the Law. Empirical Approaches to Legal Aspects of Knowledge-Economy Business Model", Information Technology and Law Series, vol. 22, Springer, 2012.

[25]   Voir notamment Vise, D. A., *The Google Story*, with Malseed, M., London, Pan Book, 2005 ; Auletta, K., *Googled. The end of the world as we know it*, New York City (NY), The Penguin Press, 2009 ; Schmidt, E., Rosenberg, J., Eagle, A., *How Google works*, London, John Murray, 2014 ; Crowley Redding, A., *Google It. A history of Google*, New York City (NY), Feiwel and friends, 2018.

qui n'ont, à notre connaissance, jamais été exploitées, et qui nous ont permis de reconstituer le nombre d'actions émises entre la fondation et l'introduction, leur valeur d'émission et à qui elles étaient destinées.

La fondation

« Le bouche-à-oreille est notre modèle économique »

En novembre 2000, le quotidien économique français, *Les Echos*, publie une interview de l'un des deux fondateurs de Google, Sergey Brin, qui déclare que le modèle économique de Google est « le bouche-à-oreille »[26]. Brin fait bien sûr référence à la croissance exponentielle des utilisateurs du moteur de recherche Google qui se transmettent le mot les uns aux autres. Toutefois, il laisse entrevoir autre chose dans son interview : l'existence d'un microcosme socio-économique entre start-up et financiers de la Silicon Valley dans lequel Google semble particulièrement bien inséré. L'entretien révèle en effet que les principaux clients de la firme Google sont les portails Yahoo ! et Netscape, qui génèrent plus de la moitié des requêtes sur le moteur de recherche. Brin indique surtout qu'il connaît personnellement les fondateurs de Yahoo ! et que Google partage avec Yahoo ! un même investisseur, Sequoia Capital, dont l'associé principal, Michael Moritz, siège aux conseils d'administration des deux sociétés. Brin nous dévoile, incidemment, que le « bouche-à-oreille » dont bénéficie Google, en 2000, n'est pas uniquement composé du mot que se passent les internautes, mais aussi des relations interpersonnelles que les acteurs de la Silicon Valley nouent entre eux et par lesquels ils font des affaires.

Brin et Page se sont rencontrés en 1995 alors qu'ils débutaient leur thèse au sein du programme d'informatique de l'université de Stanford. De 1995 à 1997, ils ont développé deux algorithmes : *RubBack* et *Page-Rank*[27], qui sont à la base de ce qui deviendra le moteur de recherche Google. Le premier permet de remonter les liens qui pointent vers une page du web, le second permet de hiérarchiser les pages. Dès le début de 1997, l'université de Stanford déposa un brevet sur la technologie développée

---

[26] « Sergey Brin (Google) ». « le bouche-à-oreille est notre modèle économique », Les Echos, 27 novembre 2000.

[27] Sur l'histoire de PageRank voir Cardon, D., op. cit.

par ses étudiants. Elle conservait la propriété intellectuelle mais les deux doctorants avaient les droits d'exploitation exclusive de leur invention. Le procédé était tout à fait habituel. Stanford avait même développé un service dédié à cet effet : The Office of Technology Licensing. L'ensemble de la démarche était encadré par la loi Bayh-Dole qui depuis le début des années 1980 réglait les questions de propriété intellectuelle entre les universités, les étudiants et le monde des affaires[28]. Toutefois Brin et Page ne se voyaient pas devenir immédiatement entrepreneurs. Tous deux fils d'universitaires mathématiciens, ils envisageaient avant tout de terminer leur doctorat[29]. En revanche, ils n'avaient rien contre l'idée de revendre les droits d'exploitation de leurs algorithmes, ce d'autant plus qu'ils manquaient de moyens pour continuer à développer le moteur de recherche. La technologie était au point, mais la puissance de calcul et de stockage que nécessitait l'indexation de la Toile était hors de portée de l'université de Stanford[30]. Au début de l'année 1998, soutenus par leurs professeurs et le bureau des brevets de Stanford, Brin et Page se mirent en quête d'acquéreurs pour Google. Dennis Allison, enseignant à Stanford, organisa un dîner avec Paul Flaherty, ancien docteur de Stanford, qui travaillait chez Altavista, l'un des tout premiers moteurs de recherche de l'époque[31]. Mais la société mère refusa de payer le million de dollars demandé par les deux étudiants. Un autre de leurs professeurs, Jeffrey Ullman, les introduisit auprès de Kavitark Ram Shiram, un ancien dirigeant de Netscape qui venait de fonder la société Jungle.com. Celui-ci se proposa de les introduire auprès d'Infoseek, Yahoo! et Excite[32]. Les fondateurs de Yahoo!, deux anciens de Stanford eux-aussi, se montrèrent intéressés et très encourageants, mais ne donnèrent pas suite. Les dirigeants d'Excite hésitèrent mais déclinèrent une offre à $ 1,6 millions[33]. Le superviseur de Larry Page, Terry Winograd, présenta les deux étudiants auprès d'un capital-risqueur sans plus de succès[34]. Il est peu de dire que malgré un parrainage de premier ordre, les deux jeunes chercheurs essuyèrent de nombreux échecs.

---

[28] Ktitareff, M., op. cit.

[29] Auletta, K., op. cit.

[30] Vise, D. A., op. cit.

[31] *Ibid.*

[32] Auletta, K., op. cit.

[33] Crowley Redding, A., op. cit.

[34] Vise, D. A., op. cit.

C'est finalement un autre de leurs professeurs, David Cheriton, qui débloqua la situation au mois d'août 1998 en organisant une rencontre avec Andy Bechtolsheim sur le perron de sa maison. Andreas von Bechtolsheim, né en Bavière en 1955, fut étudiant à Stanford dans les années 1970. Au début des années 1980, il créa Sun Microsystems – SUN étant les initiales de Stanford University Network – qu'il quitta en 1995 pour fonder Granite System avec David Cheriton. La firme fut revendue un an plus tard à Cisco Systems (fondée, elle aussi, par deux anciens de Stanford en 1984) pour $ 220 millions. À l'issue de la rencontre avec Brin et Page, Bechtolsheim fit un chèque de $ 100.000 à l'ordre de Google Inc. alors que la société n'était pas même créée. Elle le sera quelques semaines plus tard, le 4 septembre 1998, grâce à David Drummond, avocat chez Wilson Sonsini Goodrich & Rosati (WSGR), qui déposera les statuts alors que Brin et Page sont à l'édition 1998 du Burning Man. Le même mois, Kavitark Ram Shiram apporta à son tour $ 250.000. Il venait tout juste de vendre Jungle.com à Amazon. C'est par son entremise que Jeff Bezos, fondateur d'Amazon, devint le quatrième investisseur initial de Google en novembre 1998 avec un apport de $ 250.000. Entre–temps, Cheriton était lui aussi entré au capital pour un montant de $ 220.000. À la fin de l'année 1998, avec les contributions « d'autres » investisseurs, Sergey Brin et Larry Page avaient réussi à lever près d'un million de dollars par simple « bouche-à-oreille »[35]. Le graphe 1 propose une synthèse du réseau de bouche-à-oreille qui a présidé à la fondation de Google.

---

[35] *Les Echos*, art. cit.. Il est probable qu'Andy Bechtolsheim ait augmenté sa participation à hauteur de 200 000 $ dans le courant de l'automne, puisque le nombre total d'actions qu'il détenait au moment de l'introduction en bourse en 2004 était légèrement supérieur à celui détenu par Cheriton. Securities and Exchange Commission, *Amendment N°9 to Form S-1 Registration statement under The Securities Act of 1933, Google Inc.*, August 18, 2004. p. 103.

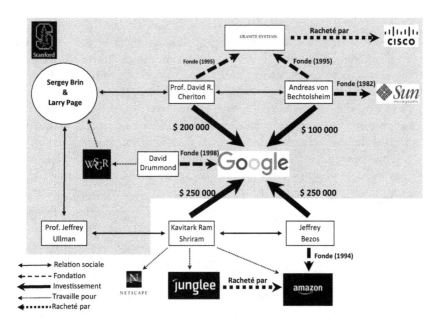

Graphe 1: Le réseau interpersonnel de S. Brin et L. Page à la fondation de Google Inc.

Les structures sociales de la Silicon Valley

L'histoire de la fondation de Google illustre à merveille l'importance des réseaux interpersonnels au sein de la Silicon Valley[36]. Le réseau ne porte pas toujours ses fruits comme l'ont montré les échecs des débuts, mais, sans lui, le démarrage n'eut pas été possible. Ce maillage de relations interpersonnelles met aussi à jour un continuum très fort entre les mondes universitaire, technologique, entrepreneurial mais aussi avec les secteurs juridique et financier au sein de la Silicon Valley[37]. On passe aisément d'un statut à l'autre comme en témoigne à nouveau la trajectoire des personnes qui participent à la fondation de Google : David Cheriton est professeur à Stanford, mais aussi entrepreneur (il fonde Granite Systems avec Andy Bechtolsheim) et business angel. David Drummond,

---

36 Ferrary, M., op. cit.
37 Ktitareff, M., op. cit.

l'avocat qui rédigea les premiers statuts de Google Inc., devient par la suite directeur financier d'une start-up (SmartForce) puis le directeur juridique de Google Inc. Lui aussi est un ancien de Stanford. La fluidité des trajectoires et des rencontres donne à voir un ordre social fondé sur des relations interpersonnelles régies par une économie du don et du contre don[38]. Toutefois, cette économie n'est guère spontanée. Elle s'appuie sur des structures relativement rigides et anciennes auxquelles il est difficile d'échapper. Derrière les réseaux d'interconnaissances, se déploie toute une infrastructure académique, juridique et financière, qui organise et rend possible ces relations en apparence faciles et immédiates.

Le réseau de relations dont ont bénéficié Sergey Brin et Larry Page s'inscrit dans une configuration qui, depuis des générations, favorise la création de jeunes entreprises de haute technologie, en lien avec le monde universitaire et celui de la défense[39]. Niel Fligstein distingue ainsi quatre vagues d'innovations technologico-industrielles dont l'épicentre fut la Silicon-valley : la vague des technologies liées à la radio autour de la seconde guerre mondiale, celle des transistors et des semiconducteurs, qui, parce qu'ils étaient fabriqués en silicium, donnèrent leur nom à la Silicon Valley, dans les années 1950, celle des microordinateurs dans les années 1970 et enfin celle d'Internet dans les années 1990[40]. Si l'influence du monde universitaire est contestée pour les deux premières périodes[41], elle semble moins discutable pour les deux suivantes. Cela est tout particulièrement vrai pour l'Université de Stanford qui apparait comme le véritable poumon intellectuel et le principal vivier des entrepreneurs à succès de la Silicon Valley de la fin du XXe siècle. Parmi les firmes les plus connues de la High Tech dont les fondateurs sont des anciens de Stanford, on peut citer : Hewllet-Packard fondée en 1939, Fairchild Semiconductor (1957), Atari (1972), Logitech (1981), Sun Microsystems (1982), Electronic Arts (1982), Cisco Systems (1984), Pixar (1986) Nvidia (1993), Yahoo! (1994), Netflix (1997) et bien sûr Google (1998). Il y en eut bien d'autres après comme LinkedIn (2002),

---

[38] Ferrary, M., op. cit.

[39] Saxenian, A., op. cit. et Lécuyer, C., op. cit.

[40] Fligstein, N., op. cit.

[41] Saxenian, A., « The Genesis of Silicon Valley », Built Environment, vol. 9, n°1, 1983, p. 7–17 et Lécuyer, C., Choi, H., « Les secrets de la Silicon Valley ou les entreprises américaines de la microélectronique face à l'incertitude technique », Revue d'histoire moderne et contemporaine, vol. 59, n°3, 2012, p. 48–69.

SpaceX (2002), YouTube (2005), Snapchat (2011), Instagram (2010), pour encore une fois ne citer que les plus connus. L'initiative entrepreneuriale de Sergey Brin et Larry Page n'est donc pas un acte disruptif mais une sorte de prolongement, un débouché logique éprouvé par bien d'autres étudiants de Stanford avant et après eux. La question des droits de propriété entre les universités, les start-ups et les étudiants est traitée par la loi Bay-Dole, adoptée en 1980, qui garantit aux premières un revenu tout en favorisant le développement économique des secondes et l'enrichissement des troisièmes. La question de la propriété intellectuelle est ainsi préalablement réglée favorisant ensuite les relations entre l'université, les étudiants, les start-ups et l'environnement juridico-financier. Dès leur fondation, les start-ups sont prises en charge par des firmes juridiques et financières qui les accompagnent dans leur développement. Il existe ainsi des firmes de droit spécialisées dans le conseil au start-ups à l'instar de Wilson Sonsini Goodrich & Rosati fondée dans les années 1960 qui pendant longtemps n'eut d'autre bureau ailleurs qu'à Palo Alto. C'est cette firme, par exemple, qui conseilla Apple Inc. pour son introduction en bourse et plus tard Google Inc. L'industrie du capital-risque est aussi fortement présente dans la Silicon Valley, avec des sociétés qui se sont depuis longtemps spécialisées dans le financement des start-up, tel que Sequoia Capital (dont le nom rappelle le logo de Stanford) et Kleiner, Perkins, Caufield & Byers (KPCB) qui participeront à la seconde levée de fond de Google. Toutes deux ont été fondées en 1972 à Menlo Park, une commune de la Silicon Valley qui jouxte Stanford, et ont participé au financement de centaines de firmes dont Apple, Compaq, Electronic Arts, etc… mais surtout Netscape, Yahoo !, Sun Microsystems ou Amazon dont les dirigeants ont participé à un titre ou à un autre à l'histoire de Google. Il existe tout un écosystème prêt à accueillir la moindre innovation technologique pour la transformer en start-up, c'est-à-dire en produit financier. En effet, lorsque les sociétés de capital-risque décident d'investir dans une start-up, c'est dans le but idéal d'introduire les actions de la firme en bourse et d'empocher à cette occasion la meilleure plus-value possible[42]. En cette fin de XXe siècle, il se crée, chaque année, des dizaines de start-up qui si elles ne sont pas toutes destinées à être introduites en bourse sont néanmoins profilées pour tendre vers ce but, ce qui a, d'ailleurs, alimenté la bulle Internet de la fin des années 1990. Google en est une parmi beaucoup d'autres. La firme s'inscrit dans

---

[42] Schwienbacher, A., art. cit.

une véritable industrie de financiarisation de l'innovation qui entre 1998 et 1999, voit le montant de capital-risque investi dans la Silicon Valley passer de 3,2 milliards $ à 6.1 milliards[43]. Tout est pris en charge, depuis la rencontre avec les premiers investisseurs jusqu'à l'introduction en bourse, en passant par les différentes augmentations de capital et la managérialisation. Le système est si bien rodé que ce ne sont même pas Brin et Page qui signent le document d'enregistrement de Google Inc., mais leur conseil juridique. Même si l'histoire apologétique de Google rappelle à l'envi que la firme emménagea durant quelques mois dans un garage de Menlo Park, l'adresse portée sur le document d'incorporation de la société est celle de Wilson Sonsini Goodrich & Rosati.

---

[43] Scaruffi, P., A History of Silicon Valley 1900–2016, Goodreads, 2019.

2 1 1 9 5 3 0

ARTICLES OF INCORPORATION

OF

GOOGLE INC.

FILED
In the office of the Secretary of State
of the State of California

SEP - 4 1998

Bill Jones

BILL JONES, Secretary of State

I.

The name of this corporation is Google Inc.

II.

The purpose of this corporation is to engage in any lawful act or activity for which a corporation may be organized under the General Corporation Law of California other than the banking business, the trust company business or the practice of a profession permitted to be incorporated by the California Corporations Code.

III.

The name and address in the State of California of this corporation's initial agent for service of process is:

David C. Drummond
Wilson Sonsini Goodrich & Rosati
650 Page Mill Road
Palo Alto, CA 94304-1050

IV.

This corporation is authorized to issue two classes of shares of stock, designated "Common Stock" and "Preferred Stock". The total number of shares of Common Stock which this corporation is authorized to issue is 12,000,000 shares with a par value of $.001 per share. The total number of shares of Preferred Stock which this corporation is authorized to issue is 1,000,000 with a par value of $.001 per share.

The Preferred Stock may be issued from time to time in one or more series pursuant to a resolution or resolutions providing for such issue duly adopted by the board of directors (authority to do so being hereby expressly vested in the board). The board of directors is further authorized to (i) determine and alter the rights, preferences, privileges and restrictions granted to or imposed upon any wholly unissued series of Preferred Stock and (ii) fix the number of shares of any series of Preferred Stock and the designation of such series of Preferred Stock. The board of directors, within limits and restrictions stated in any resolutions of the board of directors originally fixing the number of shares constituting any series, may increase or decrease (but not below the number of shares in any such series then outstanding) the number of shares of any series subsequent to the issue of shares of that series.

V.

1.   Limitation of Directors' Liability. The liability of the directors of this corporation for monetary damages shall be eliminated to the fullest extent permissible under California law.

KJM:::ODMA\PCDOCS\SQL2\622045\1

2.   Indemnification of Corporate Agents. This corporation is authorized to indemnify its agents to the fullest extent permissible under California law. For purposes of this provision the term "agent" has the meaning set forth in Section 317 of the California Corporations Code.

3.   Repeal or Modification. Any repeal or modification of the foregoing provisions of this Article V shall not adversely affect any right of indemnification or limitation of liability of an agent of this corporation relating to acts or omissions occurring prior to such appeal or modification.

Dated: September 3, 1998

David C. Drummond, Incorporator

La financiarisation de Google

Le choix de la société par actions

Google a été fondée en septembre 1998, en tant que corporation, c'est-à-dire comme une société par actions. La raison de ce choix n'est pas bien connue, mais il est peu probable qu'elle fût la volonté délibérée des deux fondateurs. Issus de milieux universitaires, ces derniers n'étaient guère familiarisés avec la création d'entreprise, encore moins avec leur mode de financement. D'ailleurs, ce ne sont pas Brin et Page qui ont déposé les statuts de Google Inc., mais un avocat d'affaire de la firme Wilson Sonsini Goodrich & Rosati, spécialisée dans le montage et l'accompagnement juridique des start-ups, qui avait alors pignon sur rue dans la Silicon Valley. Il est très probable que le choix de créer Google en tant que corporation, plutôt que comme société à responsabilité limitée (Limited liability company), ou encore comme fondation[44], fut proposé par les premiers investisseurs dans le but de faire la meilleure plus-value possible. En effet, la particularité des actions par rapport à d'autres produits financiers est d'offrir un type de profit qui, s'il n'est pas garanti, peut s'avérer considérable. Cette plus-value est calculée d'après la différence de prix entre la valeur de l'action au moment de la fondation de la société et sa valeur une fois introduite sur les marchés financiers. La différence entre la valeur de fondation ou d'émission de l'action et la valeur de marché est absolument fondamentale. Dans le premier cas, la valeur de l'action est fonction du capital dont la firme a besoin pour son développement. Elle est donc égale au montant total du capital demandé par la firme, divisé par le nombre d'actions. Mais la valeur de la même action sur les marchés n'est pas calculée de la même manière. Celle-ci est calculée par rapport à une rente attendue (le dividende) elle-même basée sur les bénéfices futurs de la société. Il existe plusieurs manières de calculer la valeur de marché des actions ; l'une des plus répandues à l'époque de l'introduction en bourse de Google est le *price earning ratio*. Cette méthode consiste à établir le prix d'une action d'après le nombre d'années pour lequel l'acheteur est prêt à attendre un remboursement complet par le truchement du versement des dividendes. Cela revient à multiplier les bénéfices réalisés par le nombre d'années d'attente. Le

---

[44] C'est le modèle qui fut choisi, par exemple, pour Mozilla, Wikipedia, GNU/Linux ou VLC media player.

produit est ensuite divisé par le nombre d'actions émises, ce qui donne le prix par action[45]. On perçoit tout de suite la différence de valeur des actions entre ces deux méthodes de calcul et la plus-value qu'elle peut produire. Cette plus-value, née de la différence entre la valeur d'émission et la valeur de marché des actions, est appelée par Hilferding « profit du fondateur » car, en théorie, c'est le fondateur qui achète les actions au meilleur prix d'émission et donc encaisse la plus forte plus-value en cas d'introduction sur les marchés, mais il est entendu que ce profit ne lui est pas propre[46]. Toute personne qui peut acheter des actions à un prix d'émission inférieur au prix du marché est, *de facto*, associée au « profit du fondateur ». Il ne s'agit donc pas d'une spéculation financière comme les autres, par exemple lorsque l'on spécule uniquement sur la valeur future (à la hausse ou à la baisse) d'un actif ou lorsque l'on arbitre entre des différents produits financiers : c'est une forme de plus-value financière tout à fait unique et spécifique aux sociétés par actions qui appelle de prendre un risque particulier, celui de voir la valeur des actions ne jamais atteindre un prix de marché. Les statuts de la société par actions permettent cependant de limiter les risques, notamment en émettant des actions à un prix extrêmement modique et même, en cas de liquidation, en essayant de garantir tout ou partie du capital des investisseurs.

Il est donc crucial, lorsqu'on parle de la fondation d'une société par actions, de savoir quelles ont été les mises de départ, combien d'actions ont été émises pour qui et à quel prix ? De ces réponses dépendront les plus-values potentielles des différents actionnaires, notamment lors de l'entrée en bourse de la firme. Ces informations sont donc stratégiques, mais elles sont généralement très difficiles à obtenir. Google n'échappe pas à la règle. On ne sait pas grand-chose sur la répartition des actions durant les premières années d'existence de la firme et, encore moins, sur le prix auquel elles ont été achetées.

---

[45] Une autre méthode de calcul proposée par Hilferding consiste à évaluer le capital-actions par rapport au retour annuel attendu. On divise alors le montant total des dividendes versés par le rendement souhaité, puis le produit par le nombre total d'actions émis et on obtient le prix de l'action pour le retour souhaité. Notons que, quel que soit le mode calcul, la valeur de l'action n'a rien à voir avec le capital initialement apporté à la firme mais bien avec sa rentabilité, d'où la possibilité d'un profit tout à fait exceptionnel si on joue sur les deux ordres de grandeur. Hilferding, R., *Le capital financier*, Paris, Les éditions de minuit, 1970 [1910], p. 171–172.

[46] Hilferding, R., *op. cit.*

Les enjeux de l'émission d'actions

Les documents d'enregistrement et de modification des statuts de Google Inc., déposés auprès des autorités de l'État de Californie, puis à partir de 2003 dans celui de Delaware, nous permettent cependant d'avoir une idée assez précise de la structure du capital de la firme et de ses évolutions[47]. Ces documents indiquent le nombre d'actions que la firme est autorisée à émettre, le nombre d'actions effectivement émis et le cas échéant les droits spécifiques associés à chaque type d'actions. Le document d'incorporation de Google Inc. stipule que la société était initialement autorisée à émettre 12 millions d'actions ordinaires et 1 millions d'actions préférées pour une valeur nominale de $ 0,001 par action, soit une valeur théorique maximale du capital-actions de $ 13.000[48]. Or, nous apprenons quelques semaines plus tard, par un nouveau document[49], que 5,224 millions actions ordinaires ont effectivement été émises pour une valeur nominale de 5°224 $. Cela signifie que Google a vraisemblablement été créée avec moins de 6°000 $[50]. Nous disons « vraisemblablement » car les actions peuvent être émises avec une prime d'émission qui en rehausse le prix. Cependant, la prime est généralement réservée aux investisseurs, non aux fondateurs qui ont intérêt à acheter leurs actions au tarif le plus bas possible. Dans le même temps, la société autorise l'émission de 1,920 millions d'actions préférentielles baptisées : actions

---

[47] Sur le plan strictement juridique Google Inc. « Delaware » a été constituée le 22 octobre 2002 après que Google Inc. « California » ait changé de nom pour se dénommer Google Technology Inc. le 11 octobre 2002. Le 29 août 2003, l'ensemble des actifs et du capital social de Google Technology Inc. a été transféré à Google Inc. « Delaware ». Voir notamment : Google Inc., *Amended and restated certificate of incorporation of Google Inc.*, August 27, 2003 et *Agreement and plan of merger of Google Inc. A Delaware corporation and Google Technology Inc. a California corporation*, August 27th 2003.

[48] Google Inc., Articles of incorporation of Google Inc., September 03, 1998.

[49] Google Inc., Certificate of amendment of articles of incorporation, November 10, 1998.

[50] Il est très probable qu'une partie de ces actions ait été octroyée à l'université de Stanford, qui fait partie des tous premiers actionnaires de Google. On peut raisonnablement supposer que sur les 5,224 millions émises, 224 mille soient revenues à d'autres actionnaires, notamment l'université de Stanford, Brin et Page se partageant les cinq millions d'actions restantes. Il est aussi possible que Brin et Page aient reçu leurs actions gratuitement en échange de leurs droits sur l'exploitation de PageRank et RubBack.

préférentielles *Series A*[51]. Les actions préférentielles offrent, comme leur nom l'indique, un certain nombre d'avantages par rapport aux actions ordinaires, notamment en termes de versement de dividendes, mais surtout en cas de liquidation de la société. En effet, les détenteurs des actions préférentielles *Series A* se verront verser en priorité un montant de $ 0,5 par action en cas de faillite, ce qui est bien supérieur au prix nominal de $ 0,001 par action. Cette clause nous apprend, en fait, à quel prix les actions préférentielles ont effectivement été vendues. Le fait que les actions aient un prix nominal de 0,001 $ ne signifie pas qu'elles seront achetées à ce prix. Les fondateurs ont tout intérêt à conserver ce prix nominal pour eux-mêmes ou éventuellement pour leurs employés, mais pas pour les investisseurs. Envers ces derniers, il est bienvenu d'assortir le prix nominal d'une prime d'émission. Or, si on multiplie le nombre total d'actions *Series A* pouvant être émises (1°960°000) par le montant garanti de $ 0,5, on obtient la somme de $ 960 000, soit un montant très proche du million de dollars qui serait la somme totale apportée par les différents investisseurs à la fondation de la société. Google a donc certainement été fondé par un apport initial de $ 5 224 complétée par une première levée de fonds de $ 960 000.

Le 7 juin 1999, Sequoia Capital et Kleiner, Perkins, Caufield & Byers annoncent leur entrée au capital pour un montant de 25 millions de dollars. Les statuts de Google Inc. ont été de nouveau modifiés, quelques semaines auparavant, pour créer une nouvelle catégorie d'actions préférentielles, dites *Series B* pour un maximum de 12 451 698 actions[52]. Le montant garanti accordé en cas de liquidation s'élève cette fois à $ 1,981 par action, ce qui multiplié par le nombre total d'actions de *Series B* pouvant être émises donne $ 24 666°813,74, soit un montant très proche des 25 millions de dollars annoncés dans la presse à la même époque pour l'entrée au capital des deux fonds de capital-risque. Les actions *Series B* seront entièrement souscrites entre juin et septembre 1999[53]. Après cette levée de fonds, les opérations sur la structure du capital deviennent plus

---

[51] Google Inc., Amended and restated articles of incorporation of Google Inc., November 11th 1998.

[52] Google Inc., Amended and restated articles of incorporation of Google Inc., May 21th 1999.

[53] On remarque dans le document d'introduction en bourse que KPCB détient sensiblement moins d'actions que Sequoia Capital (21 millions contre 23,8 millions). Il est possible que KPCB ait revendu une partie de ses actions à d'autres investisseurs ou que d'autres *business angels* soient entrés au capital de Google en même temps que

rares. En septembre 2000, la société crée les actions préférentielles *Series C* assorties d'une garantie liquidative de $ 9,37. Toutefois, peut-être en raison de la bulle Internet qui éclate en mars 2000, cette nouvelle classe d'actions ne trouve guère preneur. Seule, un peu plus de 1,3 millions d'actions de ce type, sur 2,350 millions autorisés, ont été émises avant février 2003 pour une valeur estimée à 12,3 millions de dollars. Ainsi, on voit les primes d'émission augmenter progressivement à mesure que la société se développe et qu'elle devient rentable (Google fait des bénéfices dès 2001[54]). Au total, si on additionne les différentes émissions et le prix estimé de leur souscription, Google Inc. aura levé moins de 40 millions de dollars auprès des investisseurs entre 1998 et 2003. Ces différentes émissions permettent de montrer le caractère extrêmement rationnel et contrôlé des émissions d'actions. Chaque catégorie d'actions correspond à un type d'actionnaires, à un nombre d'actions déterminé, à un prix d'achat et à des garanties spécifiques. Ainsi les fondateurs bénéficient-ils des actions ordinaires à un prix dérisoire, mais sans garantie aucune. Les *business angels* de la première levée de fonds achètent leurs actions à faible coût, mais déjà cinquante fois plus cher que celles des fondateurs ; les capitaux-risqueurs paient près de 2000 fois la valeur nominale des actions, alors que les derniers investisseurs sur la *Series C* acceptent de payer 9000 fois la valeur nominale. Ces multiples sont cependant à relativiser. Tout dépend du prix que les marchés financiers seront prêts à payer l'action Google Inc. le jour de l'introduction en bourse.

Les informations sur les actions émises à destination des salariés[55] sont plus difficilement traçables, car ce sont des actions ordinaires qui se confondent avec celles détenues par tout type d'actionnaire dont Brin et Page. De plus, elles sont souvent émises sous forme d'options qui peuvent être souscrites sur une longue période de temps et à des prix extrêmement variables. Enfin, les actions émises peuvent être rachetées par la firme et revendues ou offertes à d'autres employés. Il est très difficile de savoir combien d'actions ont été émises et combien elles ont rapporté. Toutefois, on peut s'en faire une idée approximative grâce à l'offre de rétractation proposée par la société afin de purger les principaux plans

---

les deux capitaux-risqueurs. C'est ce que revendique Ron Conway qui est crédité, avec ses associés, de 830,000 actions au 30 juin 2004.

[54]   Securities and Exchange Commission, op. cit. p. 48

[55]   Il peut aussi s'agir de personnes non-salarieés de Google Inc mais travaillant avec la société comme des consultants ou des conseils juridiques.

d'actions avant l'entrée en bourse[56]. Durant cette période, un peu plus de 37 millions d'actions ont été offertes aux salariés dont 23,7 millions ont effectivement été souscrites au prix moyen de $ 2,86 par action. Il s'agit d'un prix assez modique. Il permet d'associer les salariés à la logique financière du « profit du fondateur », mais aussi à la firme de se financer auprès de ses salariés. En effet, si l'on ne tient pas compte des éventuels rachats nets d'actions, qui ont certainement été de faible ampleur avant l'introduction, les actions souscrites par les salariés ont apporté 67 millions de dollars à la firme, soit bien plus que les investisseurs officiels. Tous les salariés ne sont pas logés à la même enseigne dans l'accès aux actions Google. Les dirigeants concentrent la majorité des actions. Eric Schmidt, recruté comme Chairman & Chief Executive Officer en 2001, s'est vu offrir 14,3 millions d'actions au prix de 0,30 $ l'action[57]. D'autres dirigeants de premier plan, comme Omid Kordestani (Vice-président commercial), Wayne Rosing (Vice-président ingénierie) ou David Drumond (Vice-président juridique) détiennent chacun plus d'un million d'actions. Le rythme et la nature des actions émises montrent que la société a été envisagée dès le départ comme une opération financière dont le but était à la fois de garantir le capital des investisseurs, tout en favorisant d'importantes plus-values dans la perspective d'une introduction en bourse.

Garder le contrôle

L'émission d'actions, si elle permet d'associer investisseurs et salariés au « profit du fondateur », porte aussi le risque de voir les actionnaires initiaux être progressivement dilués à mesure qu'augmente le nombre d'actions nouvelles. Le danger est grand pour les fondateurs de perdre le contrôle de la société alors que la proportion de leurs droits de vote diminue. Il existe cependant plusieurs moyens de garder le contrôle tout en pratiquant des augmentations de capital. Le premier d'entre eux est, pour les actionnaires initiaux, de souscrire à la nouvelle émission d'actions, mais ce n'est pas toujours possible et surtout cela peut s'avérer

---

[56] *Ibid.* p. 111. Ce plan de rétractation avait été demandé par les autorités boursières américaines. Trois autres plans d'actions ont été adoptés entre 1999 et 2003 mais ils concernent un nombre d'actions tout à fait négligeable par rapport à celui retenu dans les plans de rétractation.

[57] Ainsi que 426 mille actions Series C à 2.35 $ l'action.

extrêmement coûteux, puisqu'il faut acheter les actions au même prix que les nouveaux actionnaires. Le second consiste à émettre des actions sans droit de vote, ou avec des droits de vote inférieurs. C'est la solution qui sera retenue lors de l'introduction en bourse de Google en août 2004[58]. Enfin, le troisième moyen, lui aussi largement usité par Google jusqu'à l'introduction en bourse de la société, consiste à démultiplier le nombre d'actions existant[59] juste avant l'émission de nouvelles actions[60] (Graphe 1). Ainsi, lors de la création des actions *Series A* pour les *business-angels* en novembre 1998, les actions ordinaires sont démultipliées par deux, c'est-à-dire que Sergey Brin et Larry Page se voient offrir chacun une nouvelle action pour chaque action qu'ils possèdent déjà. Les droits de vote des fondateurs au lieu de tomber à 73 % se maintiennent à près de 85 %. Le même mécanisme est mis en œuvre lors de l'arrivée des deux capitaux-risqueurs en 1999 et la création des actions *Series B*. Les deux fonds obtiennent une part importante des actions et des droits de vote (31 % ensemble), ainsi que deux sièges au conseil d'administration de Google. Mais Brin et Page parviennent à conserver la majorité des droits de vote. Le même processus est mis en place à chaque nouvelle émission d'actions permettant aux actionnaires initiaux d'éviter la dilution et aux fondateurs de garder le contrôle (Graphe 2).

---

[58] Les actions offertes au publique, dites de classe A, auront droit à un vote par action, alors que les actions détenues par les actionnaires initiaux, c'est-à-dire par les fondateurs mais aussi, les investisseurs et les salariés, se verront octroyer des actions, dites de classe B, qui portent un droit de dix votes par action.

[59] On parle généralement de division de la valeur nominale. C'est-à-dire qu'on divise par deux la valeur nominale des actions existantes ce qui conduit à octroyer une action gratuite par action existante. En termes de valeur, l'opération est neutre pour l'actionnaire.

[60] Le moment précis de la démultiplication du nombre d'actions n'est pas toujours très clair. Ainsi les actions *Series A* sont multipliées par deux en août 1999 alors que les actions communes, celles de Brin et Page, ne le sont qu'en septembre 1999.

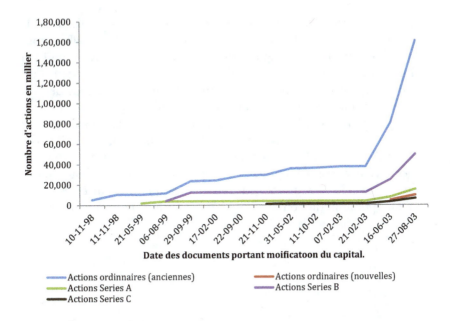

Graphe 2: répartition des actions Google Inc. par catégorie d'actions (sept 1998 – août 2003)

Les actions ordinaires ne sont pas détenues dans leur intégralité par Brin et Page. Quantité d'autres actionnaires, notamment parmi les employés de Google, ont pu acquérir ce type d'actions. Toutefois, ils en détiennent la grande majorité. Les brusques augmentations correspondent à une multiplication par deux, du nombre d'actions déjà émises[61]. Celles-ci sont généralement effectuées avant la création d'une nouvelle catégorie d'actions afin de limiter la dilution des anciens actionnaires. Cette astuce ne pose généralement pas trop de problèmes aux nouveaux actionnaires qui cherchent avant tout à être associés au « profit du fondateur » et non pas à être majoritaires au capital. Il en est un peu différent, nous l'avons dit, pour les capital-risqueurs. Pour ces derniers, il est vital d'être associé au plus tôt à la fondation de la start-up, car il ne suffit pas d'être associé au « profit du fondateur », il faut encore

---

[61] Concernant les actions ordinaires, le produit n'est pas toujours juste en raison d'actions supplémentaires émises à destination de salariés.

que celui-ci soit réalisé et pour cela il faut être en mesure d'agir sur la direction de la firme. Or, plus le temps passe, plus il est difficile et coûteux d'obtenir une part significative du capital donc d'être en position d'influencer le management. La fluidité des rapports au sein de la Silicon Valley est une condition nécessaire à la circulation rapide de l'information, donc pour les capitaux-risqueurs d'être au courant de tout ce qui se trame pour intervenir au plus tôt[62]. Le caractère apparemment détendu des rapports sociaux au sein de la Silicon Valley, la facilité des prises de contact et la réduction au maximum des formalités notamment vestimentaires travaillent en faveur de l'optimisation du « profit du fondateur ». Le graphe 2 permet de voir comment ces mécanismes de démultiplication du nombre des actions a permis de limiter la dilution des investisseurs initiaux.

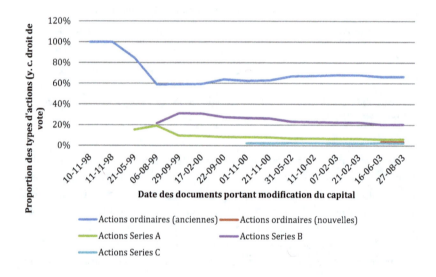

Graphe 3: Evolution de la structure du capital de Google par type d'actions (sept 1998 – août 2003)

---

[62]　Voir à ce propos le témoignage de Ron Conway dans Thoeny, P., « Super Angel Ron Conway talks about entrepreneurship, Early Google and Facebook », *Social Business*, October 27th 2011. https://twiki.org/cgi-bin/view/Blog/BlogEntry2 01110x3

Les détenteurs d'actions ordinaires sont restés majoritaires et, après un point bas atteint lors de l'entrée au capital des capitaux-risqueurs en 1999, celles-ci ont même vu leur pourcentage de droit de vote augmenter. Une bonne partie de ces actions ordinaires revenait à Page et Brin ainsi qu'en témoigne le document d'introduction en bourse qui les place en premiers actionnaires de Google avec, respectivement, 15,8 % et 15,9 % des droits de vote, suivis de Sequoia Capital (9,6 %), KPCB (8,7 %) et Eric Schmidt (6,1 %)[63].

L'introduction en bourse

Le « profit des fondateurs »

Bien qu'elle fût très attendue, l'introduction en bourse de Google ne s'est pas très bien passée. La valeur des actions, prévue initialement dans une fourchette de prix comprise entre $108 et $ 135, n'atteignit que $ 85[64]. On impute généralement la responsabilité à Brin et Page qui auraient, d'une part, refusé de passer sous les fourches caudines des banques de Wall Street et qui, d'autre part, ont enfreint l'obligation de réserve en accordant une interview à *Playboy* durant la phase d'enchère[65]. Toutefois, il est peu probable qu'ils aient agi sans le consentement de leurs partenaires financiers. Et, si Google a connu une entrée en bourse en deçà des attentes, c'est avant tout parce que ses dirigeants ont tenté de se passer de l'intermédiation des banques new-yorkaises[66]. Celles-ci ont habituellement la haute main sur les introductions en bourse à New York, qu'elles contrôlent de bout en bout. Leur technique consiste à acheter au préalable le stock d'actions devant être introduites sur le marché puis à les « placer » ensuite auprès de leurs clients. Elles garantissent ainsi aux sociétés émettrices le succès de leur introduction. Toutefois, le prix à payer peut paraître très élevé. Les banques exigent d'acheter les actions avec une très forte décote par rapport au prix de

---

[63] Securities and Exchange Commission, op. cit., p. 102–103.

[64] Choo, E., art. cit.

[65] « Playboy Interview : Google Guys », *Playboy*, September 2004. Vise, D. A., op. cit., Hild, M., op. cit.

[66] Celles-ci sont très nombreuses. On peut citer parmi les plus connues Morgan Stanley, Goldman Sachs, Lehman Brothers, JP Morgan, mais aussi Lazard ou Citigroup, sans compter les groupes étrangers comme UBS ou Crédit Suisse First Boston.

marché de l'ordre de 18 %[67] auxquels il faut ajouter d'importants frais de commission pouvant représenter jusqu'à 7 % de la valeur du capital émis. Les dirigeants de Google décidèrent alors de recourir à un système d'enchère, dit « enchères à la hollandaise », régulièrement pratiqué en Europe, mais quasiment pas usité aux États-Unis[68]. Le système consiste à offrir un stock d'actions à un prix plancher et de recueillir pendant une période donnée les propositions d'enchères qui se font à l'aveugle. Les plus offrants se voient octroyer le nombre d'actions demandé et ainsi de suite jusqu'à épuisement du stock d'actions offertes ou de la demande. Ce système, qui se passe des banques, a le mérite d'offrir un prix moyen par action beaucoup plus proche que le prix du marché. Ainsi, la société émettrice et les actionnaires initiaux sont en mesure de vendre leurs actions à un prix bien plus élevé qu'en passant par le système de placement proposés par les banques. Google choisit donc de recourir aux enchères à la hollandaise et fit appel à un financier reconnu de la Silicon Valley : William Hambrecht. Celui-ci avait notamment participé aux introductions en bourse d'Apple (1980), Adobe (1986), Genentech (1999) et Netscape (1995). En 1998, il avait fondé une nouvelle société, W. R. Hambrecht & Co. spécialisée dans les introductions en bourse avec enchères à la « hollandaise ». Ce procédé consistait, de façon à peine masquée, à signifier aux banques new-yorkaises qu'il était possible de se passer de leurs services pour accéder aux marchés financiers.

Le chemin vers l'introduction fut toutefois semé d'embûches. Google rencontra toute une série de tracas réglementaires et juridiques qui conduisirent à abaisser progressivement l'intérêt de l'offre[69]. Initialement ouvertes, le 26 juillet 2004, les enchères proposaient 24.64 millions d'actions pour un prix compris entre $ 108 et $ 135 l'action. Elles furent clôturées le 18 août 2004 à 19,6 millions d'actions pour un prix compris entre $ 85 et $ 95 l'action, ce qui atteste un échec relatif. Le lendemain, les actions Google commençaient leur cotation sur le NASDAQ au prix de $ 85 et clôturaient, le soir même, à $ 100 soit une hausse de 18,8 %. Encore les enchères n'ont-elles pu être menées jusqu'au bout.

---

[67] Hild, M., op. cit.

[68] *Ibidem*, Choo, E., op. cit.

[69] La société fut ainsi obligée, en juillet 2004, de proposer un plan de rétractation sur les stocks options en court pour une valeur de de 26 millions $. Un litige avec Yahoo ! amena Google à concéder 2,7 millions d'actions juste avant l'introduction, soit 300 millions $. Enfin la publication d'une interview de Brin et Page dans *Playboy* conduisit les autorités boursières à reporter l'introduction.

C'est un syndicat bancaire conduit par Morgan Stanley et Crédit Suisse First Boston qui termina l'offre de placement des actions Google, les banques touchant, à cette occasion, une commission de 46,7 millions de dollars[70]. La tentative des Californiens d'intégrer les marchés financiers de la Côte-Est sans passer par les banques New-Yorkaises avait fait long feu. Ces péripéties dévoilent un conflit latent entre la finance de la Silicon Valley et celle de New York[71]. Elles montrent que les banques new-yorkaises sont les véritables gardiennes du temple de la bourse et qu'il est impossible d'y accéder sans leur intercession. La première, spécialisée dans le capital-risque et l'amorçage, désire garder pour elle le profit de l'introduction en bourse, alors que la seconde, spécialisée dans le fonctionnement et le financement des marchés financiers, joue les *gate-keepers* et réclame sa part du « profit du fondateur ». D'une certaine manière, il était indispensable pour les banques de Wall-Street que l'introduction en bourse de Google ne soit pas un succès plein.

Même négocié en deçà des attentes, le prix d'introduction des actions Google constitue une formidable plus-value pour les actionnaires initiaux. Le « profit du fondateur » est au rendez-vous pour tous ceux qui ont pu acheter des actions avant l'introduction en bourse. Le tableau 1 permet de se faire une idée approximative de la plus-value réalisée. Les chiffres de mise de départ sont ceux qui sont communément communiqués à la presse et dans la littérature, sauf pour Sergey Brin et Larry Page pour qui nous avons estimé une mise de départ à $ 2.500[72] chacun pour autant qu'ils aient effectivement acheté leurs actions. Concernant Eric

---

[70]   Hild, M., op. cit.

[71]   Voir notamment sur les interactions entre Wall Street et la Silicon Valley en matière d'IPO, l'étude de Angeletos, G.-M., Lorenzoni, G., Pavan, A., (2021), "Wall Street and Silicon Valley: A Delicate Interaction", June 16th 2021 (not published). https://faculty.wcas.northwestern.edu/~apa522/WSSV-new.pdf

[72]   Ce montant correspond au chiffre moyen entre la valeur de la première émission d'actions au prix nominal de $ 0,001 (5.224 millions d'actions émises à $ 0,001) divisée par deux, soit $ 2.600 et la valeur du stock d'actions initial détenu par Brin et Page, calculé cette fois, à rebours des différentes augmentation du capital, soit en divisant quatre fois par deux le nombre d'actions détenu au 30 juin 2004, ce qui fait 2,4 millions d'actions pour chacun des fondateurs. Puis on multiplie ce chiffre par la valeur nominale des actions ($ 0,001) ce qui fait $ 2.400. L'écart entre les deux chiffres peut tenir à de multiples facteurs comme la présence d'autres actionnaires lors de la première émission, la revente par Brin et Page d'une partie de leurs actions avant l'entrée en bourse. Toutefois, les ordres de grandeurs entre les deux modes de calcul sont suffisamment proches pour valider notre estimation à une mise de départ de $ 2.500.

Schmidt et les salariés, leur mise de départ a été calculée d'après le coût moyen auquel ils ont acheté leurs actions[73].

Tableau 1 : « Profit du fondateur » des premiers actionnaires[74] de Google Inc.

Agents	Nombre d'actions	Mise de départ	Valeur de marché à l'introduction (19/08/2004)	« Profit du fondateur » Ratio prix d'émission / prix de marché
Sergey Brin	38 489 048	$ 2 500	$ 3 271 569 080	1 308 628
Larry Page	38 593 200	$ 2 500	$ 3 280 422 000	1 312 169
K. Ram Shriram	5 324 660	$ 250 000	$ 452 596 100	1 810
David Cheriton	3 404 360	$ 200 000	$ 289 370 600	1 447
Eric Schmidt	14 758 600	$ 5 299 507	$ 1 254 481 000	237
Sequoia Capital	23 893 800	$ 12 500 000	$ 2 030 973 000	162
KPCB[75]	21 043 711	$ 12 500 000	$ 1 788 715 435	143
Salariés	23 700 000	$ 67 782 000	$ 2 014 500 000	30

Lecture : Sergey Brin détenait, au moment de l'introduction en bourse de Google Inc., 38,5 millions d'actions, acquises pour une mise de départ de $ 2500[76]. Ce volume d'actions*
A_ représente au moment de l'entrée en bourse une valeur totale de $ 3,2 milliards, soit 1,3 million de fois le montant initialement investi.

On perçoit le processus magique d'enrichissement que permet l'IPO. À cette occasion les actions voient leur valeur passer d'un prix d'émission, fondé sur les besoins en capital de l'entreprise et réservé à un nombre d'acheteurs limité, à un prix de marché établi sur la rentabilité des actifs

---

[73] Securities and Exchange Commission, op. cit.

[74] Ont été reportés dans le tableau uniquement les actionnaires pour lesquels nous avons pu retrouver ou estimer l'investissement initial et le nombre d'actions effectivement détenues à l'introduction.

[75] L'écart entre le nombre d'actions détenues par Sequoia Capital et KPCB alors qu'ils sont censés avoir investi la même somme est typique du défaut d'information qui règne sur l'allocation réelle du capital. Nous avons préféré garder comme mise de départ la somme communément connue, même s'il est évident qu'elle ne correspond pas exactement au nombre d'actions détenues. Les multiples de plus-values restent, cependant, du même ordre de grandeur autour de 150 fois la mise de départ.

[76] Si on divise ces 38 millions d'actions par les quatre augmentations de capital, qui ont à chaque fois démultiplié par deux le nombre d'actions en circulation, on obtient un montant de départ de 2,406 millions d'actions pour Sergey Brin, achetées pour $ 0.001 l'action, soit $2.406 que nous avons arrondis à $2.500.

financiers en général et ouvert à tous les acheteurs potentiels. De ce point de vue l'introduction en bourse apparait bien comme une opération de transsubstantiation[77] de la valeur des actions qui, tout en restant le même objet juridique, voient la méthode d'établissement de leur valeur changer radicalement. Dans le premier cas, cette valeur est dépendante du capital recherché par la firme sur un marché fermé, dans le second cas, elle est fonction de la rentabilité financière de l'action sur un marché ouvert. Dans le premier cas le prix de l'action est établi par la société en fonction du capital dont elle a besoin pour se développer. Le prix correspond à la valeur nominale de l'action augmentée éventuellement d'une prime d'émission. Dans le second cas, la valeur de l'action est indépendante des besoins en capitaux de la firme, elle est fixée uniquement par les actionnaires en fonction des profits attendus en provenance soit des dividendes versés soit de la revente des actions. De la possibilité de jouer sur ces deux tableaux nait la possibilité du « profit du fondateur ».

Par l'introduction en bourse des actions Google, Brin et Page deviennent, du jour au lendemain, virtuellement milliardaires, réalisant une plus-value potentielle de plus d'un million de fois leur mise de départ[78]. Mais ils ne sont pas les seuls. L'ensemble des personnes associées aux différentes émissions d'actions de la société connait des gains mirifiques. On voit très bien la pyramide inversée des multiples de plus-value à mesure que l'on s'éloigne des fondateurs. Les *business angels* ont vu leur mise être multipliée par plus de 1000. Eric Schmidt, grâce au tarif très avantageux auquel il a pu acheter des actions, devient lui aussi un milliardaire virtuel, réalisant une plus-value de 237 fois la mise de départ. Les deux fonds de capital-risque réalisent eux aussi un confortable bénéfice autour de 150 fois la mise de départ. Ceux qui bénéficient le moins de ce formidable effet de levier sont les salariés, pris dans leur ensemble, qui voient leur mise de départ être multipliée par trente. Encore faut-il préciser qu'il s'agit d'une moyenne pour l'ensemble des salariés. Plus on s'éloigne dans le temps et dans la hiérarchie, plus s'éloigne la possibilité d'avoir pu accéder à un nombre important d'actions à un prix avantageux, c'est-à-dire de bénéficier à plein du « profit du fondateur ». Tous les bénéficiaires de l'introduction en bourse n'ont pu être représentés dans

---

[77] Bourdieu, P., Delsaut, Y., « Le couturier et sa griffe : contribution à une théorie de la magie », Actes de la recherche en sciences sociales, vol. 1, n°1, 1975, p. 7–36.

[78] La plus-value reste potentielle, car, pour être effectivement milliardaire, il faudrait qu'ils vendent l'intégralité de leurs actions.

ce tableau en raison de la difficulté à connaître leur mise de départ, toutefois il faut considérer que toutes les personnes ou institutions qui bénéficiaient d'actions Google avant le 19 août 2004 ont été associées, d'une manière ou d'une autre, au « profit du fondateur ». Même les actionnaires de la première heure de cotation y ont gagné puisque l'action a pris plus de 18 % de hausse lors de son premier jour de bourse.

L'histoire financière de Google ne s'arrête pas à son entrée en bourse. D'une certaine manière, celle-ci ne faisait que commencer puisque le prix de l'action a depuis été multiplié par 32, passant de $ 85 à $ 2713 au 19 août 2021, mais l'introduction marque, à n'en point douter, une rupture. La finance de capital-investissement qui caractérisait les premières années laisse désormais place à la finance de marché. Les acteurs et les logiques en sont foncièrement différents. Le capital-investissement est l'apanage des capitaux-risqueurs. Il est concentré sur la firme et tend vers l'introduction en bourse qui est la meilleure valorisation possible de l'investissement. Une fois la plus-value réalisée, les capitaux-risqueurs n'ont pas vocation à rester au capital de la société. La finance de marché prend le relais. Elle concerne avant tout les banques d'affaires et les grands investisseurs institutionnels. Les premières sont intéressées par les émissions publiques d'actions ou les introductions, tandis que les secondes arbitrent entre plusieurs valeurs, recherchant dans les actions un rendement le plus élevé et le plus régulier possible, avec un minimum de risque. En avril 2021, les deux principaux actionnaires d'Alphabet Inc. étaient les fonds Vanguard Group Inc. et Blackrock Inc. qui détenaient respectivement 7,6 % et 6,8 % des actions *Class A*[79].

De la fonction sociale des actions

Les multiples de plus-values calculés peuvent paraître totalement extraordinaires et certainement le sont-ils. Toutefois, il faut se garder de tout jugement moral si on veut comprendre les raisons sociales de leur existence et donc du fait social qu'ils manifestent. Si Sergey Brin et Larry Page réalisent une telle plus-value, ce n'est certainement pas parce que ce sont des êtres avides animés depuis leur plus tendre enfance par le

---

[79] Les deux fonds cumulaient 5,7 % des droits de vote contre 51,8 % pour Brin et Page qui détiennent quant à eux 85,3 % des actions *Class B* qui comptent 10 voix par action. Source : https://www.sec.gov/Archives/edgar/data/1652044/00013081792 1000256/lgoog2021_def14a.htm

désir de s'enrichir. De tels individus existent certainement, mais ce n'est pas ce qui se passe ici. Si Brin et Page s'enrichissent autant, c'est qu'ils sont portés par une configuration sociale toute entière tournée vers la recherche du « profit du fondateur ». Il suffit pour s'en convaincre de regarder la liste des actionnaires au moment de l'introduction en bourse de Google.

On y retrouve toutes les parties prenantes qui étaient intervenues à la fondation de la société et qui avaient poussé les deux étudiants à fonder Google Inc. Il y a, par ordre d'apparition, l'université de Stanford avec 1,8 millions d'actions. On retrouve David Cheriton, Kavitark Ram Shriram et Andy Bechtolsheim, le second siégeant de surcroit au conseil d'administration de la société. David Drummond, l'avocat qui avait déposé les statuts de Google Inc. le 4 septembre 1998 est devenu entretemps directeur juridique de la société et détenteur de plus d'un million d'actions. Sont bien entendus présents KPCB et Sequoia Capital, dont les dirigeants, John Doerr et Michael Moritz, siègent au conseil d'administration. Les autres administrateurs de Google arrivés en avril 2004 John Hennessy (président de Stanford), Arthur S. Levinson et Paul S. Otellini, se sont vus offrir la possibilité d'acheter 65°000 actions chacun juste avant l'introduction[80]. Les salariés en général et les hauts dirigeants en particulier sont aussi directement associés au « profit du fondateur » : outre Eric Schmidt et David Drummond que nous avons déjà évoqués, le document cite : Omid Kordestani, directeur des ventes depuis 1999, 4,8 millions d'actions ; Wayne Rosing, directeur de l'ingénierie, 1,5 millions d'actions ; Georges Reyes, directeur financier, et Jonathan Rosenberg, directeur produit, 850.000actions chacun. On trouve encore un certain nombre de firmes financières, ainsi que Yahoo ! Inc. et AOL.

Le plus frappant dans cette énumération est de constater que tous les acteurs mentionnés depuis la constitution de Google Inc., en septembre 1998, apparaissent comme actionnaires de la firme à la veille de son entrée en bourse. Il ne manque que Jeff Bezos, dont on ne sait s'il est encore au capital de la société à l'été 2004, car il ne vend aucune action à ce moment-là. Peut-être les a-t-il conservées jusqu'à ce jour ? Le fait d'être actionnaire dépasse la simple signification financière et prend une véritable dimension sociale. Durant la phase de capital-investissement, être

---

[80] Securities and Exchange Commission, op. cit., p. 103.

actionnaire s'apparente à un signe d'élection[81]. Cela signifie, *a minima*, que l'on a été choisi pour participer à l'éventuel « profit du fondateur ». Les actions sont l'élément intégrateur de ce microcosme. Elles sont à la fois la garantie de bénéficier d'un gain formidable en cas de succès et la marque d'appartenance à la communauté des actionnaires initiaux. Il existe, en effet, une solidarité de fait entre les actionnaires de départ qui les pousse à conserver leur association le plus longtemps possible, dans l'idéal jusqu'à l'introduction en bourse. Sortir de la configuration de manière isolée représente un double risque : celui, en premier lieu, d'envoyer un signal négatif sur la valeur de la société en laissant penser que le jeu n'en vaut pas chandelle, celui, en second lieu, de voir la valeur des actions se déprécier en raison même de la volonté de sortir. Il y a donc une nécessité pour tous les actionnaires à rester solidaire et pour cela à rester associés jusqu'à atteindre le meilleur prix possible. Les actions jouent ici le même rôle intégrateur que les colliers et les bracelets de coquillages parmi les Argonautes du Pacifique occidental[82]. Elles sont le signe d'appartenance à un cercle de valorisation réciproque d'objets que l'on possède en commun et des personnes qui possèdent ces objets, à cette différence qu'ici les actions ne circulent pas entre les membres mais sont attribuées définitivement jusqu'à leur revente. Le nombre d'actions détenues et le prix de leur acquisition sont l'indication de la position hiérarchique occupée dans cette communauté. La cohésion d'ensemble du groupe est maintenue par la promesse du « profit du fondateur » que constitue l'introduction en bourse. C'est pourquoi on ne peut découpler l'analyse financière de l'analyse sociologique si on veut comprendre la naissance et le développement des start-ups. Ce qui peut passer pour des questions de pure technique financière, l'émission et l'allocation des actions, sont en fait, la grammaire des start-ups, la manière dont les acteurs organisent objectivement leurs relations sociales et se valorisent entre eux.

---

[81] Weber, M., *L'éthique protestante et l'esprit du capitalisme*, Paris, Plon, 1967 [1904–1905]. Sur la manière dont Weber forge ce concept à partir d'écrits calvinistes, son intérêt heuristique et ses limites, voir Steiner, P., « Calvin, la réforme protestante et l'économie ; les analyses de Max Weber et Ernst Troeltsch ; le protestantisme ascétique et l'éthos économique » in Varet, J. (dir.), *Calvin. Naissance d'une pensée*, Tours, Presses Universitaires François Rabelais, 2012, p. 183–191.

[82] Malinowski, B., *Les Argonautes du Pacifique occidental*, Paris, Gallimard, 1989 [1922].

Conclusion

L'analyse du processus socio-financier ayant conduit à l'introduction en bourse de Google invite à deux observations. La première est qu'il ne faut pas faire d'opposition systématique entre capitalisme numérique et capitalisme traditionnel. L'histoire financière de Google montre que la firme s'est au contraire parfaitement moulée dans les structures traditionnelles du capitalisme financier depuis l'adoption des statuts de la société par actions jusqu'à la recherche du profit exceptionnel que permet le jeu entre la valeur d'émission et la valeur de marché des actions. Cela ne n'enlève rien au caractère singulier de la réussite de Google, ni même à celle d'autres firmes de haute technologie, mais les soubassements juridiques et financiers de leur succès, sont, quant à eux, connus depuis fort longtemps. La seconde est le caractère éminemment collectif de ce succès. Depuis les laboratoires d'informatique et le bureau des brevets de Stanford jusqu'aux banques de Wall Street, en passant par les firmes d'avocat, les capitaux-risqueurs de la Silicon Valley, les professeurs-entrepreneurs, les manageurs de la *high tech*, tous étaient déjà-là, prêts, organisés et coordonnés, pour porter Google Inc. sur les fonts baptismaux et partager entre eux le « profit du fondateur ». Google Inc. est tout sauf une aventure individuelle et singulière, elle est déterminée par les conditions socio-financières qui président au développement des start-ups dans la Silicon Valley. Pour que google.com se transforme en Google Inc., il fallait bien plus qu'une idée élaborée dans une chambre universitaire. Brin et Page ont, certes, eu une intuition géniale mais leur aventure entrepreneuriale s'est développée sur un substrat social, scientifique, juridique, financier et managérial qui fait la spécificité et la force du capitalisme numérique américain du début du XXIe siècle.

Chapitre 4.

L'entreprise comme institution totale. Manager les salariés dans la Silicon Valley

CHRISTOPHE LÉCUYER

Rares sont les masseuses qui sont millionnaires. Mais tel est le cas de Bonnie Brown, la masseuse de Google. En 1999, quand Google est encore une jeune start-up employant une quarantaine de personnes, Bonnie Brown obtient un poste de masseuse à mi-temps dans l'entreprise. Comme les autres salariés de Google, elle reçoit de nombreuses stock-options lors de son embauche. Pendant cinq ans, elle masse les dos endoloris des ingénieurs de l'entreprise. Quand Google entre en bourse, Bonnie Brown exerce les stock-options qu'elle détient. Elle constitue une fortune très conséquente. Elle prend sa retraite, publie son autobiographie et, comme les magnats de la Silicon Valley, établit sa propre fondation. En novembre 2007, Katie Hefner, journaliste et auteur de plusieurs livres sur Internet et les communautés numériques, publie dans le *New York Times* un article sur Bonnie Brown, dont le contenu est repris par des dizaines de journaux et chaines de télévision dans le monde pendant les semaines suivantes. La destinée de Bonnie Brown et les techniques de gestion du personnel chez Google, qui la rendent possible, fascinent. Comment une masseuse travaillant pour une entreprise du web peut-elle constituer un patrimoine si important ? Pourquoi Google et les autres entreprises de la Silicon Valley accordent-elle des stock-options à tous leurs salariés ? D'où ces pratiques proviennent-elles[1] ?

Ce chapitre démontre que le cas de Bonnie Brown est loin d'être isolé et que les techniques de gestion du personnel utilisées chez Google, notamment la distribution massive de stock-options, reposent sur près d'un siècle d'expérimentation dans le domaine des ressources humaines

---

[1] Hafner, K., « Google Options Put Masseuse in Crowd of Multimillionaires », *New York Times*, 12 novembre 2007, p. A1; Brown, B., *Giigle: How I Got Lucky Massaging Google*, Verum Libri, 2008.

dans la Silicon Valley. Depuis les années 1930, les entrepreneurs et cadres dirigeants des entreprises de la région, que ce soient Bill Hewlett, David Packard, ou plus récemment Sergey Brin, Larry Page et Mark Zuckerberg, rencontrent des problèmes de gestion très similaires. Ces problèmes sont liés à la composition de la main d'œuvre qu'ils emploient. Une partie significative de cette main d'œuvre est constituée de cadres, ingénieurs et scientifiques. Dans les industries des composants électroniques et matériels informatiques, d'un quart à un tiers des salariés sont ingénieurs ou manageurs. Dans les entreprises de logiciels et services Internet, leur proportion est souvent supérieure à 50 %[2]. Leurs savoirs et savoir-faire sont essentiels au succès des sociétés. Mais ces salariés ne sont pas faciles à diriger. Ils ont des exigences d'autonomie et de participation aux décisions que n'ont pas ouvriers et employés. Ils évoluent aussi dans un marché du travail où la demande pour leurs compétences est souvent supérieure à l'offre. Cadres et ingénieurs peuvent trouver facilement un autre employeur. Comme ils sont relativement rares, ils sont aussi fort bien rémunérés. Cette main d'œuvre pose de vrais problèmes de management aux entrepreneurs et dirigeants des entreprises de la Silicon Valley : comment attirer cadres et ingénieurs ? Comment les garder et les fidéliser ? Comment les motiver et extraire le maximum de travail d'eux de façon à revenir sur les investissements très substantiels qui sont faits dans leurs salaires et avantages sociaux ? À ces problèmes, s'ajoute la question classique de comment éviter la syndicalisation des ouvriers et employés. Le Bay Area est en effet la région de la côte Ouest où les syndicats sont le mieux implantés depuis le début du vingtième siècle[3].

Ce chapitre s'intéresse à la façon dont les entrepreneurs de la Silicon Valley expérimentent avec de nouvelles formes de gestion du personnel, afin de trouver des solutions à ces problèmes, depuis près de neuf décennies. Il le fait sur la base d'entretiens avec des entrepreneurs et managers des ressources humaines, de recherches dans les archives d'entreprises de la région et aussi d'une analyse des articles parus dans la presse depuis une trentaine d'années. Il démontre que les pratiques et mécanismes

---

[2]   Keller, J., « The Production Worker in Electronics: Industrialization and Labor Development in California's Santa Clara Valley », thèse de doctorat, Université du Michigan, 1981; Sevilla, R., « Employment Practices and Industrial Restructuring: A Case Study of the Semiconductor Industry in Silicon Valley », thèse de doctorat, UCLA, 1992.

[3]   Glass, F., *From Mission to Microchip: A History of the California Labor Movement*, Berkeley (CA), University of California Press, 2016.

développés dans la Silicon Valley afin de mobiliser les ingénieurs et lutter contre les syndicats participent à une longue tradition corporatiste. Le corporatisme, au sens américain du terme, est un mouvement qui cherche à gommer les différences sociales entre les personnes travaillant dans la même firme. Il vise à renforcer un sentiment d'appartenance à l'entreprise, quelle que soit la place des salariés dans l'institution. L'accent est mis sur la coopération entre dirigeants et salariés et sur les relations d'obligation mutuelle au sein de la firme. L'autre idée fondamentale du corporatisme, c'est que l'entreprise, plus que l'État ou les syndicats, est source de stabilité pour les individus. Depuis les années 1930, les entrepreneurs et cadres dirigeants de la Silicon Valley développent des techniques corporatistes de gestion du personnel. Ils le font en fonction de leurs visions du monde et de leurs engagements politiques. Ils adaptent aussi leurs techniques aux changements fréquents dans les législations sur le travail, la représentation syndicale, les stock-options et leur taxation, ainsi qu'à l'évolution du marché du travail dans la région[4].

Tous les programmes corporatistes de la Silicon Valley dérivent d'une source commune : les innovations faites dans la gestion du personnel à General Radio, une entreprise de la région de Boston. C'est à General Radio qu'apparaissent pour la première fois l'actionnariat salarié et l'intéressement aux bénéfices dans l'industrie électronique aux États-Unis (cette forme d'actionnariat n'est pas nouvelle en elle-même, elle a été pratiquée par plusieurs firmes américaines dès la fin du 19ème siècle). Le modèle de General Radio est ensuite décliné de façon différente dans la Silicon Valley à partir des années 1930. Certains entrepreneurs dans les industries des tubes à vide et des appareils de mesure électroniques reprennent les aspects les plus conservateurs des innovations sociales de General Radio et en font une sorte de paternalisme participatif. D'autres entrepreneurs, situés à l'autre extrémité de l'échiquier politique, développent un corporatisme de gauche. Pendant les années 1960 et le début des années 1970, naît une troisième forme de corporatisme, inspirée des deux précédentes, qui vise à transformer cadres et ingénieurs en quasi-entrepreneurs en leur accordant des stock-options. C'est le corporatisme entrepreneurial porté par les industries des semi-conducteurs, des jeux vidéo et des systèmes informatiques. À partir du milieu des années 1990, l'industrie du web développe sa propre forme de corporatisme.

---

[4]   Waring, S., *Taylorism Transformed: Scientific Management Theory Since 1945*, Chapel Hill (NC), University of North Carolina Press, 1991.

Afin de recruter les ingénieurs les plus talentueux et renforcer la collaboration entre ingénieurs et employés, les fondateurs de Google, Facebook et autres start-up donnent des stock-options, souvent en nombre très substantiel, à tous leurs salariés. Ils bâtissent des institutions totales répondant à tous les besoins des individus. En bref, ils inventent le corporatisme du web, ce corporatisme dont Bonnie Brown est une des bénéficiaires les plus médiatisées.

Tableau 1: les formes de corporatisme dans la Silicon Valley

Forme de corporatisme	Période	Entreprises motrices	Industries	Caractéristiques principales
Paternalisme participatif	1940–1980	Hewlett-Packard, Litton Engineering	Appareils de mesure, instruments scientifiques, composants électroniques, radars, télécoms	Intéressement aux bénéfices, avantages sociaux, sécurité de l'emploi, participation des ingénieurs à la prise de décisions, lutte contre les syndicats
Corporatisme de gauche	1948–1960	Varian Associates	Tubes à vide, instruments scientifiques et médicaux	Actionnariat salarié, sécurité de l'emploi, participation des ingénieurs à la prise de décisions, lutte contre les syndicats
Corporatisme entrepreneurial	1960-	Fairchild, Intel, National Semiconductor	Semi-conducteurs, ordinateurs, télécoms, jeux vidéo, biotechnologies	Stock-options pour cadres et ingénieurs, discours égalitariste, participation des ingénieurs à la prise de décisions, lutte contre les syndicats (surtout jusqu'en 1985)
Corporatisme du web	1995-	Google, Facebook	Software, services Internet	Stock-options pour tous les salariés, salaires très élevés, avantages sociaux, institutions totales, lutte contre les syndicats (surtout à partir de 2018)

Paternalisme participatif et corporatisme de gauche

Dès les débuts de la Silicon Valley, les entrepreneurs de la région accordent une grande importance au management des ressources humaines. Pour beaucoup d'entre eux, la gestion du personnel a un caractère stratégique. Il leur semble essentiel de répondre aux besoins des ingénieurs qu'ils emploient et, en même temps, de se protéger contre les syndicats qui s'intéressent à leurs usines. Les entrepreneurs, qui fondent les premières start-up de la Silicon Valley, doivent mobiliser les ingénieurs, afin qu'ils conçoivent des dispositifs électroniques innovants et qu'ils le fassent plus tôt que la concurrence. Ils sont aussi constamment en lutte contre les syndicats, qui cherchent à prendre contrôle de leurs ateliers. Les confédérations présentes dans la région veulent syndicaliser l'industrie électronique, une industrie qui croît très vite pendant la seconde guerre mondiale et l'après-guerre et constitue un réservoir d'adhérents potentiels aux yeux de beaucoup de militants. Elles mènent des campagnes dans toutes les entreprises d'électronique installées sur la Péninsule de San Francisco à cette époque.

Les sociétés de la Silicon Valley résistent efficacement à cette offensive syndicale et mobilisent leurs ingénieurs en adoptant les techniques de management du personnel développées pour la première fois dans l'industrie électronique chez General Radio, une entreprise Bostonienne créée par Melville Eastham en 1915. General Radio, qui produit tout d'abord des postes de téléphonie sans fil, innove très tôt dans le domaine des ressources humaines. L'entreprise offre une couverture médicale et deux semaines de congés payés par an à ses salariés. La sécurité du travail y est garantie. Enfin, Eastham distribue une partie de ses bénéfices au personnel. Après la première guerre mondiale, l'entrepreneur réoriente sa société vers la conception et fabrication d'instruments de test et de mesure pour l'industrie électronique. Afin de concevoir ces appareils sophistiqués, il embauche des ingénieurs électroniciens formés au MIT. Mais très vite, il connait des problèmes de gestion du personnel. Ces ingénieurs ont en effet des aspirations et des représentations très particulières, qui sont distinctes de celles d'autres communautés d'ingénieurs comme celles des ingénieurs civils ou mécaniciens. Ils sont nettement plus élitistes et ont des exigences d'autonomie et de responsabilité professionnelle que ceux-ci ont beaucoup moins. Ils veulent aussi peser sur les orientations des entreprises qui les emploient et la façon dont elles sont gérées. Ces demandes provenant des ingénieurs électroniciens poussent Eastham à leur donner une partie de ses actions à condition qu'ils les revendent à d'autres ingénieurs de General Radio s'ils quittent l'entreprise. Afin d'éviter les licenciements et motiver encore davantage le personnel pendant la crise de 1929, il fixe les salaires des ouvriers et ingénieurs sur la base des commandes et expéditions d'appareils. Enfin, il crée une fondation, le Genradco Trust, qui possède plus d'un quart des actions de la société et finance les soins médicaux de tous les salariés et de leurs familles. Ces innovations sociales rendent possible un grand succès commercial. General Radio croît de façon significative pendant les années 1930 et s'affirme comme l'entreprise-leader dans l'instrumentation électronique pendant l'immédiat après-guerre[5].

Les entrepreneurs de la Péninsule de San Francisco s'inspirent du modèle offert par General Radio à la fin des années 1930 et pendant la décennie qui suit, mais le font de manière différente en fonction de leurs sensibilités politiques. Bill Hewlett, David Packard et Charles Litton, qui sont des républicains très opposés au New Deal, reprennent les aspects les plus conservateurs et les plus paternalistes des programmes de General Radio dans leurs propres sociétés : Hewlett-Packard, Litton Industries et Litton Engineering Laboratories. Ils promettent la sécurité du travail à leur personnel et leur confèrent des avantages sociaux très généreux pour les États-Unis de cette époque : congés payés, assurance maladie et financement des retraites. Ils intéressent les employés aux bénéfices et créent campings et parcs pour eux dans les Sierras et les collines surplombant la Silicon Valley. Ils insistent aussi sur le respect qui est dû à chaque salarié, quelle que soit sa place dans l'entreprise, et font en sorte que les ingénieurs participent à la prise de décision. Ces mesures protègent très efficacement Hewlett-Packard des syndicats. Après un essai malheureux de syndicalisation de l'usine d'Hewlett-Packard pendant la seconde guerre mondiale, les syndicats ne lancent plus aucune campagne contre l'entreprise pendant les décennies suivantes. Ils savent qu'ils n'ont aucune chance de réussir. Beaucoup d'entrepreneurs, qui fondent des firmes spécialisées dans les radars, les télécommunications, les composants électroniques et

5   Thiessen, A., *A History of the General Radio Company*, West Concord (MA), 1965; Sinclair, D., *The General Radio Company, 1915–1965*, New York City, 1965; Layton, E., *The Revolt of the Engineers: Social Responsibility and the American Engineering Profession*, Cleveland (OH), Press of Case Western Reserve University, 1971; Layton, "Scientists and Engineers: The Evolution of the IRE", Proceedings of the IEEE, 1976, p. 1390–1392.

les instruments scientifiques, reprennent les techniques de management du personnel de Hewlett-Packard pendant les années 1950 et au début des années 1960. Encore vingt ans plus tard, la firme fait référence dans ce domaine dans la Silicon Valley[6].

Les fondateurs de Varian Associates, une entreprise produisant des tubes électroniques très perfectionnés pour l'armée ainsi que des instruments scientifiques et médicaux, reprennent le modèle de General Radio d'une façon différente de celle de Hewlett et Packard. Ils inventent le corporatisme de gauche. Russell et Sigurd Varian, les principaux fondateurs de la société, sont des socialistes utopiques, qui cherchent à créer une institution abolissant la distinction entre capital et travail. Les autres fondateurs sont aussi des hommes de gauche. Myrl Stearns provient d'une famille de cadres et membres de l'IWW, le syndicat le plus radical de l'entre-deux-guerres. Edward Ginzton a longtemps été proche des milieux d'extrême gauche de Berkeley. Inspirés par l'exemple de General Radio et mus par leurs objectifs politiques, ces hommes font de Varian Associates une sorte de coopérative possédée par ceux et celles qui y travaillent. Ils vont plus loin dans ce sens que General Radio. Alors que chez General Radio seuls cadres et ingénieurs sont actionnaires, les entrepreneurs de Varian décident d'ouvrir l'actionnariat à tout le personnel et de vendre les actions au même prix à tous les salariés, qu'ils aient créé l'entreprise ou qu'ils aient été engagés par elle. Les salariés-actionnaires ont des représentants au conseil d'administration. La société est aussi organisée en équipes autonomes, qui pour beaucoup d'entre elles ont des contacts directs avec les clients. Plusieurs équipes sont dirigées par des « mechanics », des technologistes sans diplômes universitaires, qui ont sous leurs ordres des titulaires de doctorats de Stanford et Berkeley[7].

Répondant à la demande croissante pour ses tubes et instruments, Varian Associates grandit très rapidement au début des années 1950. Afin de préserver la proximité sociale entre employés et dirigeants,

---

[6] Packard, D., *The HP Way*, New York City (NY), HarperBusiness, 1995; Lécuyer, C., « High-Tech Corporatism: Management-Employee Relations in U.S. Electronics Firms, 1920s-1960s », Enterprise & Society, 2003, p. 502–520.

[7] Varian, R., « Company Philosophy, Company Objectives, Management Functions », 1953, Edward Ginzton Papers (SC330), boîte 3, chemise sur Varian Associates, archives de Stanford University; Varian, D., *The Inventor and the Pilot*, Palo Alto, Pacific Books, 1983; Myrl Stearns, entretien avec l'auteur, 13 juin 1996; Arnold Withol, entretien avec l'auteur, 9 avril 1996.

Stearns, Ginzton et les frères Varian créent en 1953 le « Management Advisory Board », un comité dont les membres sont élus par tous les salariés. Ce comité conseille la direction. Il a des pouvoirs étendus et peut s'intéresser à tous les problèmes internes à l'entreprise, y compris les plus délicats comme les licenciements, les salaires, les avantages sociaux et les conditions de travail. Il fait des recommandations, qui sont très souvent reprises par la direction. Ce corporatisme de gauche bute néanmoins sur deux obstacles au milieu des années 1950. Le premier obstacle est constitué par le National Labor Relations Board, l'agence fédérale chargée de superviser les élections syndicales, qui estime que le Management Advisory Board est un syndicat-maison et ordonne son abolition. Le second défi est celui du succès commercial de Varian. La demande pour ses produits croît très substantiellement. Afin d'y répondre, les dirigeants ont des besoins en capitaux qui dépassent très largement les capacités financières des salariés-actionnaires. La pression pour lever des capitaux sur les marchés est d'autant plus forte que certains ingénieurs et techniciens, qui possèdent des titres mais ne partagent pas les engagements politiques des fondateurs, veulent réaliser des plus-values sur leurs actions. Ces deux facteurs amènent la direction à introduire l'action de Varian Associates en bourse en 1955. À partir de ce moment, la part de l'entreprise possédée par les salariés diminue d'année en année. En 1958, elle n'est plus que de 40 %. Varian Associates devient graduellement une entreprise plus traditionnelle, proche du paternalisme participatif de Hewlett-Packard. Elle intéresse les salariés à ses bénéfices et renforce les avantages sociaux qu'elle leur accorde[8].

Le corporatisme entrepreneurial

Le corporatisme de gauche et le paternalisme participatif sont petit à petit éclipsés par une autre forme de corporatisme, le corporatisme entrepreneurial. Ce corporatisme apparaît tout d'abord chez Fairchild Semiconductor. Il est perfectionné par les entreprises de microélectronique fondées par d'anciens cadres et ingénieurs de Fairchild au milieu et à la fin des années 1960, avant d'être repris par les sociétés qui se lancent dans les ordinateurs, les jeux vidéo, les matériels de télécommunication

---

[8]   Lécuyer, C., *Making Silicon Valley: Innovation and the Growth of High Tech, 1930–1970*, Cambridge (MA), MIT Press, 2006, p. 114 et 123–124.

et les biotechnologies pendant les deux décennies suivantes. Fairchild Semiconductor, qui est fondée dans la Silicon Valley en 1957, est une entreprise-phare de la microélectronique. Elle développe plusieurs innovations fondamentales, comme le procédé planaire et le circuit intégré, et domine l'industrie des semi-conducteurs aux États-Unis pendant la plus grande partie des années 1960. L'entreprise innove aussi dans les domaines des ressources humaines[9].

Les fondateurs de la société, notamment Robert Noyce et Gordon Moore, rencontrent les mêmes problèmes de gestion que les entrepreneurs qui les ont précédés : comment attirer et fidéliser les ingénieurs et, en même temps, lutter contre les syndicats ? Afin de trouver des solutions à ces problèmes, Noyce et Jack Yelverton, le manageur des ressources humaines à Fairchild, consultent leurs homologues chez Hewlett-Packard, Varian Associates et d'autres entreprises d'électronique de la région. De ces consultations, ils retiennent qu'il est impératif de renforcer la coopération entre ouvriers et manageurs et aussi de déléguer l'autorité le plus possible au sein de l'entreprise afin de mobiliser les ingénieurs. Sur la base de ces discussions et apports provenant de Hewlett-Packard et Varian Associates, Noyce et Yelverton gomment les barrières sociales entre cadres et employés. Ils développent un discours égalitariste et évitent soigneusement tout signe de distinction sociale au sein de l'entreprise. Ils encouragent la communication entre différentes catégories d'employés en organisant des équipes sportives, des piqueniques et des sorties pour les salariés et leurs familles. Ils font savoir que tout salarié peut prendre contact directement avec eux afin de parler de ses problèmes au travail, sans que le contenu de ces conversations soit relayé à leurs supérieurs hiérarchiques. Ils accordent aussi beaucoup d'autonomie aux ingénieurs et les font participer à la prise de décisions[10].

Afin de garder et motiver les meilleurs ingénieurs, Noyce fait une grande innovation dans le management des ressources humaines dans la Silicon Valley : il accorde des stock-options aux quarante plus importants ingénieurs de la firme. Les stock-options permettent à ceux qui les possèdent d'acheter à l'avenir, souvent après une période allant de deux

---

[9] Lécuyer, C., Brock, D., *Makers of the Microchip: A Documentary History of Fairchild Semiconductor*, Cambridge (MA), MIT Press, 2010.

[10] Jack Yelverton, entretien avec l'auteur, 18 décembre 2000; Yelverton, présentation, 23 octobre 2001, collection de l'auteur; Lécuyer, C., « High-Tech Corporatism », op. cit.

à quatre ans, des actions de l'entreprise au prix du jour pendant lequel les options leur ont été accordées. Si le prix du titre est plus élevé le jour de l'exercice des stock-options qu'à celui de leur octroi, les détenteurs des options peuvent faire des plus-values appréciables. C'est tout particuliè-rement le cas si les firmes, qui les emploient, entrent en bourse, ce qui entraine un grand renchérissement des titres. En revanche, si le prix des titres est inférieur à celui du jour d'octroi des stock-options, nul ne les oblige à les transformer en actions. En bref, à la différence des action-naires, les porteurs de stock-options n'encourent aucun risque financier tant qu'ils n'exercent pas leur droit d'acheter les actions. Mais ils bénéfi-cient comme eux du renchérissement du titre[11].

Jusqu'en 1960, date à laquelle Noyce les introduit à Fairchild, les stock-options sont utilisées dans l'industrie américaine quasi-exclusivement pour motiver et rémunérer le personnel dirigeant des grandes entreprises. Elles présentent en effet un grand atout par rapport aux salaires : elles sont taxées à un taux nettement plus bas qu'eux, celui des plus-values, et permettent aux dirigeants de payer moins d'impôts sur le revenu. La seule entreprise de haute-technologie alors à offrir des stock-options aux cadres et ingénieurs est High Voltage Engineering Corporation (HVEC), une société de la région de Boston. Fondée par des professeurs des départements de physique et d'ingénierie électrique du MIT, HVEC produit des accélérateurs pour la recherche en physique nucléaire. Dès 1955, l'entreprise accorde des stock-options à neuf cadres et ingénieurs. Leur nombre augmente rapidement pendant les années suivantes. En 1960, quatre-vingt-cinq managers, ingénieurs et physi-ciens d'HVEC ont des options. Aux yeux des fondateurs de l'entreprise, les stock-options ont de multiples avantages : elles motivent les ingé-nieurs à donner le meilleur d'eux-mêmes et les convainc de rester dans la société (les détenteurs de stock-options les perdent en effet s'ils la quittent avant de les exercer). Les stock-options alignent leurs intérêts sur ceux des entrepreneurs et financeurs. Enfin, elles ont l'avantage de ne rien coûter aux entreprises qui les octroient et de ne pas apparaître sur leurs exercices comptables[12].

---

[11]   Yelverton, entretien.

[12]   « Executive Committee of the Board of Directors », 6 mars 1957, Denis Robinson Papers (MC481), boîte 6, chemise: January to June 1957, archives du MIT; Robin-son, D., « Talk to Employees », 27 février 1961, Denis Robinson Papers (MC481), boîte 5, chemise: January to July 1961, archives du MIT.

Il est très probable que Noyce, qui a obtenu un doctorat en physique au MIT en 1953 et connaissait plusieurs physiciens travaillant pour la société, a entendu parler de l'usage des stock-options chez HVEC. Il reprend l'idée à Fairchild et décide d'octroyer, pour les mêmes raisons que les entrepreneurs d'HVEC, de nombreuses stock-options aux quarante meilleurs ingénieurs de l'entreprise. Mais il rencontre un problème de taille : les dirigeants de Fairchild Camera and Instrument, la maison-mère de Fairchild Semiconductor, qui ont eux-mêmes de très gros paquets d'options, s'y opposent absolument. La distribution d'options aux ingénieurs est pour eux une forme de socialisme. Il est inacceptable que les travailleurs, aussi qualifiés soient-ils, accèdent au capital ! Devant cette opposition, Noyce est obligé de composer. Il obtient que quarante ingénieurs obtiennent des stock-options. Mais ces stock-options sont bien moins nombreuses que ce qu'il avait envisagé. Elles sont d'ailleurs en si petit nombre qu'elles ne lient pas les ingénieurs à Fairchild. Elles ont plutôt l'effet inverse : les ingénieurs, qui ont goûté aux stock-options, en veulent davantage. Cette appétence pour les stock-options pousse beaucoup d'entre eux à quitter la firme et à créer leurs propres start-up de microélectronique sur la Péninsule de San Francisco à partir du début des années 1960[13].

Les cadres et ingénieurs de Fairchild, qui quittent l'entreprise pour fonder plusieurs dizaines de firmes de semi-conducteurs pendant les années 1960 et le début des années 1970, reprennent beaucoup des pratiques de Fairchild, y compris l'usage des stock-options et des autres techniques de management du personnel. C'est le cas de Jerry Sanders à AMD, Charles Sporck à National Semiconductor et Noyce et Moore, qui abandonnent l'entreprise qu'ils ont créée pour fonder Intel en 1968. Instruits par leurs expériences passées et répondant à la circulation accrue des ingénieurs qui ont de plus en plus d'employeurs possibles dans la région, ces entrepreneurs accordent des stock-options en plus grand nombre à leurs salariés. Ils les octroient aussi à bien plus d'entre eux. Ils donnent des options à tous les membres des équipes fondatrices et, ensuite, à tous les cadres et ingénieurs qu'ils engagent. Au milieu des années 1970, de 20 à 25 % des salariés des entreprises de semi-conducteurs de la Silicon Valley ont des stock-options. Outre la grande importance que donnent les entrepreneurs aux attentes des ingénieurs,

---

[13] Yelverton, entretien; David James, entretien avec l'auteur, 14 décembre 2000; Lécuyer, C., « High-Tech Corporatism », op. cit.

cette généralisation des stock-options peut aussi s'expliquer par le soutien des capital-risqueurs, qui financent toutes les start-ups de microélectronique. Il leur semble essentiel que cadres et ingénieurs deviennent des quasi-entrepreneurs et participent au succès financier des start-ups. Il en va du succès des nouvelles entreprises et de leurs propres investissements. Certains capital-risqueurs font même de l'octroi de stock-options un critère de choix pour investir dans une société[14].

La diffusion généralisée des stock-options freine en partie la mobilité des ingénieurs et des manageurs de la microélectronique, mais elle transforme surtout des milliers d'entre eux en millionnaires. Un des exemples les plus connus de cet enrichissement par les stock-options est celui de Mike Markkula. Ingénieur de formation, Markulla travaille comme cadre dans le service de marketing d'Intel. Il gagne tellement d'argent avec ses options qu'il prend sa retraite à l'âge de trente-deux ans. Il investit une partie de ses gains dans Apple, alors une toute jeune start-up, et devient ensuite son président directeur général. La distribution massive de stock-options à près d'un quart des salariés de la microélectronique a une autre conséquence : la part des entreprises de semi-conducteurs possédée par leurs fondateurs et premiers investisseurs s'amenuise d'année en année. Par exemple, Moore, qui possédait 16,5 % des actions d'Intel après l'introduction du titre en bourse en 1971, n'en a plus que 5,5 % en 1996. L'octroi de stock-options a multiplié le nombre d'actions d'Intel qui sont en circulation et dilué d'autant la part de l'entreprise qu'il détenait[15].

Les nouvelles sociétés, qui apparaissent dans la Silicon Valley au début et milieu des années 1970, adoptent le corporatisme entrepreneurial inventé dans l'industrie microélectronique. C'est le cas d'entreprises d'ordinateurs (Tandem Computers par exemple), de services d'ingénierie (Acurex), de matériels de télécommunication (Rolm), de jeux-vidéo (Atari), de micro-informatique (Apple) et de biotechnologies (Genentech).

---

[14] Yelverton, entretien; James, entretien; Gordon Moore, entretien avec l'auteur, 21 mai 1998; Blasi, B., Kruse, D., et Bernstein, A., *In the Company of Owners: The Truth about Stock Options (and Why Every Employee Should Have Them)*, New York City (NY), Basic Books, 2003.

[15] Fox, J., « The Next Best Thing to Free Money: Silicon Valley's stock-option culture is doing a lot more than making techies rich; it is taking over the country; is it good or bad? », *Forbes*, 7 juillet 1997.

Toutes ces nouvelles sociétés sont financées par les fonds de capital-risque et reprennent les techniques de gestion du personnel développées dans l'industrie des semi-conducteurs. Ce sont d'ailleurs ces start-ups qui prennent la défense des stock-options, quand celles-ci sont attaquées à la fin des années 1970. En 1976, le Congrès américain, dominé par les démocrates, s'inquiète à juste raison de ce que les stock-options permettent l'évasion fiscale. Il change les règles sur l'imposition des options et décide que celles-ci seront taxées comme des revenus plutôt que comme des plus-values. Le Congrès impose aussi un changement dans les règles comptables sur les stock-options : désormais, les stock-options paraîtront sur les comptes de résultat des entreprises au moment de leur exercice et pèseront ainsi sur leurs bénéfices. À la pointe de la lutte contre la nouvelle loi sont les PDG de Tandem et Acurex, pour qui les stock-options sont essentielles au bon fonctionnement de leurs entreprises. Avec l'American Electronics Association, le syndicat patronal de l'industrie électronique, ils mènent une campagne de lobbying contre les provisions de la loi de 1976 sur les stock-options. Avec l'arrivée d'une nouvelle administration à la Maison Blanche, ils obtiennent gain de cause. À partir de 1981, les stock-options sont imposées à nouveau comme des plus-values (dont le taux a entre-temps baissé) et n'apparaissent plus comme une dépense sur les exercices comptables. Elles n'ont plus aucun coût pour les sociétés[16].

L'autre aspect du corporatisme entrepreneurial est la lutte acharnée contre les syndicats. Pendant une vingtaine d'années, du début des années 1960 au début des années 1980, les syndicats mènent des offensives répétées contre les entreprises de semi-conducteurs et, à la fin de cette période, s'attaquent aussi aux sociétés de jeux vidéo comme Atari. Ces industries semblent être de bonnes cibles. L'industrie des semi-conducteurs connaît une croissance explosive dans la région, passant de quelques milliers d'employés en 1962 à plus de cinquante-cinq milles en 1982. Celle des jeux vidéo est aussi en forte expansion. D'autre part, les sociétés de microélectronique et jeux vidéo offrent des salaires et avantages sociaux qui sont nettement moins attractifs que ceux de Hewlett-Packard et Varian Associates. À ces assauts répétés, les firmes de la Silicon Valley résistent furieusement. L'exemple d'Amelco Semiconductor, une des premières entreprises issues de Fairchild, est intéressant à cet égard.

---

[16] Richards, E., « Stock Options: AEA's New Lobbying Target », *Palo Alto Times*, 30 juillet 1979; Noble, K., « Revival for Stock Options? », *New York Times*, 28 juin 1981.

En 1966, les militants de l'International Association of Machinists and Aerospace Workers (IAM) essaient de syndicaliser l'usine d'Amelco en promettant des salaires plus élevés, de meilleurs avantages sociaux et une plus grande sécurité du travail. Afin d'emporter les élections syndicales, la direction de l'entreprise augmente les rémunérations. Elle crée un programme d'épargne-retraite pour les ouvrières. Elle présente le syndicat comme un « ramassis de criminels » intéressés par les cotisations des salariés. Violant la législation sur le travail, elle refuse aussi de communiquer aux syndicalistes les adresses des ouvrières, de façon à ce qu'ils ne puissent pas les démarcher chez elles. Le résultat est que la direction d'Amelco gagne les élections. C'est une des grandes défaites des syndicats dans la Silicon Valley pendant les années 1960[17].

Une dizaine d'années plus tard, les militants de United Electrical, Radio and Machine Workers of America (UE), une centrale proche du parti communiste, développent de nouvelles tactiques afin de syndicaliser l'industrie microélectronique. Au lieu de se focaliser sur une seule usine, ils s'attaquent en même temps à toutes les usines de plusieurs sociétés afin de mobiliser une main d'œuvre ouvrière très mobile. Ils s'intéressent notamment à celles d'Intel, AMD, Signetics et National Semiconductor. Plutôt que chercher à obtenir l'organisation d'élections, ils créent des syndicats minoritaires dans chacune de ces entreprises. Au sein de chaque société, les militants de l'UE exigent une majoration des salaires. Ils dénoncent également le racisme des contremaîtres (lesquels sont blancs, alors que les ouvrières sont souvent philippines ou mexicaines). Épaulés par SCCOSH, une association de défense de la santé au travail dans l'électronique, ils s'insurgent contre les dangers, bien réels, que rencontrent travailleuses et travailleurs dans les usines et demandent que les sociétés cessent d'utiliser certaines substances dangereuses dans leurs procédés de production. En réponse à ces nouvelles tactiques, les entreprises de microélectronique se montrent plus soucieuses de la santé de leurs ouvrières et font de très gros investissements dans la sécurisation des usines. Elles remplacent certains produits chimiques utilisés dans la production de puces électroniques. Elles s'attaquent aussi aux ressources financières de SCCOSH, en obtenant du Department of Labor qu'il annule une subvention qu'il lui octroie. Elles licencient surtout tous les militants de l'UE et les mettent sur une liste noire, de façon à ce qu'ils

---

[17] "Amelco Semiconductor Union Campaign Material, 1966," archives de Jay T. Last.

ne puissent plus trouver de travail dans la région. Au même moment, un autre syndicat, la Glaziers, Architectural Metal and Glassworkers Union, qui est plus traditionnel dans ses approches, tente de syndicaliser les usines d'Atari. L'entreprise se défend en accordant des stock-options à tous les salariés, y compris aux ouvriers. Elle remporte aisément les élections. Après ces échecs cuisants, les syndicats se désintéressent des salariés de la high-tech dans la Silicon Valley pendant une quarantaine d'années[18].

Le corporatisme du web

Le corporatisme entrepreneurial connait une métamorphose avec l'apparition de l'industrie du web. Plusieurs milliers de start-ups, qui se focalisent sur les services Internet et les réseaux informatiques, sont fondées ou installées dans la Silicon Valley pendant la seconde moitié des années 1990 et au début des années 2000. Certaines d'entre elles, telles Google et Facebook, s'imposent durablement, au point de constituer des monopoles ou quasi-monopoles à la fin de la première décennie du vingt et unième siècle. Leurs fondateurs, tels Sergey Brin, Larry Page et Mark Zuckerberg, s'inspirent du corporatisme entrepreneurial inventé dans l'industrie microélectronique. Celui-ci est si ancré et si omniprésent dans la Silicon Valley qu'il est inconcevable pour ce nouveau groupe d'entrepreneurs de ne pas donner des stock-options aux ingénieurs et de ne pas mettre l'accent sur leur participation à la prise des décisions. Mais ils innovent aussi en donnant des salaires particulièrement élevés à leurs cadres, ingénieurs et informaticiens. Ils accordent des stock-options à tous les salariés et le font dans des quantités inimaginables jusqu'alors. Enfin, ils transforment graduellement leurs firmes en institutions totales, qui régissent minutieusement les activités des individus et répondent à tous leurs besoins. Ce nouveau corporatisme, le corporatisme du web,

---

[18] Matthews, G., *Silicon Valley, Women, and the California Dream: Gender, Class, and Opportunity in the Twentieth Century*, Stanford (CA), Stanford University Press, 2003; Lécuyer, C., « From Clean Rooms to Dirty Water: Labor, Semiconductor Firms, and the Struggle over Pollution and Workplace Hazards in Silicon Valley », *Information & Culture*, 2017, p. 304–333. Au début des années 1990, la Service Employees International Union (SEIU) syndicalise plusieurs milliers de femmes de ménage embauchées par des entreprises spécialisées et travaillant chez Apple et d'autres firmes de haute technologie.

est moins orienté vers la lutte contre les syndicats qu'il ne répond à un défi de gestion du personnel lié à la composition de la main d'œuvre des entreprises Internet[19].

L'apparition du corporatisme du web peut s'expliquer, en effet, par la dépendance accrue de ces sociétés à une main d'œuvre très qualifiée constituée de cadres, ingénieurs et informaticiens. Cette main d'œuvre représente souvent près de la moitié de leurs effectifs, soit deux fois plus que dans les firmes spécialisées dans les ordinateurs et les composants électroniques. Dans ce secteur d'activité sans usines ni coûteux équipements de production, elle constitue leur actif principal. Il est essentiel pour les entrepreneurs de la faire travailler au maximum de ses capacités. Mais c'est aussi une main d'œuvre très courtisée. Pendant la seconde moitié des années 1990, le marché du travail pour les ingénieurs est en pleine surchauffe dans la Silicon Valley. C'est l'époque de la bulle spéculative Internet pendant laquelle les fonds de capital-risque investissent chaque année plusieurs milliards de dollars dans les jeunes pousses du web. Les bons ingénieurs et informaticiens sont en très forte demande. Ils le savent et changent régulièrement d'entreprises afin d'obtenir de meilleurs salaires et d'exploiter les meilleures opportunités d'enrichissement[20].

Afin d'attirer et fidéliser ces ingénieurs, les entrepreneurs du web leur offrent des salaires, stock-options et conditions de travail supérieurs à ceux des autres industries de la région. La Silicon Valley connaît alors une flambée des rémunérations et une « inflation » dans la taille des paquets de stock-options offerts aux ingénieurs. Les entrepreneurs innovent aussi en accordant des stock-options à *tous* leurs salariés. Alors que cette pratique était rare dans la Silicon Valley des années 1980 et du début des années 1990, elle devient quasi-universelle à la fin de la décennie. Tous les salariés des entreprises Internet obtiennent des stock-options. La raison de cette générosité apparente est simple. Il est essentiel pour les entrepreneurs d'impliquer tous les personnels dans le succès financier de leurs sociétés, afin de renforcer les collaborations entre les différentes catégories de salariés et fédérer ainsi toutes les énergies autour d'objectifs communs : le succès commercial et le renchérissement des actions. Les

---

[19] Goffman, E., *Asiles. Études sur la condition sociale des malades mentaux et autres reclus*, Paris, 1979 ; Fridenson, P., « Une entreprise de sélection : Google », Entreprises et Histoire, 2006, p. 47–57.

[20] Blasi, J., Kruse, D., Bernstein, A., *In the Company of Owners*, op. cit.

entrepreneurs du web offrent aussi de nouveaux avantages aux salariés. Certains donnent des primes ou des voitures de luxe aux recrues les plus courtisées le jour où elles rejoignent leur entreprise. D'autres, comme Brin et Page chez Google, accordent des conditions de travail et des avantages encore jamais consentis dans la région. Dès 1999, soit moins d'un an après sa création, Google offre des repas gratuits préparés par un chef renommé à tous ses salariés. Ils peuvent petit-déjeuner, déjeuner, dîner sur le site de l'entreprise et sont encouragés ainsi à y passer toute la journée. Un autre avantage inédit offert par Google sont les massages gratuits de Bonnie Brown[21].

Le corporatisme pratiqué par les firmes du web connaît des infléchissements significatifs après l'éclatement de la bulle Internet en 2000. Les entrepreneurs et cadres dirigeants des sociétés du web, comme leurs homologues dans d'autres industries de la région, mettent un frein à l'envolée des coûts salariaux. Afin de limiter ces coûts, ils délocalisent une partie de leurs services d'ingénierie vers des pays à bas salaires. Ils font aussi de plus en plus recours à des travailleurs temporaires dans leurs bureaux de la Silicon Valley. Ces intérimaires sont moins bien payés que les salariés. Ils n'ont pas de stock-options. Ils n'ont aucune sécurité de l'emploi. La part des travailleurs temporaires dans les effectifs des grandes entreprises du web ne cesse d'augmenter pendant les deux premières décennies du vingt et unième siècle, au point d'atteindre plus de 50 % chez Google en 2020. Cette forte poussée contribue à la constitution de deux castes au sein des entreprises : celle des salariés, qui ont des postes très lucratifs et relativement sûrs, et celle des intérimaires, qui ont des salaires limités, peuvent être renvoyés à tout moment et n'ont aucune chance de constituer un patrimoine sur la base de stock-options. Cette bifurcation sociale représente un départ significatif par rapport au corporatisme tel qu'il a été pratiqué jusqu'alors dans la Silicon Valley. Chez Hewlett-Packard, Varian Associates, Fairchild Semiconductor et Tandem Computers, l'objectif principal était de gommer les différences au sein des entreprises et de renforcer les solidarités entre différentes

---

[21] Brown, *Giigle*. Suivant l'exemple des start-up du web, les sociétés de la Silicon Valley actives dans des secteurs plus anciens comme ceux des ordinateurs et des semi-conducteurs accordent des stock-options à tous leurs salariés pendant cette période. C'est le cas, par exemple, d'Intel qui pour la première fois généralise les stock-options à tous ses salariés en 1997. Blasi, J., Kruse, D., Bernstein, A., *In the Company of Owners*, op. cit.

catégories de personnels. Dans les entreprises du web, la priorité, à partir du milieu des années 2000, est de choyer les ingénieurs afin de les fidéliser et de les faire travailler le plus possible.

Les entrepreneurs du web font aussi face à une crise des stock-options. Renouant avec les efforts du Congrès américain à la fin des années 1970, le Financial Accounting Standards Board (FASB), l'organisme indépendant chargé de définir les normes comptables aux États-Unis, décide en 2004 de traiter les stock-options comme une forme de rémunération. Les entreprises doivent maintenant les faire apparaître comme une dépense sur leurs exercices comptables, ce qui diminue d'autant leurs profits et peut retarder, voire même rendre impossible, l'introduction en bourse de nouvelles start-up si elles n'ont pas des bénéfices suffisants. Les stock-options, dont l'usage était gratuit pour les entreprises depuis 1981, ont maintenant un coût bien réel. Cette réforme comptable rencontre une très forte opposition dans la Silicon Valley. Les PDG et syndicats patronaux de la région dénoncent une mesure qui, d'après eux, menace la Valley et risque d'affaiblir l'innovation et l'esprit d'entreprise aux États-Unis. En juin 2004, ils organisent des manifestations auxquelles participent des milliers de salariés défilant sous des pancartes clamant « Save our options ! ». Peine perdue. Soutenu par la Federal Reserve Bank, la Securities Exchange Commission (SEC), les fonds de pension et les grands cabinets d'audit, le FASB parvient à passer outre à la résistance des entrepreneurs et de leurs alliés au Sénat et à imposer les nouvelles règles comptables aux entreprises de la Silicon Valley et au reste de l'industrie américaine. Dans un premier temps, cette réforme pousse les PDG de Google, Facebook et autres entreprises Internet à donner des actions plutôt que des stock-options à leurs salariés. En effet, le coût en est le même pour les sociétés. Mais ils reviennent rapidement à leurs pratiques précédentes, tout en limitant néanmoins le nombre de stock-options qu'ils octroient aux salariés[22].

L'autre aspect de la crise des stock-options est leur moindre attractivité auprès des salariés. Le cours des actions des sociétés du web connaît

---

[22]   En 1994, les entreprises et les syndicats patronaux de la Silicon Valley sont parvenus à bloquer une réforme similaire de la FASB avec l'appui de sénateurs influents. Hitt, G., et Schlesinger, J., « Stock Options Come Under Fire in the Wake of Enron's Collapse », Wall Street Journal, 26 mars 2002; Rivlin, G., « Stock Options Debate Comes to Silicon Valley », New York Times, 25 juin 2004, p. C5; « FASB stock option rule blasted », Silicon Valley Business Journal, 16 décembre 2004.

de très fortes fluctuations pendant la seconde moitié des années 2000. Par exemple, la valeur de l'action de Google augmente considérablement, passant de 50 à plus de 700 dollars entre son introduction en bourse en 2004 et la grande récession de 2008. Mais de 2008 à 2009, l'action perd près des deux tiers de sa valeur. Ces variations rendent les stock-options moins intéressantes pour les salariés et les recrues potentielles. En effet, quand les employés de Google reçoivent des stock-options en 2006, la valeur des actions est déjà très élevée. Aux yeux de beaucoup, il semble improbable que le cours des actions augmente encore davantage pendant les années à venir. Inversement, quand la valeur des actions chute en 2008 et 2009, toutes les stock-options accordées les années précédentes sont « sous l'eau ». En d'autres termes, le prix d'exercice des options est maintenant très supérieur à la valeur de l'action. Il est impossible aux salariés de faire des plus-values.

Ces problèmes conduisent les dirigeants de Google et d'autres société du web à innover, à nouveau, dans les techniques de gestion du personnel à partir du milieu des années 2000. À Google, ils cherchent à rendre les stock-options plus attractives. Pour ce faire, ils introduisent un nouveau type de stock-option, les options transférables. Jusqu'alors, les stock-options étaient nominatives. Un employé ne pouvait ni les vendre, ni les donner. Il les perdait, s'il ne les exerçait pas avant de quitter l'entreprise. Avec l'apparition des stock-options transférables, il lui est possible de les céder à des investisseurs extérieurs à l'entreprise, avant même qu'il puisse les exercer. En 2006, Google transforme toutes les options accordées les deux années précédentes en stock-options transférables. En collaboration avec une banque d'affaires, la société va même jusqu'à créer un marché électronique pour ces options. L'objectif est de démontrer aux salariés que les options ont une valeur marchande, même si leur prix d'exercice est très élevé, et leur permettre de les monnayer s'ils le désirent. Quand le prix de l'action plonge à partir de 2008, Google réduit substantiellement le prix d'exercice des stock-options[23].

L'autre réponse portée à la crise des stock-options est de conférer toujours plus d'avantages aux salariés et de transformer radicalement leurs espaces de travail de façon à ce qu'ils y soient les plus productifs possible. Les sociétés du web peuvent d'autant plus le faire qu'elles sont souvent

---

[23] Heft, M., et Norris, F., « Google to Offer Variation on Stock Options », New York Times, 13 décembre 2006, p. C2; Glater, J., « Stock Options Are Adjusted After Many Share Prices Fall », New York Times, 26 mars 2009, p. B1.

extrêmement rentables. Google, par exemple, investit une partie de ses bénéfices dans l'attribution de nouveaux avantages sociaux à ses salariés. La société alimente généreusement leurs comptes d'épargne-retraite. Elle verse une prime après la naissance de chaque enfant et accorde des congés parentaux de six semaines pour les pères et de dix-huit semaines pour les mères. Elle propose des crèches gratuites. Elle alloue une pension pendant dix ans au conjoint ou conjointe d'un salarié après le décès de celui-ci. La société construit aussi des espaces de travail conçus pour que les salariés passent le plus de temps possible sur son site. Le siège et les autres campus de Google offrent des lieux de travail sans équivalents dans la Silicon Valley. Ils incluent cafétérias, cafés, salons de massage, salons de coiffure et maquillage, pressings, salles de bowling, centres de remise en forme et terrains de sport. Tous les services offerts dans ces espaces sont gratuits. L'entreprise organise des fêtes, des cocktails, des cours, des conférences présentées par des auteurs de renom. Elle propose des navettes gratuites aux salariés. En bref, elle subvient à tous les besoins des individus. Insensiblement, Google devient une institution totale. Avec quelques années d'intervalle, la direction de Facebook reprend beaucoup des techniques de gestion du personnel de Google et construit même des immeubles de logement pour les salariés sur son campus[24].

Cette forme de corporatisme permet à Google et Facebook d'attirer une main d'œuvre très qualifiée et de réduire les départs d'ingénieurs. Mais elle ne protège pas les firmes des syndicats aussi bien que les approches développées des décennies plus tôt par Hewlett, Packard, les frères Varian et les entrepreneurs de la microélectronique. Malgré une très forte résistance de la direction, qui n'hésite pas à licencier plusieurs syndicalistes, quatre cents personnes travaillant pour Google, salariés et intérimaires, forment un syndicat, l'Alphabet Workers Union (du nom de la maison-mère de Google), en 2020. Ce syndicat est affilié à Communications Workers of America (CWA), une grande centrale très présente dans les médias et les télécommunications. L'Alphabet Workers Union est un syndicat minoritaire. Il n'aspire pas à représenter l'ensemble des travailleurs de Google et Alphabet dans des négociations sur les salaires avec la direction. Il cherche, plutôt, à faire pression sur elle afin de changer les conditions de travail et les orientations de l'entreprise. L'année précédente, les salariés de Kickstarter, une société spécialisée dans le

---

[24] Stewart, J., « A Place to Play for Google Staff », *New York Times*, 16 mars 2013, p. B1.

crowd-funding, ont eux aussi formé un syndicat, Kickstarter United. C'est la première fois que des syndicats parviennent à mobiliser les travailleurs de la tech dans la Silicon Valley depuis le début des années 1980. Ce qui est plus surprenant encore est qu'en dépit des stock-options et des avantages exceptionnels qui leur sont proposés, une centaine d'ingénieurs décident de rejoindre le syndicat. Voilà un fait rarissime dans l'histoire des ingénieurs aux États-Unis ! À l'exception de ceux travaillant dans l'industrie aéronautique après la seconde guerre mondiale, les ingénieurs américains ont toujours été réfractaires au syndicalisme. Dans les conflits entre patronat et syndicats, ils se sont toujours rangés du côté des patrons[25].

La syndicalisation d'une partie des travailleurs de Google et Kickstarter peut s'expliquer par les failles du corporatisme du web et par le positionnement éthique de ces sociétés. Les dirigeants de Google ont porté beaucoup moins l'accent sur la création d'un sentiment de proximité sociale entre travailleurs, ingénieurs et cadres dirigeants que leurs prédécesseurs dans la Silicon Valley. En se reposant sur le travail intérimaire, ils ont construit plusieurs castes au sein de leur firme, ce qui a généré des ressentiments favorisant les syndicats. Une autre source de ressentiment est aussi le caractère très contrôlé des espaces de travail et de récréation et la transformation de l'entreprise en institution totale (qui, comme toutes les institutions de ce type, suscite des réactions de rejet)[26]. Mais la percée syndicale chez Google et Kickstarter peut aussi s'expliquer par le fait que ces deux sociétés se sont très imprudemment présentées comme des entreprises vertueuses. Le slogan de Google, dès sa formation, était de ne faire aucun mal – : Don't be evil ! De même, l'image projetée par Kickstarter était celle d'une entreprise éthique. Il n'est pas étonnant que des

---

[25] Conger, K. et Scheiber, N., « Federal Labor Agency Says Google Wrongly Fired 2 Employees », New York Times, 2 décembre 2020 ; Conger, K., « Hundreds of Google Employees Unionize, Culminating Years of Activism », New York Times, 4 janvier 2021.

[26] Un autre indice de cette désaffection est le désir exprimé en 2021 par 70 % des salariés de Google de continuer à télé-travailler après l'épidémie du covid. Seuls 15 % désirent revenir travailler à temps plein sur les campus de la société. Cette demande et les contraintes imposées par l'épidémie du covid forcent actuellement la direction de Google à repenser ses espaces de travail et à démanteler certains éléments de l'institution totale qu'elle a bâtie comme les salles de sport, les salons de massage et les bus gratuits. Wakabayashi, D., « The Googleplex of the Future has Privacy Robots, Meeting Tents and Your Very Own Balloon Wall », New York Times, 30 avril 2021.

salariés, qui ont cru à cette rhétorique de la vertu, se rebellent quand les sociétés s'écartent des principes qu'elles affichent. Dans le cas de Kickstarter, les dirigeants ont refusé d'organiser le financement d'un projet de bande dessinée sur le racisme, qui avait été attaqué par l'extrême droite. Ce refus enflamme l'opposition de nombreux salariés et catalyse la création d'un syndicat dans l'entreprise. De même, les parachutes dorés donnés à des cadres hauts placés de Google coupables de harcèlement sexuel et les décisions de développer un moteur de recherche pour la Chine et des outils d'intelligence artificielle pour l'armée poussent des milliers de salariés de l'entreprise à manifester en 2018 et 2019. Certains se syndicalisent l'année suivante. Cette demande éthique de la part des ingénieurs et informaticiens est d'autant plus compréhensible qu'ils ont, dans leur grande majorité, suivi des cours sur l'éthique de l'ingénierie pendant leurs études universitaires. En effet, depuis le début des années 2000, ABET, l'organisme d'accréditation des universités aux États-Unis, exige que tous les programmes d'enseignement en ingénierie et informatique offrent des cours obligatoires d'éthique à leurs étudiants. La sensibilité éthique de nombreux ingénieurs et les limites du corporatisme du web constituent un terreau favorable au renouveau du syndicalisme dans la Silicon Valley[27].

Conclusion

Les techniques de gestion du personnel développées dans la Silicon Valley répondent à deux grands problèmes de management : comment attirer, garder et faire travailler au maximum une main d'œuvre très qualifiée et comment se protéger de la menace que représentent les syndicats. Tous les entrepreneurs de la Silicon Valley connaissent ces problèmes depuis les années 1930. De génération en génération, ils apportent des solutions nouvelles à ces questions. Mais ils restent tous dans une tradition corporatiste et s'inspirent des expérimentations sociales des entrepreneurs qui les ont précédés. Les techniques de gestion du personnel qu'ils conçoivent et mettent en œuvre depuis près de quatre-vingt-dix ans sont à la fois conservatrices (il s'agit de s'attaquer aux solidarités de classe) et subversives (les entrepreneurs donnent le capital au travail). Une

---

[27]   Conger, K., "Hundreds of Google Employees Unionize. Culminating years of Activism", *New York Times*, January 4, 2021.

autre tendance sur le long terme est l'octroi d'avantages toujours crois-
sants. Les rapports de force sont en effet de plus en plus favorables aux
salariés, parce que la production de la valeur repose de plus en plus sur
ingénieurs et informaticiens et la demande pour leur travail est structu-
rellement supérieure à l'offre.

Les techniques de gestion du personnel inventées dans la Silicon Valley, notamment celles associées au corporatisme entrepreneurial et au
corporatisme du web, sont cruciales pour le mode d'innovation pratiqué dans la high-tech depuis les années 1970. Ce mode d'innovation,
caractérisé par le capital-risque, la focalisation sur les innovations de
rupture, l'introduction très rapide de nouveaux produits sur le marché
et la constitution de monopoles sur la base du contrôle de la propriété
intellectuelle, repose fondamentalement sur ingénieurs et informaticiens.
La seule façon de les convaincre de travailler extrêmement dur afin de
développer ces nouvelles technologies, de les breveter et de les commercialiser très vite est de leur conférer des avantages très conséquents et
de leur permettre de constituer des patrimoines. Les techniques de gestion du personnel développées dans la Silicon Valley sont si essentielles
à ce mode d'innovation qu'elles sont reprises depuis les années 1980 par
toutes les entreprises de la high-tech aux États-Unis. Les techniques de
la Silicon Valley se diffusent à l'ensemble du pays par l'intermédiaire de
cabinets de consultants, des cursus de management de Stanford et Berkeley et de la volumineuse littérature produite par les entrepreneurs de
la Valley comme Andrew Grove, Peter Thiel et Eric Schmidt. Elles sont
aussi apportées par les entreprises de la Silicon Valley elles-mêmes quand
elles s'implantent dans d'autres régions[28].

Le déploiement massif des techniques de gestion du personnel de la
high-tech a des macro effets sociaux. Elles remodèlent profondément
la Silicon Valley et les autres régions dépendantes des technologies de
pointe. Elles contribuent à accroître substantiellement les différences de
revenus et de patrimoines entre les salariés de la tech et les autres travailleurs, ceux qui n'ont pas de stock-options et ne bénéficient pas des
hauts salaires et des avantages sociaux caractéristiques de ce secteur. Une
étude récente démontre que le coefficient de gini, qui était de 38 dans la
Valley en 1989, a augmenté de dix points pour atteindre 48,3 en 2018,

---

[28] Fox, J., « The Next Big Thing to Free Money », op. cit. ; Blasi, J., Kruse, D.,
Bernstein, A., *In the Company of Owners*, New York City (NY), Basic Books, 2003.

ce qui fait de la Silicon Valley une des régions les plus inégalitaires aux États-Unis. Le gonflement des salaires et des patrimoines d'une partie significative de la population entraîne aussi une flambée des prix du logement et un exode des individus et familles à moindres revenus vers les banlieues très éloignées de San Francisco, parfois même dans la vallée centrale de la Californie. En 2018, 100 000 personnes travaillant dans la Valley consacrent chaque jour plus de trois heures aux déplacements entre leurs domiciles et leurs lieux de travail. Ceux, qui ne le peuvent pas ou s'y refusent, se résignent à vivre dans des camping-cars garés sur les grandes artères de la région. L'innovation managériale peut donc avoir des conséquences allant bien au-delà du fonctionnement interne des entreprises[29].

---

[29] *2020 Silicon Valley Index*; Meehan, M., Turner, F., *Seeing Silicon Valley: Life Inside a Fraying America*, Chicago (IL), University of Chicago Press, 2021.

Chapitre 5.

L'empathie au service de l'innovation

OLIVIER ALEXANDRE ET PARIS CHRYSOS

Les développeurs sont devenus une catégorie professionnelle centrale dans l'industrie des nouvelles technologies. Alors que leurs effectifs connaissent une croissance constante[1], ils font l'objet d'une demande importante sur le marché du travail, à commencer par celui de la Silicon Valley. En dépit de cette valorisation, les développeurs continuent d'échapper aux logiques et modes d'organisation professionnelle observables dans les domaines contigus de l'ingénierie. Il n'est d'ailleurs pas rare d'entendre des développeurs rejeter énergiquement l'idée d'appartenir à une profession[2]. Ils préfèrent fréquemment se définir par leurs parcours, leurs projets, leurs collaborations, leurs valeurs, ce qu'ils savent faire ou souhaitent apprendre, bien plus que par leurs diplômes, titres, grades, niveau de rémunération, appartenance à une corporation, une école ou un syndicat[3]. Il s'avère également difficile de quantifier, qualifier, mesurer ou même identifier leurs productions. L'une des mesures pertinentes pourrait être le type et le volume de solutions que les développeurs produisent ou utilisent, telles que les interfaces de programmation (*Application Programming Interface* ou API, une interface logicielle qui permet de connecter un logiciel ou un service à un autre logiciel

---

[1] S'il n'existe pas de comptabilité précise de la population des programmateurs logiciels dans le monde, GitHub, hébergeur et site de développement de logiciels destinés aux développeurs, devenu le plus important dépôt de code au monde et racheté par Microsoft en 2018 pour 7,5 milliards de dollars, comptaient près de 3 millions d'utilisateurs développeurs en 2013, 56 millions en 2020, et 94 millions en 2022 (sources : GitHub).

[2] Alexandre, O., « Le code va changer. Trouver des points d'appui face à l'incertitude de la programmation logicielle, le cas des développeurs de la Silicon Valley », Reset, Recherches en Sciences Sociales sur Internet, n°11, 2022.

[3] Chrysos, P., *Les développeurs*, Limoges, FYP Presses, 2015.

ou service afin d'échanger des données), les SDKs ou les *plugins*. Mais pareille estimation se heurte à d'autres difficultés telles que la place du libre dans l'industrie du logiciel et le mode de production privilégié des développeurs, soit des collaborations plus ou moins formelles. En effet, l'usage prépondérant de systèmes ouverts et de logiciels libres, le rôle de Mozilla ou Linux, leur recours incessant à des documentations laissées en libre accès, rendent difficilement traçable et identifiable le résultat de leur travail. La notion de « bien industriel public »[4] vient en partie résoudre le problème de la qualification d'une production issue d'une activité collective et libre de droit. Mais elle laisse en suspens la manière dont les grandes entreprises ont investi ce domaine, et plus générale-ment le passage d'un mode de production ouvert à une logique de pro-priété privée. Dans le courant des années 2010, les grandes entreprises technologiques ont en effet multiplié le recours aux logiciels libres, aux systèmes ouverts et au bénévolat[5]. Elles se sont inscrites de fait dans une tradition remontant aux années 1980, époque à laquelle des ingénieurs cherchaient à dépasser les contraintes de l'informatique marchande pour mieux quantifier et valoriser leurs contributions[6].

La forte augmentation de ce recours par des entreprises privées invite à interroger les modalités de production et de création de valeur des développeurs, que leurs collaborations situent tout à la fois dans et en dehors de leur organisation de tutelle. En effet, les contributions des développeurs représentent une ressource que les grandes entreprises tech-nologiques tentent de s'approprier directement en les recrutant ou en les accompagnant en tant qu'entrepreneurs, mais aussi indirectement, en incitant à l'engagement de nouveaux projets et de contributions à partir des outils de la firme, soit en tant que salarié, soit en tant que contribu-teur externe[7]. L'économiste C. Rikap a notamment montré l'importance

---

[4]   Jullien, N., Zimmermann, J.-B. « Le logiciel libre : un renouveau du modèle indus-triel coopératif de l'informatique », in Paloque-Berges, C., Masutti, C., Histoires et cultures du Libre. Des logiciels partagés aux licences échangées, Framasoft, 2013, p. 135–164; Alcaras, G., « Des biens industriels publics. Genèse de l'insertion des logiciels libres dans la Silicon Valley », Sociologie du travail, vol. 62, 3, 2020.

[5]   O'Neil, M. (2015). "Labour out of control: The political economy of capitalist and ethical organizations", Organization Studies, 36, 12, p. 1627–1647.

[6]   Alcaras, G., « Des biens industriels publics. Genèse de l'insertion des logiciels libres dans la Silicon Valley », Sociologie du travail, vol. 62, 3, 2020.

[7]   Alexandre, O., « Contrôler les hackers en toute liberté. Stratégies d'appropriation de valeur dans la Silicon Valley », Quaderni, n°103, 2021, p. 39–52.

des collaborations avec des chercheurs et des institutions académiques dans la dynamique d'innovation d'entreprises telles qu'Apple, Google et Amazon en s'appuyant sur une comptabilité des brevets[8]. Toutefois, dans le domaine des développeurs, les brevets ne constituent pas un standard industriel, ce qui limite l'intérêt d'une telle méthodologie pour l'étude du logiciel[9]. On a donc opté pour une stratégie d'enquête alternative en s'intéressant aux forums de supports aux développeurs de deux grandes entreprises constituant une référence dans le domaine, Google (via Google Maps) et Facebook. Avec cette question en tête : comment ces entreprises parviennent-elles à combiner des logiques d'innovation ouvertes et des pratiques de propriété privée ? À partir des éléments rassemblés au cours de l'enquête, nous proposons une typologie des développeurs (salarié, contractant, indépendant) et évoquons en quoi la résolution de problèmes constitue un objectif transversal indépendamment de leur statut. À partir du constat de la faiblesse du taux de résolution[10] sur les deux forums, nous abordons dans un second temps la manière dont l'empathie est mise en avant par les équipes de direction au sein d'un espace de travail voulu ouvert, associant de fait des acteurs hétérogènes. Dans un troisième temps, nous proposons de préciser conceptuellement la notion de « valeur » afin de mieux comprendre le rôle attribué à l'empathie en milieu ouvert, avant que les fonctionnalités et le potentiel de la solution ne soient stabilisées.

---

[8]   Rikap, C., *Capitalism, Power and Innovation. Intellectual Monopoly Capitalism*, London, Routledge, 2021.

[9]   Pour l'illustrer, on peut notamment se référer à la controverse entre Jeff Bezos et différentes qui l'a opposé à différentes figures de la Silicon Valley telles que Tim O'Reilly ou les fondateurs de Google au sujet du « 1 click patent », cf. Stone, B., *The Everything Store : Jeff Bezos and the Age of Amazon*, New York City (NY), Corgi, 2014, p. 39, 61 et 159.

[10]   Le taux de résolution est le pourcentage de problèmes effectivement résolus (« *fixed* ») rapporté au nombre des problèmes signalés par les développeurs externes.

Les développeurs à travers les forums de Google Map et de Facebook

Salariés, contractants et indépendants. Trois catégories de développeurs

Ce chapitre repose sur des observations réalisées à dix ans d'intervalle, au début des années 2010 et en 2021. Les données exploitées sont celles tirées de deux forums d'assistance aux développeurs, celui de Google Maps et de Facebook, qui offrent la possibilité de télécharger l'intégralité des fichiers de discussion. L'analyse des données collectées permet de distinguer trois types de développeurs[11]. Le premier concerne des développeurs salariés par l'entreprise. Le second est composé par des développeurs contractants (« *contractors* »). Ces derniers sont engagés temporairement par les grandes entreprises de la Silicon Valley et représentent parfois une part importante de leur main-d'œuvre : ils constituaient près 40 % des travailleurs rémunérés par Google à la fin des années 2010[12]. La troisième catégorie, la plus vaste, concerne des développeurs tiers ou externes, qui n'ont pas de liens juridiques ou économiques directs avec l'entreprise. Ils poursuivent des projets personnels, sous la forme d'applications et de fonctionnalités logicielles, en tant que développeurs indépendants ou salariés d'autres organisations.

Les membres de ces trois catégories de développeurs se tournent quotidiennement vers des forums pour trouver des ressources et des moyens

---

[11] Dans un travail préalable de Paris Chrysos, les développeurs étaient définis à partir de leur esprit, leurs pratiques, ce qu'ils y associent et y projettent. L'étude des pratiques permettait de définir trois catégories de développeurs : des Usager-Développeurs (UD), qui innovent pour leurs propres usages, pour répondre à un besoin ou un objectif désintéressé ; des développeur-entrepreneurs (DE), s'inscrivant dans une démarche professionnelle mettant en valeur les compétences acquises par le passé au travers de ces expériences dans l'univers de l'informatique et de la programmation ; et des Usager-Développeur-Entrepreneurs (UDE), qui, à partir d'une innovation qu'ils ont conçue, perçoivent un potentiel de commercialisation et se lance dans l'entrepreneuriat pour la concrétiser. Voir Chrysos, P., *Les développeurs*, Limoges, FYP Presses, 2015 et « Les développeurs, une nouvelle classe sociale ? », Paris Innovation Review, 28 septembre 2017.

[12] Selon un article du New York Times, Google emploierait 130 000 « *contractors* » et « *temp workers* », en plus des 123 000 salariés à temps plein. Cf. "Google Rescinds Offers to Thousands of Contract Workers", New York Times, May 29th 2020. Le site Google recensait plus de 25 000 emplois de développeurs « *contractors* » chez Google en décembre 2021.

leur permettant de mener à bien leurs projets, échanger des informations à propos de leur environnement de programmation de référence, en l'occurrence celui de Google et de Facebook, et parfois animer cette communauté en tant que salarié de l'entreprise. Les échanges observés sur ces forums ne correspondent ni tout à fait au *crowdsourcing* tel qu'observé par F. Jaton dans son enquête sur le développement d'un algorithme[13], ni aux microtâches proposées sur *Mechanical Turk*[14]. La gratuité et le caractère formellement désintéressé des échanges que nous avons pu observer semblent les rapprocher de la philosophie libertaire des communautés informatiques des années 1990 et 2000[15]. Toutefois, les forums que nous avons suivis ne présentent pas une forte cohérence sur le plan idéologique et des valeurs défendues[16].

En effet, le volume d'utilisateurs de Google Map et Facebook fait que leurs forums d'assistance mettent aux prises des développeurs venus de différents horizons, présentant des niveaux de compétences variables, habitant une multitude de pays, parlant des langues maternelles diverses et poursuivant des projets de nature variée. Par ailleurs, certains interagissent sur ces forums parfois de manière assidue, d'autres de manière sporadique, voire sans lendemain. Ils constituent donc une communauté faiblement cohésive et inclusive. Pourtant, ils poursuivent une même finalité : la résolution de problèmes.

Tendre vers la résolution de problèmes

Indépendamment du degré de proximité des développeurs à l'entreprise, les forums étudiés et les personnes qui y participent ont un but commun : résoudre les problèmes techniques. Ce trait commun a pu être généralisé et conceptualisé en tant qu'une vision cohérente, dite du « solutionnisme technologique »[17]. Plutôt que chercher à savoir si ce solutionnisme correspond bien à un système de valeurs cohérent sur le plan idéologique, nous nous sommes intéressés aux procédures suivies.

[13] Jaton, F., *The Constitution of Algorithms*, Cambridge (MA), MIT Press, 2021.

[14] Casilli, A., *En attendant les robots. Enquête sur le travail du clic*, Paris, Seuil, 2019.

[15] Coleman, G., *Coding Freedom. The Ethics and Aesthetics of Hacking*, Princeton (NJ), Princeton University Press, 2013.

[16] Demazière, D., Horn, F., Zune, M., « Ethnographie de terrain et relation d'enquête. Observer les « communautés » de logiciels libres », Sociologie, vol. 2, n°2, 2011, p. 165–183.

[17] Morozov, E., *Pour tout résoudre, cliquez ici : l'aberration du solutionnisme technologique*, Limoges, Fyp éditions, 2014.

En l'occurrence, sur les deux forums observés, un même schéma conversationnel se distingue : la conversation s'ouvre par le signalement d'un problème (tel qu'un problème structurel sur le format des données) par un rapporteur, qui l'a rencontré au cours de sa propre activité, comme l'indique le recours aux expressions : *"J'ai besoin de… "*, *"J'ai un message d'erreur… "*, "Je ne sais pas quel est le problème dans mon code, mais…". Une fois que le problème est signalé, l'ensemble des membres du forum sont susceptibles de répondre, indépendamment de leur statut. C'est ce qui autorise de qualifier ces forums d'*ouverts*.

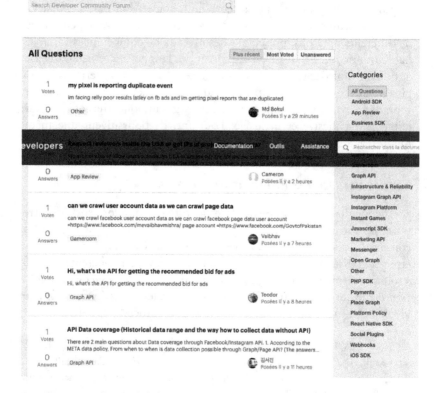

Figure 1. Page d'accueil de la communauté des développeurs du Forum Facebook

Source : Facebook developer forum (observation 8 décembre 2021)

Les employés de l'entreprise prennent certes régulièrement l'initiative de fournir des solutions (« pourquoi n'essayerais-tu pas ceci ? »), de demander plus d'éléments sur le contexte pour favoriser la résolution (« peux-tu nous donner plus d'informations ? ») ou enfin œuvrer à structurer la conversation en la caractérisant (par exemple, « le statut de la conversation a changé en *Accusé de réception* »). D'autres développeurs, extérieurs à l'organisation, se joignent librement à la discussion, en s'alliant notamment au rapporteur, en insistant sur l'importance ou la fréquence du problème (« J'ai le même problème ! »), ou suggèrent des chemins à prendre (« essaie plutôt de faire ça »). En effet, une fois la formulation clarifiée, l'entreprise fait savoir aux développeurs qu'elle a bien reçu le rapport ou la demande, et qu'un processus interne a été engagé pour le résoudre. Lorsque le *bug* est corrigé ou que la fonctionnalité est intégrée à la plateforme, l'entreprise en informe la communauté. Ce schéma conversationnel consiste donc en une série d'étapes : identifier, classer, puis résoudre les problèmes, et ce dans le cours de l'action et de manière collaborative.

Toutefois, de nombreux écueils entravent ou empêchent cette résolution : inégalités de maîtrise technique, de l'anglais, des conventions en vigueur, des allocations de temps, etc. La cohabitation de différents types de développeurs, salariés, contractants et tiers, crée des asymétries en termes d'accès aux ressources mobilisables : documentation interne, possibilité de s'adresser directement à un ou une collègue ayant participé à un projet similaire, etc. Le défaut d'information sur le fonctionnement des technologies mobilisées ou référencées, l'incapacité à l'expliciter, la formulation approximative des problèmes ou les omissions dans les étapes de résolution énoncées empêchent de résoudre les problèmes identifiés. Si l'on devait l'exprimer au travers d'une image, on pourrait dire que le savoir ainsi construit l'est à la manière d'un *monument*, plus que qu'à la façon d'un *document*, qui circulerait sans variation de sens indépendamment du contexte d'énonciation[18]. Le savoir est ici dépendant d'un contexte. Le risque d'incompréhension naît du fait que les participants au forum ne partagent pas le même point de vue sur ce contexte, ni n'assurent le même rôle dans la division du travail qui lui est associée. Certains sont des développeurs externes cherchant des solutions pour développer leurs applications (à usage personnel ou dans le cadre d'une

---

[18] Foucault, M., *L'Archéologie du savoir*, Paris, Gallimard, 1969, introduction, p. 9–28 ; Chrysos, P., "Monuments of cyberspace: Designing the Internet beyond the network framework", First Monday, vol. 21, 12, 2016.

démarche entrepreneuse). D'autres publient des billets, tandis que les développeurs salariés par l'entreprise ont pour fonction d'optimiser le fonctionnement de la plateforme dans son ensemble. Ils et elles doivent donc optimiser la résolution de problèmes. Or, cette résolution présuppose la compréhension des conditions d'apparition du problème (de la part de celui qui le signale) ainsi que les moyens de sa résolution (de la part de celui qui contrôle la plateforme). Bien que le forum soit présenté comme « ouvert » et « collaboratif » différents rôles et statuts cohabitent. Les informations techniques ne sont pas accessibles de manière identique et varient en fonction de ces rôles et statuts. On peut faire l'hypothèse que l'hétérogénéité des points de vue qui cohabitent au sein de ces forums réduit les chances de résolution des problèmes en raison d'une connaissance inégale du contexte et d'asymétries d'intérêts à la résolution des problèmes rencontrés.

Or, il est courant d'utiliser le taux de résolution des problèmes pour qualifier la performance d'une activité ou d'une organisation[19]. Dans cette perspective, la performance est mesurée sur la base de l'énonciation et de l'efficacité des solutions apportées aux problèmes soulevés. On a donc cherché à mesurer le niveau de performance sur ces forums concernant la résolution de problèmes[20]. Pour ce faire, on a mobilisé les données accessibles en ligne[21], en utilisant le langage de programmation Perl. Rassemblées dans un format CSV (*Comma Separated Values*), ces données concernent les problèmes signalés pendant la période examinée et leur statut (résolus ou non). Pour le calcul du nombre de problèmes signalés, nous avons soustrait le nombre de problèmes dupliqués, soit ceux qui apparaissaient deux fois ou plus dans le forum, du nombre total

---

[19] Öllinger, M., Hammon, S., von Grundherr, M., Funke, J. (2015). "Does visualization enhance complex problem solving? The effect of causal mapping on performance in the computer-based microworld Tailorshop", Educational technology research and development, 63, 4, p. 621–637; Thomke, S., von Hippel, E., Franke, R. (1998). "Modes of experimentation: an innovation process – and competitive – variable", Research Policy, 27, 3, p. 315–332.

[20] Von Krogh, G., Rossi-Lamastra, C., Haefliger, S., "Phenomenon-based Research in Management and Organisation Science: When is it Rigorous and Does it Matter?", Long Range Planning, 45, 4, 2012, p. 277–298.

[21] Conaldi, G., Lomi, A., "The dual network structure of organizational problem solving. A case study on open source software development", Social Networks, 35, 2, 2013, 237–250; Nan, N., Kumar, S., "Joint Effect of Team Structure and Software Architecture in Open Source Software Development", IEEE Transactions on Engineering Management, 60, 3, 2013, p. 592–603.

de problèmes. Puis, on a cherché à quantifier le taux de résolution des problèmes sur la période examinée. Afin d'éviter certains biais liés à la période d'observation, on a envisagé deux périodes, la première partie de l'année 2010 d'une part, et la seconde partie de l'année 2021 d'autre part.

Lors de la première période, dans le cas du forum des développeurs de Facebook, 1821 problèmes ont été signalés par des développeurs externes au cours de la période allant du 1/1/2010 au 31/5/2010 (sans inclure les 198 problèmes signalés qui ont été fusionnés avec des discussions précédentes). Parmi les problèmes signalés, 296 ont été résolus par l'entreprise au cours de la même période. Par conséquent, la performance de résolution des problèmes, telle que définie précédemment, était de 14 %. Dans le cas du forum des développeurs de Google Maps au cours de la même période, 325 problèmes ont été signalés par des développeurs externes pour la même période (sans inclure les 24 problèmes qui ont été fusionnés avec de précédentes discussions). Parmi les problèmes signalés, 32 ont été résolus. Le taux de résolution s'élevait donc à 10 %.

Une comparaison entre 2010 et 2021 fait apparaître des continuités et des évolutions. Tout d'abord, la procédure reste identique : ces forums servent toujours à ce que des développeurs externes signalent des problèmes liés à la création de leurs applications. Google et Facebook continuent de prendre en compte les commentaires et répondent selon la démarche précédemment décrite. Ce dialogue entre les développeurs et les entreprises reste ouvert et accessible en ligne. Cependant, le téléchargement de données depuis les forums de résolution de problèmes des plateformes Google Maps et Facebook n'est plus possible, ce qui limite l'enquête, faute de pouvoir rassembler les métadonnées sur un grand nombre d'échanges. Toutefois, nous avons réussi à accéder aux données des échanges sur la plateforme Google Maps pour la période du 1 août 2021 au 31 décembre 2021. Durant cette période, 54 problèmes ont été signalés. On observe, donc, moins de problèmes sur la plateforme, en dépit de son développement au cours des années 2010. Ensuite, parmi ces problèmes, 10 ont trouvé une solution et 2 ont été fusionnés en tant que doublons. Le pourcentage de résolution est donc de 19,2 % (ratio : 10/52).

De surcroît, une catégorisation des dialogues sur le forum a été mise en place : la catégorie « *Customer Issue* » distingue les problèmes signalés par des clients de Google de ceux qui sont signalés par des développeurs externes. Cette évolution dénote une distinction faite par les équipes de Google entre les entreprises-clientes, qui ont un rapport contractuel avec l'entreprise de Mountain View, et les développeurs externes, qui utilisent les APIs sans engagement autre que les conditions d'utilisation. Ces entreprises-clientes ont signalé 10 problèmes sur le forum durant cette période, dont 9 ont été réparés, un étant marqué comme doublon. On observe, donc, que l'efficacité de résolution des problèmes durant cette période était de 100 % pour les entreprises-clientes, avec des demandes moins nombreuses. Ces données semblent indiquer qu'un important travail de structuration et un renforcement du soutien apporté aux entreprises tierces ont été réalisés par l'entreprise.

Parmi les problèmes signalés par les développeurs externes et restés sans résolution, on remarque des billets qui ne donnent pas d'informations (9 billets) et des billets qui portent sur des dispositifs autres que l'API de Google Maps. Les auteurs sont invités à les mentionner dans d'autres forums (7 billets). De plus, plusieurs discussions sont restées sans suite, en raison d'une absence de réponse de l'auteur du billet initial (2 billets). 35 % (18/52) des billets n'ont pas été résolus en raison d'une absence de suite dans la procédure spécifique. Enfin, une nouvelle fonctionnalité a fait son apparition : la suppression des commentaires. Cette pratique sert notamment à protéger les données personnelles que les utilisateurs du forum évoquent pour mieux expliquer le problème rencontré et son contexte d'apparition.

Indépendamment de ces évolutions, le taux de résolution des problèmes apparaît comme relativement bas dans la première phase d'observation (2010). En comparaison, des entreprises appartenant au secteur du transport, de l'énergie ou des télécommunications, ne résolvant que 10 à 20 % des problèmes rencontrés par les utilisateurs, dans un délai de six mois, les feraient paraître comme inefficaces et peu compétitives aux yeux de leurs clients. Ce faible niveau d'efficacité apparaît d'autant plus étonnant qu'il concerne une industrie et deux entreprises réputées pour leur efficacité technique. Ces faibles taux de résolution des problèmes incitent à faire un pas de côté à l'égard des analyses centrées sur la puissance des algorithmes, des solutions d'intelligence artificielle et des outils technologiques, pour mieux prendre en compte les spécificités de gestion de l'innovation et les conditions de tolérance de l'inefficacité. Cela dit, le taux de résolution augmente drastiquement dans la deuxième phase, en 2021, période où les problèmes et les solutions sont rationalisées. Ce constat confirme la distinction entre les phases d'exploration et de rationalisation dans le processus d'émergence des nouvelles technologies.

En effet, dans notre enquête, on a affaire à deux types de résolution de problèmes, relatives à deux temporalités. Dans un premier cas, les développeurs externes sont impliqués ; l'exploration est acceptée, sans attente de résolution immédiate ; dans ces phases d'exploration, « l'empathie » est présentée comme un moyen d'améliorer la collaboration entre différentes parties prenantes. Dans la seconde observation, dix ans plus tard, une forme « standard » s'est imposée ; les relations entreprises-clientes sont dominantes ; la recherche d'efficacité prédomine. La configuration est celle d'un marché aux procédures standardisées. Or, dans le premier cas, celle d'une phase d'innovation ouverte et de tolérance forte à l'égard de l'inefficacité, l'« empathie » est présentée comme une modalité d'interaction à privilégier.

L'empathie, au service de la création de valeur

L'empathie comme valeur technologique

Définir l'empathie ne va pas de soi[22]. Elle occupe pourtant une place importante dans le canon philosophique. E. Kant considère ainsi qu' « en se mettant à la place des autres » il est possible de dépasser les limites de la réflexion personnelle[23]. W. Dilthey vantait les mérites de l'*Hinenversetzen*, signifiant « se mettre à la place de », l'empathie correspondant alors à une méthode descriptive consistant « à revivre en pensée les situations significatives pour les protagonistes sociaux »[24]. En 1929, Husserl dans les *Méditations cartésiennes* définissait la notion d'*Einfülhung* comme une « théorie de l'expérience de l'autre »[25]. C. Charliac s'appuie sur cette généalogie pour analyser les procédés de communication dans la danse[26], définissant l'empathie comme un « référentiel allocentré qui

---

[22] Charliac, C., « La posture empathique comme fondement méthodologique pour l'étude de la communication émotionnelle dans le domaine de la danse contemporaine », Sociétés, 125, 2014, p. 81–89.

[23] E. Kant, (1799), Kritik der Urteilskraft, § 40, al. 3.

[24] W. Dilthey, Introduction à l'étude des sciences humaines, Paris, Presses universitaires de France, 1942.

[25] Husserl, E., *Méditations cartésiennes*, trad. française par E. Levinas, G. Peiffer, Paris, Vrin, 1969, p. 125.

[26] Charliac, C., « La posture empathique comme fondement méthodologique pour l'étude de la communication émotionnelle dans le domaine de la danse contemporaine », op. cit.

distingue l'empathie de la sympathie, puisque la sympathie, qui a un référentiel égocentré, relève plus d'un transfert (je souffre avec autrui) ». Le philosophe G. Jorland isole pour sa part le principe d'extériorité dans la notion d'empathie, entendue comme la capacité d'adopter mentalement le point de vue que les autres ont sur le monde tout en conservant sa propre identité[27]. Comment comprendre que « l'empathie » soit mise en avant dans des entreprises de la Silicon Valley ?

La consultation du guide *Developer Community Handbook,* rédigé par un manageur de l'entreprise californienne à l'attention de ses collègues révèle en effet qu'elle y occupe une place centrale. Ce guide tente d'établir des critères de collaboration et de bonnes pratiques dans un univers d'activité à la fois ouvert et collaboratif. Les « principes directeurs » mis en avant dans ce document sont les suivants : « se soucier de vos développeurs » (*"Care about your developers"*), « faire preuve d'empathie envers vos développeurs » (*"Empathize with your developers"*), « tenir vos développeurs informés » (*"Keep your developers informed"*), « écouter vos développeurs » (*"Listen to your developers"*) et « valoriser vos développeurs » (*"Appreciate your developers"*).

Ces appels s'avèrent contre-intuitifs dans un univers souvent qualifié d'instrumental, calculateur, voire prédateur[28]. Il est vrai que plusieurs études ont mis en évidence le fait que les émotions, positives et négatives occupaient une place[29], parfois centrale, dans la vie des programmeurs. G. Coleman a notamment montré l'importance du plaisir des échanges dans les communautés de développeurs[30], tandis que N. Auray a souligné que les impasses techniques étaient source d'importantes frustrations dans les sessions de programmation[31]. Cependant, cette place n'y était pas décrite comme fonctionnelle, réflexive ou organisée.

Bien qu'apparemment incongrue dans un univers technologique, cette référence à l'empathie fait écho aux collaborations de personnes

---

[27]   Jorland, G., « L'empathie, histoire d'un concept » in Berthoz A., Jorland, G. (dir.), *L'empathie,* Odile Jacob, Paris, 2004.

[28]   Zuboff, S., *L'âge du capitalisme de surveillance,* Paris, Zulma, 2020.

[29]   Turkle, S., *The Second Self. Computers and the Human Spirit,* Cambridge (MA), MIT Press, 1984.

[30]   Coleman, G., *Coding Freedom. The Ethics and Aesthetics of Hacking,* Princeton (NJ), Princeton University Press, 2013.

[31]   Auray, N., *L'Alerte ou l'enquête. Une sociologie pragmatique du numérique,* Paris, Presses des Mines, 2012.

ayant des statuts hétérogènes, pour certaines affiliées à une organisation, pour d'autres extérieures à elle[32].

L'empathie, une stratégie de management en milieu ouvert

Le bon fonctionnement des forums nécessite ce que Howard Becker nomme « des présupposés communs, les conventions, qui permettent de coordonner ces activités efficacement et sans difficultés »[33]. Ces « conventions », dans un domaine tel que celui des forums de développeurs, ne bénéficient pas d'une longue histoire. Le guide précise en introduction que « le domaine de l'assistance aux développeurs est assez nouveau, et il n'y a pas beaucoup d'écrits sur les façons de faire – ce qui fonctionne, ce qui ne fonctionne pas ».

Pour comprendre les procédés destinés à pallier ce manque d'ancienneté, on a analysé des échantillons de discussions sur le forum Google Maps, dont certains extraits sont rapportés dans le tableau 2. Ils rendent compte de cas où ce qui est présenté comme un processus de résolution de problèmes ne consiste pas à fournir une solution, mais relève d'un autre registre. En effet, le rôle de l'entreprise ne se limite pas à la résolution des problèmes signalés par les développeurs. Un second objectif, de plus long terme, consiste à s'assurer que les développeurs « gardent confiance » en l'entreprise, pour citer le guide mentionné ci-dessous, c'est-à-dire qu'ils continuent d'utiliser les services de l'entreprise et qu'ils les envisagent comme leur environnement de travail de référence. Or, l'étude de ce matériau révèle que la notion d'empathie est fréquemment mobilisée. Sur ces forums, « l'empathie » est présentée comme un moyen d'augmenter l'efficacité de l'expression et de la communication.

Au regard des observations réalisées, trois constats peuvent être faits. Premièrement, « l'empathie » est mobilisée dans un cadre et à des fins professionnelles marqués par la faible résolution des problèmes et la forte hétérogénéité des parties prenantes. Deuxièmement, l'empathie est mise en avant par des responsables et manageurs d'entreprise. Si elle correspond bien à ce que H. Becker appelle une convention, il s'agit d'une convention managériale, définie par des cadres d'entreprise, dans le but

---

[32] Birkinshaw, J., "Reflections on open strategy", *Long Range Planning*, 50, 3, 2017, p. 423–426.

[33] Becker, H., *Propos sur l'art*, Paris, L'Harmattan, 1999, p. 99.

d'optimiser l'efficacité des contributions de personnes ne comptant pas nécessairement parmi les salariés de l'organisation hébergeant le forum. Troisièmement, la valorisation de l'empathie est une tentative de réduire les écarts de compréhension entre des points de vue ne pouvant s'appuyer ni sur un contexte partagé ni sur un cadre d'expérience commun autre que celui du dit forum.

La revue de littérature opérée permet d'identifier que le type « d'empathie » invoquée par les manageurs ne cherche pas à comprendre l'autre ou son expérience, mais tente de rendre explicite les propriétés formelles du problème rencontré par un autre. Dans un cadre de communication formellement contraint, où cohabitent des participants aux statuts et aux objectifs divers, « se mettre à la place de » vise à optimiser la communication et la cognition. Le fait que des individus sans histoire ni espace de travail communs puissent prendre et comprendre le point de vue d'autres interlocuteurs augmentent en effet les chances d'accroître et d'améliorer l'activité du forum.

À partir de ce constat, on peut distinguer deux types d'empathie : d'un côté, l'empathie émotionnelle, consistant à ressentir les émotions d'autrui ; de l'autre, l'empathie cognitive, qui vise à saisir les propriétés formelles d'un objet perçu par autrui[34]. Les entreprises étudiées se focalisant sur ce second type. Après avoir précisé le type « d'empathie » valorisé en tant que méthode de management au sein des forums étudiés, on peut interroger plus avant la manière dont elle intervient dans les processus de production et de création de valeur.

Produire de la valeur, entre collaborations ouvertes et propriété privée

On peut s'interroger sur le processus de création de valeur qui incite de grandes entreprises à lancer des forums dédiés à l'entre-aide entre programmeurs, puis les développer alors qu'ils s'avèrent initialement relativement inefficaces en termes de résolution de problèmes. Pour le comprendre, continuons à considérer le cas d'entreprise comme Google et Facebook. Du point de vue de ces entreprises, on peut distinguer trois catégories de valeur. La première correspond à la *valeur d'usage* tirée du

---

[34] Narme, P., et al., « Vers une approche neuropsychologique de l'empathie », Revue de neuropsychologie, vol. 2, 4, 2010, p. 292–298.

service rendu par la technologie à l'utilisateur. La valeur effective ou réelle pour l'entreprise correspond au prix de la vente de service ou les revenus générés par leur utilisation via la publicité. La seconde consiste en une *promesse de valeur* liée aux technologies en phase de développement, sans que la capacité de l'entreprise à créer ou à fournir cette valeur soit avérée. Par exemple, pour les *Google cars*, si le potentiel d'usage semble important, la valeur générée par l'utilisation réelle reste limitée, en raison de la faiblesse des ventes et du nombre d'usagers. Tout prototype recèle une valeur potentielle à concrétiser sous la forme d'un produit ou d'un service commercialisable. Troisièmement, la notion de *création de valeur* renvoie aux outils et services nouvellement proposés sur un marché, toutes les technologies proposées n'étant pas nécessairement vendues.

Or, il existe un point aveugle entre ces trois catégories : les cas où persistent un écart entre création de valeur et promesse. En effet, l'entreprise peut potentiellement produire une valeur qui reste pour autant inconnue. Autrement dit, la technologie laisse imaginer que l'on peut l'utiliser pour en faire autre chose, parfois même pour tout faire, à l'image des solutions d'intelligence artificielle génératives. Cependant il reste à anticiper ces usages possibles, formuler des propriétés potentielles, susceptibles d'être matérialisées via des usages concrets, standardisés et monétisés. Dans pareil cas, la valeur ne correspond ni à une valeur d'usage, ni à une promesse de valeur clairement identifiée. Il ne s'agit pas – encore – d'une création de valeur à proprement dite, mais d'une étape intermédiaire, un état transitoire et prospectif. Or, comme illustrée dans le tableau 1, cette phase exploratoire est décisive dans le domaine de l'innovation[35].

Tableau 1: Typologie des valeurs

		Capture	
		Réelle	**Potentielle**
Production	**Réelle**	*Usage*	*Promesse*
	Potentielle	*Creation*	X

L'empathie s'avère particulièrement utile au cours de cette première phase. Repartons du cas des forums de développeurs étudiés, et d'une série d'exemples présentées dans le tableau 2. La valeur d'usage devient

---

[35] Chrysos, P., *Les développeurs*, Limoges, FYP Presses, 2015.

effective lorsqu'une solution est fournie, par exemple quand un développeur se voit offrir une solution après avoir demandé la mise en place d'une nouvelle fonctionnalité dans Google Maps. Les employés de Google indiquent le moyen d'obtenir le résultat recherché avec les technologies existantes (exemple 1 du tableau 2). Ici, la valeur d'usage est manifeste, puisque aucun développement supplémentaire n'est demandé à l'entreprise et l'utilisateur peut utiliser les technologies mises à disposition.

Le forum permet également de formuler des promesses de valeur. Google ouvre la possibilité de commentaires sur une technologie récemment développée, dans l'espoir d'enrichir la solution et d'accroître sa valeur réelle. Cependant, si personne ne répond à cet appel, aucune valeur supplémentaire ne sera créée, et par extension captée, ce qui est en l'occurrence le cas dans l'exemple 2.

Le troisième exemple fourni dans le tableau 2 illustre comment Google est susceptible de créer de la valeur et de se l'approprier à partir des requêtes des développeurs externes. Un problème est signalé concernant la mise à jour d'une version de la technologie Google Maps, qui affecte l'utilisation du service via le navigateur Internet Explorer. Google identifie le problème et comprend qu'une valeur réelle est susceptible d'être générée. Ainsi, les employés de Google attribuent la réalisation de la valeur (la correction de la mise à jour causant le problème) en interne. La mention réassignée à (ndlr : « *Reassigned to* ») signifie qu'une personne compétente est chargée de la responsabilité de s'occuper du problème en interne.

Tableau 2: Typologie des valeurs à partir du cas du Google Maps Developer Support forum

Requête	Réponse	Logique
Exemple 1.		
Developer: « Dans de nombreux cas, un MapType personnalisé doit répondre aux événements déclenchés par Map. Actuellement, la spécification MapType ne fournit pas cette possibilité, de sorte que ces interactions doivent être effectuées en dehors de la classe MapType personnalisée. Il serait bien d'avoir un moyen d'assigner l'instance de Map au type de Map. »	Employé de **Google:** « Statut: Non résolu. Vous pouvez écouter les événements dans l'objet Map et vérifier si votre type de carte est sélectionné ou non, puis agir en conséquence. »	Usage: L'employé de Google informe le développeur externe qui a publié le billet qu'il n'y a pas vraiment de problème. Il suffit pour le développeur d'implémenter une solution déjà existante. La valeur est à la fois produite et capturée par la prescription du bon usage.
Exemple 2		
Google: « Que voudriez-vous que nous ajoutions à cette API ? Vous venez d'ajouter le BICYCLISME comme type d'itinéraire sur la carte V 3. Cela semble être un ajout simple qui pourrait être inclus dans l'API Flash. Merci. »	(Pas de réponse)	Promesse. Google Maps a développé une technologie spécifique. Or, l'entreprise considère que toute la valeur produite n'est pas capturée, alors elle en appelle aux développeurs externes. Personne ne répond, alors le problème reste ouvert et à résoudre.
Exemple 3		
Developer: « Le changelog n'a pas encore été mis à jour, mais il y a eu une mise à jour de 3.28 à 3.29 récemment. Depuis lors, il y a un bug de rendu avec le contrôle de navigation dans IE8 où chaque contrôle charge le png complet pour les boutons. Ce bug se produit la plupart du temps, mais pas toujours.»	**Google:** « Réassigné à lu...@google.com»	Création. La demande de résolution d'un problème est validée par les employés de Google, qui comprennent qu'il existe, en effet, une valeur à capturer. Un processus de résolution de problèmes est lancé en interne afin de produire la valeur réelle, reconnue par l'entreprise.

(suite)

Tableau 2: **Suite**

Requête	Réponse	Logique
Exemple 4		
Developer 1: « Veuillez ajouter le support des tuiles de map maker pour la version 3. Il est disponible sur la version 2 via G_MAPMAKER_NORMAL _MAP et G_MAPMAKER_ HYBRID _MAP (valeurs GMapType dans la v 2). » **Developer 2:** « Cette couche est vraiment utile puisque la plupart de l'Amérique latine est où les vraies cartes mises à jour sont, apparemment celles acquises initialement par Google, certaines ont beaucoup d'erreurs. Par exemple au Guatemala, les données actuelles de google map sont inutiles et comportent des erreurs, beaucoup, des villes répétées partout etc, et cette couche MAPMAKER est la bonne…:-) s'il vous plaît ajoutez ceci… » **Developer 3:** « Ma ville n'a pas de routes dans Google Maps, sauf les avenues principales. Mais dans map maker, les gens ont cartographié toute la ville. Il serait très utile d'avoir cette fonctionnalité. S'il vous plllllaaaaaaiiiiittt :) !! »	**Google:** « Statut: Nouveau »	Empathie. Les employés de Google reconnaissent que la demande a une valeur potentielle, et lui attribuent un statut, celui de « nouveau ». En même temps, d'autres développeurs externes rejoignent la conversation, en exprimant le même intérêt. Or, l'entreprise ne procède pas à la production de cette valeur, l'affaire reste ouverte. Sans s'engager à la production de l'attribut technologique demandé, les employés de Google font preuve d'ouverture, ou suivant les termes de l'entreprise, « d'empathie », en prenant en considération un nouveau problème.

Source: Google Map Forum

Dans ce schéma, on est passé d'un cadre ouvert à un cadre fermé par le biais du forum. « L'empathie » telle qu'elle est promue visé à alimenter une dynamique de découverte, entre le potentiel et la valeur d'une part, l'externe et l'interne d'autre part. Dans l'exemple 4, un développeur demande l'activation d'une ancienne fonctionnalité pour une nouvelle version d'un service. D'autres développeurs expriment leur intérêt et demandent à Google de fournir un outil adéquat (valeur d'usage). Google répond en indiquant que cette question est, en fait, nouvelle, ce qui implique que la demande sera traitée. Cependant, l'entreprise ne répond pas directement à cette demande (création de valeur), et la question est présentée comme libre d'être solutionnée par d'autres parties, via le forum. Ici, nous avons affaire à une situation originale où l'entreprise se met à la place des développeurs externes en reconnaissant la valeur potentielle de leur demande, sans pour autant s'engager à satisfaire cette requête. En même temps, elle ne rejette pas non plus la demande.

L'empathie, consistant à « se mettre à la place de », offre dans ces conditions un mode opératoire, tourné vers l'exploration d'une quatrième voie, qui ne peut être intégrée ou contrôlée par le biais d'une planification stratégique d'entreprise[36]. L'empathie, en tant que dispositif de communication, offre en cela une solution pratique sur les deux versants de l'interface : l'entreprise se montre attentive aux demandes des développeurs, conservant intacte la relation de confiance avec les participants, tout en suivant les réponses apportées, de manière à pouvoir le cas échéant en dégager une valeur réelle. De l'autre côté, les développeurs peuvent communiquer avec l'entreprise et leurs pairs, en dépit des contraintes de communication, de l'hétérogénéité des statuts, des compétences et des objectifs, via une méthode-type : chercher à adopter le point de vue de leurs interlocuteurs, et ce tant qu'une fonction et une procédure associée ne sont pas stabilisées.

Conclusion

Ce chapitre porte sur les conditions de passages entre organisations privées et communautés ouvertes, innovation ouverte et format standardisé, potentiel et création de valeur. Les allers-retours entre requêtes et réponses opèrent comme un filtre, rendant possible l'identification de nouvelles potentialités. Dans ce processus, « l'empathie » en tant que procédé cognitif, permet de dépasser les différences de statuts, de compétences et d'intérêts. L'enquête met à jour les modalités d'organisation et de gestion tournées vers l'innovation et l'exploration avant qu'une technologie ne soit standardisée. Si elle conduit à relativiser l'efficacité des

---

[36] Chrysos, P., "When users create industries: the case of Web-based applications", thèse de doctorat, Mines-ParisTech, 2013.

entreprises concernées, ainsi que les représentations, critiques ou enchan-
tées, qui en sont faites, elle donne à voir des cadres et des conventions
spécifiques destinées à rationaliser les procédures d'innovation. Du point
de vue des entreprises, le soutien en apparence gratuit et désintéressé
apporté aux développeurs externes fait entrevoir de nouvelles problématiques, dont la résolution reste certes aléatoire, mais permet d'entretenir l'espoir d'une création de valeur, par des chemins collectifs, dont la
concrétisation restera liée au cadre de la propriété privée.

Chapitre 6.

L'écosystème mobile : sur les sentiers de la guerre des données

Jennifer Pybus, Tobias Blanke et Mark Coté

En avril 2021, Apple a lancé sa mise à jour iOS 14.5, la présentant comme un nouvel outil au service de la protection de la vie privée. Visiblement, elle a été conçue pour renforcer la transparence et la maîtrise de l'utilisateur en lui offrant plus de contrôle, notamment sur son consentement. Pour la première fois, les applications doivent demander la permission, comme dans un navigateur Web, avant de partager les données de l'utilisateur avec des tiers. Pour ce faire, ce nouvel outil affiche une fenêtre chaque fois qu'une application souhaite partager les informations de l'utilisateur avec un tiers, généralement un fournisseur de services de monétisation. Il n'est guère surprenant que Facebook – l'une des plus importantes plateformes de publicité en ligne après Google – ait vigoureusement résisté à cette évolution, s'engageant « sur le sentier de la guerre » en 2020 à travers une campagne de publicité pleine page qui dénonce les changements proposés par Apple en matière de confidentialité, les qualifiant de « nuisibles pour les petites entreprises ». Cette prise de position de Facebook trahit son inquiétude quant à l'impact de cette nouveauté au sein de l'écosystème mobile, qui a connu un fort développement au cours des dix dernières années, au point d'éclipser les revenus Internet dans les comptes de l'entreprise (source : Statista, 2019).

Dans ce chapitre, nous proposons d'étudier cette évolution afin de mieux comprendre pourquoi une simple fenêtre contextuelle menace les fondements économiques d'un écosystème bâti sur l'exploitation des données mobiles. Notre approche du nouveau système de protection de la vie privée s'appuie sur des recherches antérieures sur l'écosystème mobile : en effet, nous avons par le passé mis au point des outils méthodologiques pour rendre compte des évolutions de l'infrastructure matérielle et étudier les parties prenantes du processus de mise en données des pratiques (ndlr : *datafication*) via les appareils mobiles. Pour ce faire, nous avons travaillé avec des chercheurs en informatique et en humanités numériques afin d'examiner de plus près l'économie politique des acteurs directs et tiers de la monétisation des données personnelles. Or, au cœur de ce modèle économique figure un ensemble de services « à valeur ajoutée » intégrés et distribués, fournis par des tiers, qui collectent les données personnelles à travers nos applications. Parmi ceux que nous avons observés, les plus notables sont Facebook et Google[1].

Au cours de nos recherches, nous avons étudié la manière dont Facebook et Google ont étendu leur quasi-monopole grâce à une double présence au sein de la plupart des applications populaires. D'un côté, ces plateformes se comportent en entités autonomes qui facilitent les échanges entre des milliards d'utilisateurs. De l'autre, elles se conduisent en agents distribués pour fournir un certain nombre de services aux développeurs d'applications. En d'autres termes, les plateformes comme Google et Facebook interviennent à la fois comme acteurs directs *et* tiers, intégrés à la majorité des applications mobiles téléchargées au début des années 2020[2]. Selon nous, cette infrastructure de plateforme reconfigurée constitue un indicateur de l'extension de la monopolisation des économies de services en ligne. Ce phénomène a pour conséquence une intégration technique plus grande de ces écosystèmes, encore insuffisamment étudiés. Certes, la nouvelle mise à jour du système de protection de la vie privée d'Apple représente une première étape dans la maitrise des flux de données personnelles circulant via les applications mobiles. Mais elle pourrait aussi constituer le moyen d'une domination et d'une monopolisation accrues. Pour que les utilisateurs conservent le contrôle de leurs données, il importe de mieux comprendre l'infrastructure qui a facilité et intensifié la domination et le pouvoir des grandes plateformes. La seconde partie de ce chapitre porte sur le travail empirique que nous avons réalisé pour dévoiler l'infrastructure Android. Cette approche expérimentale s'est articulée en trois phases distinctes : d'abord, l'examen

---

[1]   Pybus, J., Coté, M., "Did you give permission? Datafication in the mobile ecosystem", *Information Communication and Society*, 25 (1), p. 1–19; Blanke, T., & Pybus, J., "The Material Conditions of Platforms – Monopolisation through Decentralisation", *Social Media + Society*, 2020.

[2]   Aradau, C., Blanke, T., & Greenway, G., "Acts of digital parasitism: Hacking, humanitarian apps and platformisation", *New Media and Society*, 21, 11–12, 2019, p. 2548–2565; Pybus, J., Coté, M., "Did you give permission? Datafication in the mobile ecosystem », op. cit.

de la littérature technique afin de préparer la création de *Manifest Destiny*[3], un outil conçu pour accroître la transparence et l'accès aux objets techniques qui composent les applications ; ensuite, la collaboration avec le collectif berlinois *Tactical Tech* pour obtenir des conseils sur le développement d'outils ; et enfin, les enquêtes auprès des participants, qui ont permis d'approfondir notre étude du processus de *datafication*, via : i) les kits de développement logiciel (SDK), des services tiers intégrés aux applications mobiles, et ii) les autorisations, qui déterminent les types de données personnelles auxquelles les développeurs et les SDK peuvent accéder sur l'appareil mobile de l'utilisateur. Comme nous le verrons, les SDK et les autorisations sont en interrelation sur les appareils Android, ce qui a permis aux plateformes telles que Google et Facebook de multiplier les possibilités de collecte, de combinaison et d'intégration des données personnelles de l'utilisateur à partir d'un nombre croissant de services SDK qu'elles proposent en tant que fournisseurs tiers.

Monopolisation des plateformes

Les services des plateformes ne peuvent plus être considérés comme des applications monolithiques. On peut observer leur caractère fragmentaire lorsqu'elles sont décomposées en services et réassemblées en nouveaux produits. Cette transformation se profile lentement depuis quelques années. Par exemple, Amazon a pris conscience de ses capacités de développement au-delà de la vente de biens en décidant de commercialiser les services de *cloud computing* sur lesquels reposent ses activités de commerce en ligne. Une ressource supplémentaire qui, en 2019, représentait près de 13 % de ses revenus[4]. Grâce à cette extension

---

[3]   La plateforme *Manifest Destiny* (Destinée manifeste) est accessible ici : https://manifestdestiny.reveb.la/ – Nous utilisons ce terme pour faire écho à la doctrine géopolitique américaine du XIXe siècle, qui supposait une expansion continentale inexorable, incluant la domination du Canada et du Mexique. Cet horizon ne s'est jamais concrétisé. Nous avons souhaité le rappeler car les manifestes de données se sont considérablement étendus afin de permettre une capture d'informations plus intensive. Pourtant, nous voulons aussi rappeler l'échec de cette doctrine et l'absence de « destinée » qui circonscrirait nos vies à l'appropriation des données (principalement à but commercial). Autrement dit, en rendant accessibles les objets techniques que sont les données manifestes, nous espérons offrir à chacune et chacun davantage de maîtrise.

[4]   Protalinski, E., "Amazon reports $70.0 billion in Q3 2019 revenue: AWS up 35 %, subscriptions up 34 %, and "other" up 44 %", VentureBeat, October 24th 2019.

de fond ou plateformisation[5], ces entreprises sont devenues des acteurs dominants et constitutifs de l'infrastructure et du paysage économique d'Internet. Leurs directions s'intéressent au contrôle, à la stabilisation et au développement des moyens de cette expansion, ainsi qu'à la capacité de décomposition-recomposition des infrastructures existantes. Ce processus s'observe également à travers le développement logiciel d'AirBnB, dont la pile informatique a été divisée en un certain nombre de services distribués plutôt qu'en une seule application[6]. Au terme de cette décomposition de l'infrastructure, AirBnB s'est recomposé en une multitude de services interconnectés. Ce modèle de fonctionnement s'est imposé parmi les plateformes. Or, la matérialité numérique des plateformes est définie par cette extension distribuée. Nous étudierons cette infrastructure distribuée sous l'angle des modalités matérielles de leurs décompositions-recompositions, celles qui ont permis la création de différents services aisément intégrables par les développeurs au sein de leurs applications. Selon nous, la question de la monopolisation des plateformes se prolonge par une interrogation sur la logique de ce modèle d'économie de services.

Le succès de l'intégration de Google et Facebook dans l'écosystème mobile au sens large commence par les développeurs qui externalisent les services de monétisation de leurs applications pour en optimiser le profit. Cette logique a notamment été étudiée par J. Braun[7], qui examine l'intégration interentreprise des tiers, avec en exergue le rôle de ce qu'il appelle les « intermédiaires transparents », à savoir ces acteurs invisibles qui développent et gèrent les infrastructures de l'écosystème de la publicité en ligne. D. Nieborg et T. Poell[8] ont enrichi la discussion avec leur concept de « dépendance vis-à-vis des plateformes », attirant l'attention sur la relation symbiotique entre les contenus des producteurs et

[5] Blanke, T., *Digital Asset Ecosystems: Rethinking Crowds and Cloud*, Kingston-upon-Hull, Chandos Publishing, 2014; Helmond, A., "The Platformization of the Web: Making Web Data Platform Ready", Social Media and Society, 1, 2, 2015.

[6] Datadog "Airbnb's Journey to a Service-Oriented Architecture at 1,000-Engineer Scale", Datadog, July 12th 2018.

[7] Braun, J., *Transparent Intermediaries: Building the Infrastructures of Connected Viewing*, London, Routledge, 2013, p. 134–153. https://doi.org/10.4324/978020 3067994-14

[8] Nieborg, D. B., Poell, T., "The platformization of cultural production: Theorizing the contingent cultural commodity", New Media and Society, 20, 11, 2018, p. 4275–4292.

les plateformes. Ils soulignent l'importance des conditions d'intégration de ces infrastructures numériques au sein d'industries qui échappaient autrefois à leur emprise.

C'est pourquoi les grandes plateformes de publicité en ligne comme Google et Facebook ont diversifié leurs compétences internes de développement et commencé à proposer des services à l'échelle de l'écosystème mobile. Ce faisant, elles « aident » les développeurs à optimiser la plus-value de leurs applications, avec en sus une extension de leur propre infrastructure de services. Ces relations symbiotiques à grande échelle reposent sur l'intégration technologique d'une multitude d'activités, comme le révèle l'analyse détaillée de l'évolution historique de Facebook[9].

Le capitalisme de plateforme a lancé une nouvelle dynamique d'intégration technologique, dans laquelle les industries sont désormais interdépendantes malgré leur lutte concurrentielle pour l'obtention de nouveaux clients, l'acquisition de matériaux moins chers et l'abaissement des coûts. L'examen de ce phénomène révèle qu'un tel mode de production repose sur l'usage polyvalent des données utilisateurs. S. Zuboff parle à cet égard de « surplus comportemental », qui fixe la naissance du capitalisme de plateforme au moment où Google a compris que la *valeur* n'est pas singulière mais basée sur des itérations multiples et contextuelles des mêmes données utilisateurs[10]. Cette logique fait partie intégrante de notre analyse du processus de datafication, lequel s'est étendu à mesure que les phénomènes d'extraction ont gagné en sophistication. Nous avons donc développé des façons d'étudier et de comprendre cette dépendance technique à l'égard des plateformes telles que Google et Facebook en dévoilant l'infrastructure qui permet leur extension et leur intégration au titre d'acteurs directs et tiers. Ces entreprises offrent aux développeurs des services « gratuits » qui se présentent sous forme de SDK et figurent systématiquement dans la plupart des applications mobiles. Et même temps, si cette organisation produit des fonctionnalités utiles, elle renforce la position de domination des plateformes du fait d'une absence de concurrence, puisque 87 % des SDK utilisés par les développeurs proviennent de Google ou Facebook. La principale difficulté réside dans la manière

---

[9]   Helmond, A., Nieborg, D. B., van der Vlist, F. N., "Facebook's evolution: development of a platform-as-infrastructure", Internet Histories, 3, 2, 2019, 123–146.

[10]   Zuboff, S., *The age of surveillance capitalism: the fight for a human future at the new frontier of power*, New York City (NY), Profile Books Ltd, 2019.

d'appréhender et d'étudier cette relation entre le SDK, l'application et le système d'exploitation (ndlr : traduction de « Operating System », OS) du téléphone, authentique gardien de la circulation globale des données personnelles stockées sur l'appareil de l'utilisateur.

En quoi les SDK sont-ils différents des cookies ?

Pour comprendre de quelle manière les plateformes comme Facebook et Google ont modélisé cette nouvelle économie de services, il est important d'expliquer en quoi les navigateurs et les applications constituent des environnements techniques différents, et en quoi les SDK et les cookies ne constituent pas des outils tiers équivalents. Pour commencer, le SDK mobile est né le 6 mars 2008 au sein d'un écosystème privé et propriétaire – l'OS d'Apple – à la suite d'une vive réaction des développeurs qui souhaitaient créer des applications à partir de l'OS d'Apple plutôt qu'à l'intérieur de Safari comme Steve Jobs l'avait initialement imaginé. Au départ, ces progiciels avaient pour objectif d'accroître l'interopérabilité afin que les développeurs s'appuient sur l'OS du mobile. Aujourd'hui, les SDK favorisent les liaisons avec les autres plateformes, ce qui facilite certains systèmes de monétisation, comme les achats dans les applications, la publicité d'affichage, la création de contenu, l'analyse de la consommation (suivi de l'implication des utilisateurs), les liens profonds (suivi interappareils), les outils d'intégration et/ou les autres services de plateforme. Chaque fois que l'un de ces services est intégré au code source d'une application, par exemple lorsqu'un développeur utilise App Colony pour afficher des publicités vidéo ciblées, des données provenant de l'appareil mobile de l'utilisateur sont échangées, ce qui fait du SDK un agent majeur du processus de datafication.

À l'inverse, lorsque Sir Tim Berners Lee a créé le World Wide Web au CERN, il s'agissait d'un site d'extension, et non d'accumulation et de captation. En ont résulté des problèmes de mémoire et de suivi : comment les annonceurs pouvaient-ils trouver, suivre et enregistrer les consommateurs potentiels et démontrer l'efficacité de leurs publicités en ligne ? En effet, ce n'est qu'en 1994 que Lou Montulli de chez Netscape[11] a été engagé pour résoudre le « problème du panier d'achat », ou plutôt celui de la mémorisation des activités en ligne de l'utilisateur au moment où il

---

[11] Turow, J., *Daily You*, New Haven (CO), Yale University Press, 2013.

quitte un site Web. Il a alors créé le premier cookie, un petit fichier texte qui peut s'intégrer à n'importe quel navigateur pour jouer ce rôle inédit de pense-bête. On peut le considérer comme un support de mémoire prothétique, une passerelle entre le navigateur de l'utilisateur et le serveur. Cette extériorisation signifie qu'il existe une séparation claire entre le site Web (l'acteur direct) et le cookie (l'agent tiers qui cherche à enregistrer et exploiter les données de l'utilisateur). Sur les ordinateurs de bureau, les bloqueurs de publicités sont efficaces précisément parce qu'ils coupent le lien entre ces deux acteurs. Toutefois, dans l'environnement cloisonné du mobile, où les SDK sont intégrés pour améliorer l'interopérabilité entre l'OS et les autres acteurs qui cherchent à fournir leurs propres services, on ne peut pas simplement couper ce lien au risque de perturber les fonctionnalités de l'application. Contrairement aux cookies, les SDK facilitent l'accès à des outils installables préconçus et aux interfaces de programmation (API), ce qui souligne que leur fonction principale n'est pas de *mémoriser et collecter*, mais de *connecter*. Ils sont donc conçus pour être toujours préintégrés dans un échange de valeur sans fin : « données utilisateurs » contre « modèle de service ».

Facebook et Google sont les champions de cette économie mobile caractérisée par la dépendance croissante des utilisateurs aux logiciels de publicité et d'analyse[12]. Comme nous le verrons, les SDK permettent à ces plateformes d'offrir non pas un seul, mais une myriade de services aux fonctionnalités uniques. Par exemple, les SDK de Facebook permettent le fonctionnement des services Facebook Login, Facebook Share, Facebook Analytics, Facebook Ads et Facebook Places. De même, Google propose les services Google Firebase Analytics, Google Ads, Google DoubleClick, Google Crashlytics et Google Analytics. En outre, la prévalence de ces SDK et la dépendance à leur égard montrent qu'il est nécessaire de produire une autre définition effective du « tiers ». Il ne s'agit pas d'un acteur anonyme qui collecte passivement les données de nos applications, mais d'une grande plateforme qui crée tranquillement de nouvelles conditions pour privatiser et monopoliser encore plus l'écosystème numérique. La réussite de cette expansion contribue à expliquer pourquoi, en 2018, les recettes publicitaires de Facebook provenaient à

---

[12] Binns, R., Zhao, J., Van Kleek, M., & Shadbolt, N, "Measuring third-party tracker power across web and mobile", ACM Transactions on Internet Technology, 18 (4), 2018.

90 % du marché des mobiles[13]. Dans la même idée, la prévalence des SDK de Google, notamment au sein des applications Android, explique pourquoi plus de la moitié des revenus publicitaires de l'entreprise – 69,9 milliards USD en 2018 – proviennent d'investissements dans le mobile. En bref, il s'agit d'une relation mutuellement bénéfique entre le développeur d'applications et les SDK : le développeur bénéficie de l'intégration d'outils qu'il n'a jamais eu à créer, et Facebook et Google bénéficient d'un accès accru aux données utilisateurs à travers les applications qui abritent leurs SDK.

Dans le cadre du règlement général sur la protection des données (RGPD) de l'UE, les sites Web qui ont recours à un tiers doivent en informer l'utilisateur au chargement de la page. La distinction claire et transparente entre l'acteur direct et le tiers donne du sens à ce règlement si l'on s'en tient aux navigateurs. Mais dans l'écosystème mobile les perspectives sont très différentes. Puisque les SDK résident au sein même des applications, il devient de plus en plus difficile de séparer et de différencier les parties prenantes. Au niveau des infrastructures, cette intégration rend les acteurs tiers indiscernables des acteurs directs et fait de l'écosystème mobile un environnement beaucoup plus permissif et libéral en matière de données[14]. Pour l'utilisateur, jusqu'à la mise à jour du système de protection de la vie privée d'Apple, le seul moyen d'empêcher un SDK de collecter des données à partir d'une application était de désactiver une autorisation, par exemple la localisation, pour l'ensemble de l'application. Si le mobile fonctionnait comme un navigateur, l'utilisateur pourrait au moins empêcher les acteurs tiers de collecter ses données personnelles en refusant les cookies et/ou en utilisant un bloqueur de publicités. Mais puisqu'il s'agit d'un mobile, au lieu d'utiliser des autorisations pour les acteurs directs et d'autres autorisations pour les acteurs tiers, *un même ensemble d'autorisations s'applique à tous les acteurs.*

---

[13] Protalinski, E., "Amazon reports $70.0 billion in Q3 2019 revenue: AWS up 35 %, subscriptions up 34 %, and "other" up 44 %", VentureBeat, October 24th 2019.

[14] Han, S., Jung, J., Wetherall, D., *A Study of Third-Party Tracking by Mobile Apps in the Wild*, 2012 ; Liu, X., Liu, J., Zhu, S., Wang, W., & Zhang, X., "Privacy Risk Analysis and Mitigation of Analytics Libraries in the Android Ecosystem", IEEE Transactions on Mobile Computing, 1 (1), 2019.

Autorisations d'accès aux données : accepter quoi, exactement ?

Le smartphone fonctionne différemment de l'ordinateur de bureau, dans le sens où les autorisations d'accès aux données passent par un « fichier manifeste », lequel tire son nom du registre des navires marchands. Ainsi, au lieu de détailler tous les éléments essentiels présents à bord (équipage, cargaison, passagers), le fichier manifeste d'iOS ou Android énumère tous les composants, y compris les caractéristiques matérielles et logicielles, les activités et les services. Plus pertinent encore pour notre propos, il répertorie les autorisations concernant les différentes transactions de données entre l'application, les SDK, l'OS et les informations stockées sur le mobile de l'utilisateur. Tout aussi important, ce fichier de ressources fonctionne comme un contrat. Il est obligatoire pour qu'une application puisse se connecter à l'OS du smartphone. Par exemple, si une application veut accéder aux données de localisation de l'utilisateur, elle doit être associée à l'autorisation correspondante dans le fichier manifeste.

Nous proposons de considérer les autorisations comme le point d'articulation essentiel des processus de datafication, c'est-à-dire qu'elles constituent les instructions de base d'un système complexe de partage automatisé des données. À ce titre, nous les voyons comme une espèce de « syntaxe des données ». En effet, alors que la grammaire désigne un ensemble de règles générales, la syntaxe détermine la place et le rôle possibles de toute chose. Nous avons étudié dans notre base de données la manière dont chaque type d'autorisation pourrait être catégorisé à partir d'une action : « *get* » (obtenir), « *write* » (écrire), « *store* » (stocker), etc. Ce *potentiel générateur d'action* forme toujours une condition préalable à toute représentation ultérieure des données. Selon nous, il est essentiel de comprendre l'impact de ce système de gouvernance des données, incarné par les fichiers d'autorisations manifestes, sur les flux de données personnelles. Non seulement ils permettent de comptabiliser les différentes transactions de données entre les applications, les tiers et les informations de l'utilisateur, mais ils constituent un premier moyen d'évaluer l'influence des SDK sur les développeurs d'applications, car ces services ont également besoin d'autorisations pour fonctionner. En effet, une étude a ainsi révélé que 65,22 % des demandes d'autorisations effectuées au sein des applications provenaient de bibliothèques SDK tierces, contre 34 %

émanant des applications produites par les acteurs directs[15]. Cette étude a donc mis en évidence la nécessité et l'intérêt d'adapter un système doté de contrôles plus fins dans le but d'informer les utilisateurs sur l'entité – acteur direct et/ou tiers – qui accède en pratique aux autorisations d'une application.

Nous allons expliquer brièvement en quoi consistent ces autorisations avant de revenir à notre propos initial sur l'impact du nouveau système de protection de la vie privée d'Apple. À cet effet nous utiliserons l'écosystème ouvert d'Android, plutôt que celui fermé d'Apple, qui crée inévitablement des obstacles à la recherche. Dans l'environnement Android, les autorisations sont classées en fonction du risque pour l'utilisateur : *Normal* (normale), *Dangerous* (dangereuse), *Signature* (signature) et *SignatureOrSystem* (signature ou système). La première catégorie d'autorisation, *Normal,* est accordée automatiquement sans approbation. En effet, Android estime qu'elle présente un risque minimal et qu'elle est nécessaire au bon fonctionnement des applications. La deuxième, *Dangerous,* permet aux applications d'accéder aux données sensibles de l'utilisateur. Elle présente donc un risque potentiel d'exposition des informations personnelles identifiables. Depuis la mise à jour Marshmallow d'Android en 2015, l'utilisateur doit être averti des autorisations *Dangerous* requises au moment de télécharger une application[16]. Les deux catégories restantes sont davantage inextricables. Les autorisations propriétaires *Signature* sont conçues pour faciliter l'interopérabilité et le partage de données avec les applications d'un même développeur (et donc pour augmenter le flux d'informations entre les ressources de Facebook) ou pour qu'une application puisse mieux fonctionner au sein de différentes marques d'appareils mobiles[17].

Les autorisations *Signature* sont qualifiées « d' inconnues » dans les fichiers manifestes, sans description claire du contenu qu'elles extraient ou des types de données qu'elles permettent de traiter. Enfin, les autorisations *SignatureOrSystem* sont des permissions spéciales accordées aux

[15] Diamantaris, M., Papadopoulos, E. P., Markatos, E., Ioannidis, S., Polakis, J., "REAPER: Real-time App Analysis for Augmenting the Android Permission System", Proceedings of the Ninth ACM Conference on Data and Application Security and Privacy, 37–48, 2019.

[16] Alepis, E., & Patsakis, C., "Unravelling Security Issues of Runtime Permissions in Android", Journal of Hardware and Systems Security, 3 (1), 2019, p. 45–63.

[17] *Ibid.*

applications intégrées à l'OS de Google, à savoir Android. Les applications qui disposent de ces autorisations ont un accès direct à la partie matérielle du smartphone, avec par exemple la faculté de redémarrer l'appareil et/ou d'effacer le cache de toutes les applications installées. Non seulement les autorisations *SignatureOrSystem* accordent automatiquement le statut de fabricant de l'appareil[18], mais elles sont particulièrement difficiles à analyser, ce qui rappelle combien les applications constituent une source de données abondante et sans pareille.

La plupart des développeurs respectent la convention selon laquelle les applications doivent intégrer le moins possible d'autorisations pour garantir leur bon fonctionnement, mais les encadrements réglementaires restent néanmoins légers. Le contrôle pratique des autorisations repose uniquement sur la catégorisation déclarée et sur l'approbation ultérieure requise pour celles du type *Dangerous*. Il en résulte un écosystème mobile bien plus permissif en matière de données, très prisé des développeurs d'applications et des tiers, mais potentiellement risqué et inconnu pour les utilisateurs. Nous y décelons trois problèmes immédiats. Premièrement, ce système présume que l'utilisateur connaît suffisamment les autorisations pour déterminer si elles sont appropriées. Deuxièmement, il revient à considérer implicitement que les développeurs maîtrisent le fonctionnement de toutes les autorisations ainsi que les types de données auxquels elles permettent d'accéder. Il semble que les développeurs sont tenus comme pleinement conscients des implications des autorisations demandées par les SDK tiers (indispensables au fonctionnement des services) afin de faciliter la monétisation de leurs applications (ENISA, 2017). Android lui-même n'assure que peu ou pas de surveillance et ne semble pas vérifier si les autorisations demandées par les développeurs d'applications sont bien nécessaires ou appropriées. Ainsi, dans la pratique, les développeurs peuvent demander plus d'autorisations que réellement nécessaire[19]. Voilà qui pose deux questions : comment distinguer les autorisations raisonnables, que ce soit en nombre ou en catégorie, et comment faire confiance à Android pour obtenir un arbitrage honnête de l'utilisation acceptable des autorisations ?

---

[18] *Ibid.*

[19] Reardon, J., Feal, Á., Wijesekera, P., On, A. E. B., Vallina-Rodriguez, N., Egelman, S., "50 Ways to Leak Your Data: An Exploration of Apps' Circumvention of the Android Permissions System", 28th USENIX Security Symposium (USENIX Security 19), 2019, p. 603–620.

Les autorisations permettent aux applications de fonctionner efficacement et ne sont pas foncièrement problématiques. Toutefois, plus l'écosystème mobile est permissif en matière de données, plus il constitue un actif intéressant pour les acteurs qui cherchent à rentabiliser les déductions et les prédictions qui peuvent être compilées et commercialisées à partir des informations de l'utilisateur. D'après les études, l'augmentation du nombre d'autorisations s'inscrit dans une tendance à plus long terme (voir le tableau 1) : les différents types d'autorisations d'accès aux données susceptibles d'être exigées ont quasi-doublé entre 2012 et 2016, et le nombre d'autorisations demandées par les développeurs pour les intégrer à leurs applications a connu une hausse d'environ 110 %[20]. En outre, il convient de rappeler que la distinction entre les acteurs directs et les tiers est ténue en matière d'autorisations d'accès aux données[21]. En d'autres termes, les autorisations des fichiers manifestes procurent un accès aux données comparable aux SDK tiers et aux développeurs d'applications.

---

[20] Zhauniarovich, Y., Gadyatskaya, O., "Small Changes, Big Changes: An Updated View on the Android Permission System", *Lecture Notes in Computer Science,* vol. 9854 LNCS, 2016, p. 346–367.

[21] Han, S., Jung, J., Wetherall, D., *A Study of Third-Party Tracking by Mobile Apps in the Wild,* 2012 ; Liu, X., Liu, J., Zhu, S., Wang, W., Zhang, X., "Privacy Risk Analysis and Mitigation of Analytics Libraries in the Android Ecosystem", *IEEE Transactions on Mobile Computing,* 1–1, 2019.

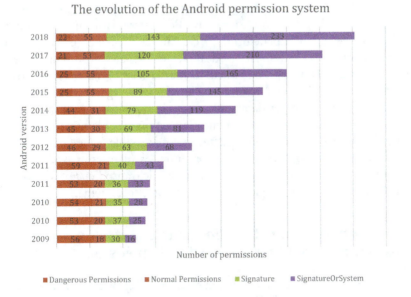

The evolution of the Android permission system

Pour toutes ces raisons, nous considérons les autorisations d'accès aux données comme des éléments cruciaux pour comprendre empiriquement les mécanismes de datafication qui commandent la relation entre les données stockées sur les mobiles, les OS, les applications et les SDK. Puisque les autorisations manifestes administrent de la même manière l'accès aux informations personnelles pour les acteurs directs et les tiers, nous considérons ces éléments techniques comme des objets d'étude essentiels. Pour la compréhension critique et l'autonomie de l'utilisateur, ils doivent devenir plus visibles, plus intelligibles et plus souvent soumis à l'analyse. De ce point de vue, la mise à jour d'Apple contient des avancées importantes : i) l'utilisateur est averti de l'existence de SDK dans ses applications ; ii) la liste des autorisations auxquelles les tiers ont accès à l'intérieur de l'application est précisée ; iii) l'utilisateur peut refuser le partage entre les applications et les SDK. Jusqu'à présent, il n'était pas possible de séparer les acteurs directs et les tiers au sein des applications. Cette mise à jour représente donc un pas en avant utile pour régenter la confidentialité des données dans les applications mobiles. Pourtant, elle n'a aucune incidence sur la dynamique de pouvoir des plateformes qu'Apple conserve sous son contrôle. Cette prétendue amélioration du principe de « Privacy by Design » (protection des données dès la conception) gagnerait à être rebaptisée « Privacy by permitted design » (protection des données dès la conception selon les autorisations) ou « Privacy by platform » (protection des données selon la plateforme)[22]. Du fait de sa meilleure accessibilité par rapport à l'écosystème fermé d'Apple, nos recherches portent sur l'environnement Android. Pour mieux cerner la relation entre les autorisations et les applications, nous avons appliqué un regard critique sur les objets techniques de la datafication au sein de l'écosystème mobile en revisitant les outils et les ateliers que nous avions précédemment développés à travers notre méthodologie technico-culturelle[23]. Ce faisant, nous avons cherché à visualiser la relation entre les manifestes Android, les autorisations et les SDK afin d'apporter plus de transparence et d'accessibilité aux objets numériques qui forment notre écosystème.

Création de *Manifest Destiny* : une plateforme essentielle pour la littératie des données

La plateforme *Manifest Destiny* a été développée pour étudier les autorisations d'accès aux données et les tiers. Elle est la prolongation d'un de nos outils précédents, le « Droid Destruction Kit » (kit de destruction de droïdes) une machine virtuelle qui abrite les logiciels de l'atelier technico-culturel développé pour le projet « Our Data Ourselves » (maîtrisons nos données)[24]. L'une des conclusions de cet atelier portait sur les fichiers manifestes, plusieurs participants ayant fait remarquer qu'ils étaient beaucoup plus faciles à lire que les autorisations liées à la confidentialité figurant dans les conditions générales des applications. En créant *Manifest Destiny*, nous avons cherché à mettre en pratique les résultats de ce premier atelier à travers un outil destiné aux utilisateurs non experts.

Il s'agissait de créer une plateforme permettant de consulter plus facilement la liste des autorisations et des tiers afin, si possible, de nourrir des discussions plus tranchées autour de la confidentialité des données. Une fois terminé, il contenait près de 7 000 APK (« Android Package Kit », collection de fichiers pour Android), chacun d'entre eux réunissant

---

[22]   Greene, D., Shilton, K., "Platform privacies: Governance, collaboration, and the different meanings of *privacy* in iOS and Android development", New Media and Society, 20, 4, 2018, p. 1640–1657.

[23]   Coté, M., Pybus, J., "Simondon on Datafication. A Techno-Cultural Method", Digital Culture & Society, 2, 2, 2016.

[24]   *Ibid.*

les fichiers manifestes, les SDK de tiers et une cartographie sommaire de l'infrastructure qui esquisse un schéma de la circulation matérielle globale des données au sein des applications pour smartphone. La plate-forme a été créée en fusionnant un échantillon de trois jeux de données. D'abord, nous avons intégré les données du projet Haystack, une initiative de chercheurs universitaires indépendants de l'International Computer Science Initiative (ICSI) de l'Université de Californie à Berkeley. Ce projet s'articule autour de l'application Lumen, qui peut être téléchargée dans l'OS Android pour analyser le trafic mobile et aider l'utilisateur à identifier les problèmes de confidentialité et les traceurs sur ses appareils. Ensuite, nous avons intégré les données de l'organisation européenne Exodus Privacy, basée en France et gérée par des hacktivistes désireux de protéger la vie privée des utilisateurs. Son site Web permet également aux utilisateurs d'examiner les applications, mais à la place d'un outil de décompilation, il fournit des compilations légales et une analyse des applications en fonction de leur identifiant unique. Le compte GitHub d'Exodus Privacy abrite une base de données ouverte de fichiers qui offre un aperçu plus complet des données au sein des applications. Enfin, dans le but d'adapter notre plateforme et de la rendre plus pertinente, nous avons privilégié l'ajout des applications figurant dans la liste des « plus téléchargées » du Google Play Store. Nous avons récupéré ces applications supplémentaires, ou plus précisément leurs APK dans la boutique Yalp en créant un script qui collecte automatiquement les fichiers manifestes et les bibliothèques de traçage. Nous avons ensuite conçu un autre script qui fait correspondre la description des autorisations affiliées à l'application, y compris leur catégorie (*Normal, Dangerous, Signature* ou *SignatureOrSystem*), à partir des définitions fournies sur le site Web des développeurs Android.

Le projet s'est achevé par un atelier de co-conception avec Tactical Tech, appelé « The Secret Life of Your Mobile Data » (la vie secrète de vos données mobiles), qui contextualisait et représentait les objets technologiques composant l'écosystème mobile pour la Digital Rights Conference (Conférence sur les droits numériques) OrgCon 2019. Ces éléments ont été conçus afin de permettre la participation de tous, quelles que soient leurs capacités ou compétences technologiques, dans l'hypothèse où une présentation accessible de l'infrastructure qui favorise le transfert de données personnelles depuis les smartphones vers une multitude d'acteurs directs et tiers pourrait susciter des questions et des moyens différents en vue de comprendre les processus de datafication impulsés par les applications. Notre approche participative empirique visait à remettre en contexte une partie des autorisations et des SDK les plus couramment utilisés, tout en essayant d'évaluer comment la découverte de l'environnement mobile pourrait susciter une approche différente des problèmes de confidentialité des données et de maîtrise des flux d'informations personnelles liés aux appareils mobiles. Nous allons donc présenter une partie de ces résultats, qui contribuent à dévoiler l'écosystème mobile et peut-être à mieux évaluer la mise à jour d'Apple, en exposant les infrastructures mobiles qui permettent à des plateformes comme Facebook et Google de se régénérer en tant que fournisseurs de services mobiles.

Quels enseignements tirer des autorisations ?

Manifest Destiny n'est en aucun cas un indicateur absolu des « bonnes » ou « mauvaises » applications, pas plus qu'il ne permet d'affirmer catégoriquement que les applications présentant le plus grand nombre d'autorisations *Dangerous* et/ou de traceurs SDK sont les plus malfaisantes (même si beaucoup de participants à nos ateliers présumaient que c'est le cas). Par exemple, notre analyse a montré que l'application *open source* Signal, présentée par Edward Snowden comme la meilleure application de messagerie cryptée, comporte en réalité plus d'autorisations *Dangerous* que WhatsApp et Facebook Messenger (voir le tableau 1). Le contexte a clairement son importance. C'est pourquoi l'utilisation de méthodologies mixtes mettant en perspective l'analyse des manifestes et la recherche empirique faciliterait l'étude détaillée des applications. Néanmoins, notre approche ouvre de nouvelles pistes pour instaurer un écosystème mobile plus responsable. Les conclusions intermédiaires ici présentées peuvent ainsi aider à mieux comprendre le processus de la datafication opéré via nos appareils mobiles.

Tableau 1: Investigation of Facebook and Google SDKs at the OrgCon Workshop with Tactical Tech

Category	Facebook Analytics	Facebook Login	Facebook Share	Facebook Ads	Facebook Places	Google Crashlytics	Google Analytics	Google Ads	Google Firebase Analytics	Google Double-Click	Total Apps Examined
News	4	4	4	2	3	4	2	5	4	5	6
Beauty	4	4	3	4	1	3	2	5	3	5	5
Fitness	4	5	5	3	3	5	1	4	6	5	6
Alarm Clock	1	1	1	3	1	4	1	5	5	5	5
Game	4	3	3	4	1	1	2	6	2	6	6
Running	4	4	4	0	4	4	0	3	3	2	5
Food	3	3	3	0	0	4	3	0	4	0	4
Social Media	0	0	0	0	0	0	1	1	2	0	4

Enseignement 1 : Une épistémologie des autorisations pour le Google Play Store

La plateforme *Manifest Destiny* aide à mieux connaître les autorisations au-delà des définitions opaques et techniques fournies sur les pages des développeurs Android. Et même si le système de classification d'Android constitue un point de départ pour l'analyse, il manque encore des informations sur l'évolution historique des autorisations, comment elles sont choisies par les développeurs ou les méthodes qui permettraient d'évaluer leur rôle dans les échanges de données au fil du temps.

Nous avons pu analyser les différents OS Android entre 2009 et 2018 (voir le tableau 1), ce qui appelle plusieurs observations. Premièrement, le nombre d'autorisations a considérablement augmenté au fil du temps. Alors qu'en 2009 elles n'étaient que 120, en 2018 Android en comptait 453, soit une augmentation de 377,5 %. Deuxièmement, nous constatons que cette croissance est inégale, les plus fortes hausses étant observées dans les catégories *Signature* (en gris) et *SignatureOrSystem* (en jaune), qui sont les plus opaques et inaccessibles et dont on ignore presque tout du rôle précis et des types de données qu'elles scrutent sur les mobiles. C'est notamment le cas pour les autorisations *Signature*, qui sont propriétaires et nécessitent un certificat d'identification du développeur auprès du Google Play Store.

Pour les observateurs, ces autorisations apparaissent simplement comme « inconnues » dans le manifeste Android. Selon nous, elles représentent clairement un point nébuleux de l'écosystème mobile. Enfin, nous avons constaté un autre phénomène curieux à propos des autorisations *Normal* et *Dangerous* : leur proportion semble s'inverser au fil du temps. En 2009, on comptait 18 autorisations *Normal* et 53 *Dangerous*, alors qu'en 2018 on comptait 55 autorisations *Normal* et seulement 22 *Dangerous*. Pour comprendre la signification de cette tendance, nous avons consulté d'autres ouvrages de littérature technique, comme indiqué dans le deuxième enseignement tiré des autorisations. L'écosystème d'Apple fonctionne différemment de celui d'Android. Mais lui aussi exploite ces autorisations. Compte tenu de l'environnement fermé de cette plateforme, la difficulté pour les chercheurs est d'y accéder.

Enseignement 2 : Attention aux autorisations Normal

Comme le montre le tableau 1, au cours des dix dernières années Android a transformé de nombreuses autorisations *Dangerous* en *Normal*. Cette requalification n'est pas anodine. D'après notre analyse de la littérature technique, si une autorisation est classée *Normal*, les utilisateurs ne sont pas alertés de son existence. D'après Android, ces autorisations sont strictement nécessaires aux fonctionnalités et, par définition, non préjudiciables aux utilisateurs. Voilà qui fait émerger des questions importantes pour les recherches ultérieures : Que se cache-t-il derrière les termes *Normal* et *Dangerous* ? Quelle logique a permis de déclasser au fil du temps un aussi grand nombre d'autorisations *Dangerous* ? Et comment Android détermine-t-il précisément les caractéristiques à considérer comme fonctionnelles ?

Au sein de nos ateliers, la plupart des participants étaient immédiatement interpellés par les autorisations *Dangerous*. Beaucoup étaient curieux de connaître leur nature et leur fonction. Plus de la moitié des participants ont indiqué se sentir confortés par *Manifest Destiny*, qui est venu confirmer ce qu'ils savaient ou soupçonnaient déjà à propos de leurs applications. Par exemple, presque personne n'était étonné que des autorisations demandent l'accès à la localisation, à la caméra ou aux contacts du mobile. Cependant, beaucoup étaient surpris par ce qu'ils qualifiaient d'autorisations « bizarres » ou « étranges », à savoir celles demandant des permissions de « lecture » et d'« écriture » sur le support de stockage externe de leur téléphone, et ils se demandaient pourquoi l'accès à Internet et au Bluetooth nécessitait une autorisation *Normal* et non *Dangerous*. À la suite de ces observations, nous avons analysé les 7 000 applications de *Manifest Destiny* et établi le classement des 15 applications les plus fréquemment utilisées (voir le tableau 2).

Tableau 2: List of top recurring permissions used throughout the Manifest Destiny Platform Dataset

Android Permission Name	Permission Function	Rating	% Apps
1 INTERNET	Allows applications to open network sockets.	Normal	0,999
2 ACCESS_ NETWORK_ STATE	Allows applications to access information about networks.	Normal	0,98
3 WAKE_LOCK	Allows using Power Manager Wake Locks to keep processor from sleeping or screen from dimming.	Normal	0,831
4 WRITE_ EXTERNAL_ STORAGE	Allows an application to write to external storage.	Dangerous	0,739
5 ACCESS_WIFI_ STATE	Allows applications to access information about Wi-Fi networks.	Normal	0,597
6 VIBRATE	Allows access to the vibrator.	Normal	0,537
7 READ_EXTERNAL_ STORAGE	Allows an application to read from external storage.	Dangerous	0,491
8 RECEIVE_BOOT_ COMPLETED	Allows an application to receive the Intent. ACTION_BOOT_ COMPLETED that is broadcast after the system finishes booting.	Normal	0,455
9 ACCESS_FINE_ LOCATION	Allows an app to access precise location.	Dangerous	0,363
10 ACCESS_COARSE_ LOCATION	Allows an app to access approximate location.	Dangerous	0,343
11 READ_PHONE_ STATE	Allows read only access to phone state, including the phone number of the device, current cellular network information, the status of any ongoing calls, and a list of any Phone Accounts registered on the device.	Dangerous	0,325

Tableau 2: Suite

Android Permission Name	Permission Function	Rating	% Apps
12 GET_ACCOUNTS	Allows access to the list of accounts in the Accounts Service.	Dangerous	0,283
13 CAMERA	Required to be able to access the camera device.	Dangerous	0,278
14 BLUETOOTH	Allows applications to connect to paired Bluetooth devices.	Normal	0,165
15 READ_CONTACTS	Allows an application to read the user's contacts data.	Dangerous	0,159

La littérature scientifique a permis de répondre à un certain nombre de questions posées par les participants. L'une des rares études que nous avons trouvées signalait que l'autorisation INTERNET, exigée par 99,9 % des applications recensées par la plateforme Manifest Destiny, a été reclassée de *Dangerous* à *Normal* par Android en 2015, tout comme ACCESS WIFI STATE (Accéder à l'état du Wi-Fi), CHANGE NETWORK STATE (Modifier l'état du réseau) et CHANGE WIFI STATE (Modifier l'état du Wi-Fi) (Alepis & Patsakis, 2019). L'autorisation INTERNET était auparavant classée *Dangerous* notamment en raison de sa capacité à « ouvrir des sockets réseau » et à permettre la circulation de paquets de données entre le serveur, le téléphone et l'application, ce qui reste aujourd'hui encore sa fonction principale. Mais en 2014, elle est devenue de plus en plus appréciée des développeurs, sans doute parce qu'elle facilite la publicité dans les applications. Selon Book et al. (2013), presque aucune bibliothèque de SDK tierce ne peut fonctionner sans puiser des informations dans ses serveurs en dehors des applications, ce qui explique pourquoi la plupart des développeurs sollicitent cette autorisation et, probablement, pourquoi Android l'a déclassée. Néanmoins, malgré son nouveau statut *Normal*, l'autorisation INTERNET est souvent employée pour soutirer aux utilisateurs des informations privées, par exemple leur localisation. De même, les autorisations comme ACCESS WIFI STATE, CHANGE NETWORK STATE et CHANGE WIFI STATE, elles aussi désormais classées *Normal*, continuent à exposer l'utilisateur en exportant des informations (à nouveau la localisation, par exemple) ou effectuent des déductions au sujet des relations entre les utilisateurs en fonction du temps passé à proximité les uns des autres[25]. Ainsi, le processus de datafication au sein de l'écosystème mobile s'enrichit par la normalisation de certaines autorisations qui facilitent la marchandisation et la monétisation via les applications. Dans ce contexte, *Normal* désigne la logique dominante, celle de la plus-value. Dans ce domaine, des recherches bien plus vastes s'imposent pour contextualiser ce passage entre les autorisations *Dangerous* et *Normal*. En outre, puisque les alertes ne concernent que les autorisations *Dangerous*, aucune violation de données potentiellement couvertes par une autorisation *Normal*, que ce soit via l'application ou le SDK, n'est signalée à l'utilisateur. Et même si l'environnement Android est différent de l'écosystème Apple, ces principes s'y appliquent tout autant, et l'utilisateur ne bénéficie que d'un niveau tout relatif de protection de la vie privée.

Enseignement 3 : Certaines autorisations dangereuses sont plus dangereuses que d'autres

Beaucoup de participants à nos ateliers se sont spontanément intéressés aux autorisations de localisation. Mais nous avons aussi identifié l'autorisation READ_PHONE_STATE (Lire l'état du téléphone), qui nous semble encore plus problématique car elle sert avant tout à reconnaître les utilisateurs grâce à un identifiant d'équipement mobile unique. Cette autorisation *Dangerous*, présente dans 32 % des applications de notre plateforme, permet d'accéder au numéro de téléphone du smartphone, à l'opérateur réseau, au statut des appels en cours et à la liste de tous les comptes de téléphonie enregistrés sur l'appareil. Ce faisant, elle peut consulter le code IMEI (International Mobile Equipment Identity, identité internationale d'équipement mobile) du téléphone. Ce précieux identifiant peut être demandé par les développeurs en contrepartie de l'intégration d'un SDK de traçage pour la monétisation dans les applications.

Les autorisations qui sollicitent l'identifiant unique et sensible d'un appareil sont des menaces importantes pour la vie privée mais peu évidentes pour les utilisateurs. Lorsqu'un tiers collecte les IMEI, il devient pratiquement impossible d'occulter l'identité des utilisateurs. Sous couvert d'autorisations *Normal* telles qu'ACCESS NETWORK STATE

---

[25] Alepis, E., Patsakis, C., "Unravelling Security Issues of Runtime Permissions in Android", Journal of Hardware and Systems Security, 3, 1, 2019, p. 45–63.

(Accéder à l'état du réseau), qui peut exposer un autre identifiant maté-riel, l'adresse MAC (Media Access Control, contrôle d'accès au support), la vie privée disparaît lorsque les applications collectent ces identifiants.

La politique de Google stipule que les tiers sont censés collecter uniquement l'identifiant publicitaire de l'utilisateur, qui est un code logiciel mis à disposition par l'OS Android. Les utilisateurs ne sont ni informés ni alertés de l'existence de cet identifiant, même si depuis la mise en œuvre du RGPD, qui impose plus de transparence et de responsabilité en matière de collecte d'informations en Europe, il est possible de le désactiver ou de le réinitialiser (Reyes et al., 2017). Pratiquement aucun de nos participants ne connaissait la nature de cet identifiant et certains ont réalisé pendant l'atelier qu'il était activé par défaut. Pour être clair, les applications peuvent accéder à cet identifiant publicitaire en vue de référencer les utilisateurs pour leurs annonceurs. Cependant, les applications et les SDK tiers ont interdiction de combiner ces identifiants publicitaires avec des identifiants matériels tels que l'IMEI et/ou l'adresse MAC, sauf à obtenir le consentement explicite de l'utilisateur.

Si ces identifiants matériels devaient être combinés, l'utilisateur serait alors complètement exposé. Problème : ces autorisations prêtent à confusion et nécessitent des connaissances préalables sur le fonctionnement de chaque type d'identifiant ainsi que sur les conséquences réelles de leur association. C'est alors aux utilisateurs que revient la lourde charge de comprendre le rôle d'objets numériques complexes sans rapport ni avec les fonctionnalités de leur téléphone, ni avec les applications qu'ils souhaitent télécharger. La plupart de nos participants ne connaissaient pas la signification de ces termes techniques. Il est donc évident que beaucoup plus de transparence et de débats s'imposent pour savoir comment intégrer une version améliorée et pragmatique du principe de « Privacy by Design », comme stipulé par le RGPD. Sont particulièrement concernées les autorisations sélectionnées par les développeurs, mais aussi leurs perspectives de combinaison avec d'autres autorisations pour révéler encore plus de données utilisateurs sensibles. En résumé, à quoi ressemblerait le principe de « *Privacy by Design* » selon *notre* conception ?

Enseignement 4 : Facebook et Google, plateformes directes ou traceurs tiers ?

L'un des points les plus marquants constatés par les participants à nos ateliers est que les applications de médias sociaux ne possèdent quasiment aucun SDK alors qu'elles apparaissent en tant que SDK dans presque toutes les autres applications examinées (voir le tableau 3). Comme le montre le tableau 3, les participants étaient répartis en groupes et devaient comparer un petit échantillon de quatre à six applications provenant de deux familles différentes. Le tableau présente une répartition des SDK de Facebook et Google observés par les participants.

Alors que notre plateforme comptait plus de 120 SDK tiers, une analyse globale a révélé qu'un petit nombre d'entre eux était exploité par la majorité des applications. Par exemple, Facebook comporte cinq SDK principaux qui apparaissent 9 888 fois sous différentes combinaisons dans plus de 60 % des applications de notre plateforme, en l'occurrence : Facebook Analytics, Facebook Ads, Facebook Login, Facebook Notifications, Facebook Places et Facebook Share. De même, les cinq principaux SDK de Google apparaissent 17 968 fois sous différentes combinaisons dans plus de 90 % de nos applications, à savoir : Google Ads, Google Analytics, Google Crashlytics, Google DoubleClick et Google Firebase (voir le tableau 3).

Tableau 3: Total number of Facebook and Google SDKs in Manifest Destiny

Facebook SDKs		Google SDKs	
Facebook Analytics	2167	Google Ads	4164
Facebook Ads	1689	Google Analytics	2882
Facebook Login	2401	Crashlytics	2988
Facebook Places	1375	DoubleClick	3742
Facebook Share	2256	Google Firebase	4192
	9888		**17968**

Le grand nombre de SDK conçus par les développeurs de Google et Facebook est le signe d'une nouvelle logique d'expansion et de monopolisation des plateformes. En effet, cette relation révèle leur logique capitaliste au niveau microscopique, à travers l'échange de services dans les applications en contrepartie d'un accès aux données des acteurs directs. À l'inverse, les applications de Google et Facebook n'ont pas besoin des acteurs tiers, car les deux firmes en sont les principaux fournisseurs. Quelles sont les conséquences sur l'écosystème mobile de cette « oligopolisation » des acteurs tiers par les plateformes ? Pour répondre à cette question, il s'agit non seulement de les considérer comme des plateformes jouant le rôle d'infrastructures, mais aussi de les envisager comme des (re)compositions de services.

Les plateformes telles que Facebook et Google ont donc (re)formé leur infrastructure en mettant « gratuitement » à disposition leurs SDK sous une forme distribuée. Elles permettent ainsi de nouvelles (re)compositions au sein de leur infrastructure, qui augmentent leur pouvoir de capture des données personnelles, s'appuyant sur le fait que chaque développeur tente de monétiser ses applications. En définitive, ce mode de fonctionnement soulève d'autres questions sur notre conception des SDK. Revenons à un point initial de notre réflexion sur les fichiers manifestes : les autorisations offrent aux développeurs et aux traceurs le même niveau d'accès aux données utilisateurs. En effet, les SDK, contrairement aux cookies, sont présents à l'intérieur des applications et non à l'extérieur des domaines. Nous devons donc cesser de considérer Facebook et Google comme des entités distinctes. Les deux sont à la fois distribuées et constitutives, recueillant les données utilisateurs aussi bien directement, au titre de plateforme, qu'indirectement, au titre de SDK tiers. Ce modèle d'infiltration expansionniste permet de comprendre pourquoi le mobile a depuis longtemps éclipsé le navigateur en tant que principal vecteur de croissance des revenus et de plus-value. En outre, compte tenu du nombre élevé d'autorisations *Signature* qui facilitent l'interopérabilité, une hypothèse commence à voir le jour au sujet du mobile : non seulement cet écosystème récupère bien plus de données que l'ordinateur de bureau, mais surtout il représente pour notre vie privée et la sécurité publique une menace supérieure à ce que nous avions jusqu'à présent imaginé.

Conclusion

Nos recherches montrent que, même en nous déconnectant des écosystèmes de Google et Facebook, nous restons en permanence reliés à eux. Les liens vers ces plateformes sont rendus indéfectibles par les services que leurs SDK distribués apportent à nos applications mobiles. Nous proposons donc de comprendre la plateformisation à l'aune de cette intégration technique, c'est-à-dire du processus continu de décomposition-recomposition des services SDK qui facilite la monopolisation florissante des plateformes. La mise à jour du système de protection de la vie privée d'Apple constitue une étape pour concevoir un dispositif plus efficace, basé sur le consentement, qui faciliterait la séparation entre les applications et les SDK intégrés. Mais interrogeons-nous sur le prix à payer. Selon C. Fuchs, « dans le système capitaliste, seule la vie privée des riches, des entreprises et des nantis est protégée »[26], et cette notion peut être vue comme un mécanisme productif qui, en définitive, creuse les inégalités. La valorisation boursière d'Apple est actuellement de 2 150 milliards USD, ce qui en fait l'entreprise la plus chère au monde[27]. Pour les utilisateurs d'Apple, le prix à payer pourrait être un niveau de difficulté accru s'ils désirent quitter cet écosystème afin de se protéger contre les acteurs externes tels que Facebook.

En outre, l'analyse met en évidence des objets numériques stratégiques, les autorisations manifestes, qui régissent la circulation de toutes les données entre nos appareils, nos applications et les acteurs tiers. La responsabilité de gérer ce subtil système d'interconnexion incombe i) aux développeurs, censés savoir quelles autorisations demander, ii) à Android, qui supervise ces choix, et iii) aux utilisateurs, qui doivent savoir si elles sont appropriées. Il convient que les actions permises par les autorisations et leurs relations approfondies avec les acteurs tiers soient davantage transparentes et accessibles pour les utilisateurs et les développeurs.

Enfin, au vu de la nette distinction entre le mobile et l'ordinateur de bureau, nous commençons à appréhender les actions des entreprises telles que Google et Facebook pour consolider leur mainmise sur l'économie des données personnelles en puisant dans nos appareils numériques. En août 2019, Google a annoncé que Chrome ne prendrait plus en charge les cookies tiers à partir de 2022, marquant ainsi la fin d'une ère pour ce petit fichier texte. La société teste déjà son nouveau logiciel controversé appelé FLoC (Federated Learning of Cohorts), qui permettra aux annonceurs de retracer encore plus discrètement l'historique de navigation de l'utilisateur en regroupant au sein de « cohortes » les personnes aux centres d'intérêt similaires. Les annonceurs pourront alors accéder au groupe d'appartenance de l'utilisateur, mais pas aux fonctionnalités qui relient ses membres entre eux. Google promet que le semi-anonymat offert par FLoC restera 95 % aussi efficace que les cookies d'après un article de *The Economist* (2021). À bien des égards, Google tente de transposer au sein du navigateur les qualités intrinsèques de l'environnement

---

[26] Fuchs, C., "An Alternative View of Privacy on Facebook", Information, 2, 1, 2011, p. 140-165.

[27] Fox, M., "Apple could be worth $3 trillion next year as it benefits from "unprecedented upgrade cycle" fueled by iPhone 12, Wedbush says", Market Insider, 2021.

mobile sous couvert de créer un « bac à sable de la vie privée », un méca-nisme logiciel d'isolement des données personnelles[28]. Le succès de l'in-frastructure SDK, facilité par l'intégration des autorisations dans nos applications, a été primordial pour accroître l'exploitation mercantile de nos données. Aujourd'hui, les plateformes telles que Google et Facebook se tournent vers la protection de la vie privée comme stratégie de multi-plication des revenus. Il est donc impératif de s'intéresser différemment au processus de datafication, pour mieux comprendre la manière dont ces objets microscopiques intensifient et facilitent l'exploitation des flux de données.

(texte traduit par Bruno Barrière et Olivier Alexandre)

---

[28] Zuboff, S., *The Age of Surveillance Capitalism: the Fight for a Human Future at the New Frontier of Power*, London, Profile Books Ltd, 2019.

Chapitre 7.

Utopies et réalités de la robotique sociale

Martin Chevallier

L'univers des technologies est souvent appréhendé à partir du logiciel et de l'immatériel. Pourtant, il existe tout un pan de l'économie des start-ups et des recherches technologiques qui demeure centré sur la robotique. Thème classique de la science-fiction depuis plus d'un siècle, la « vie avec les robots » a fait l'objet, dès les années 1970, de recherches académiques dans le domaine de l'assistance aux personnes handicapées en France et aux États-Unis, puis aux personnes âgées au début des années 90[1]. Dix ans après le lancement du robot-chien Aibo[2], la perspective d'une banalisation rapide des robots « personnels », « compagnons » ou encore « sociaux » sous-tendait le propos d'un essai de Bruno Bonnell sur la « robolution »[3], le lancement du magazine *Planète Robots*, et dans le champ académique, la parution du premier numéro de l'*International Journal of Social Robotics*. Dès lors, les promesses concernant la robotique sociale n'ont cessé de se multiplier et de gagner en visibilité, dans les médias et dans des essais grand public, rédigés par des roboticiens et informaticiens[4], des philosophes[5], des psychologues et des psychiatres[6].

---

[1] Foulds, R., *Interactive Robotic Aids. One Option for Independent Living: An International Perspective*, World Rehabilitation Fund, New York City (NY), 1986 ; Dario, P. et *al.*, « Robot assistants: Applications and evolution », Robotics and Autonomous Systems, vol. 18, n°1–2, 1996, p. 225–234.

[2] Conçu par Sony et écoulé à 5000 exemplaires en quelques jours à peine au Japon puis aux Etats-Unis.

[3] Bonnell, B., *Viva la robolution*, Paris, JC Lattès, 2010.

[4] Gelin, R.,Guilhem, O., *Le robot est-il l'avenir de l'homme?*, Paris, La Documentation Française, 2016 ; Devillers, L., *Des robots et des hommes*, Paris, Seuil, 2017 ; Ganascia, J.-G., Braly, J.-P., *Le temps des robots est-il venu ?*, Paris, Quae, 2017.

[5] Dumouchel, P., Damiano, L., *Vivre avec les robots*, Paris, Seuil, 2016.

[6] Tisseron, S., *Le jour où mon robot m'aimera*, Paris, Albin Michel 2015 ; Tisseron, S., *Petit traité de cyberpsychologie*, Paris, Le Pommier, 2018 ; Tisseron, S., Tordo, F., *L'enfant, les robots, les écrans*, Paris, Dunod, 2017.

De fait, la robotique y est présentée comme une solution pour pallier une diminution, voire une pénurie, présente ou à venir, de soignants humains, dans un contexte d'accélération du vieillissement ; le Japon, confronté à un déclin démographique, est pris en exemple pour avoir fortement investi et communiqué autour du développement de la « nouvelle génération de robots » depuis plus de vingt ans[7]. En se voyant confier l'exécution de tâches répétitives, pénibles voire dégradantes, les robots viendraient prioritairement en aide aux personnes dépendantes (personnes âgées, enfants autistes ou polyhandicapés, etc.). Cette assistance serait aussi bien directe, en favorisant le maintien à domicile de personnes en situation de perte d'autonomie, qu'indirecte, en venant en appui au personnel soignant dans les établissements de santé ou médico-sociaux. Les entrepreneurs du secteur annoncent, à plus long terme, l'arrivée d'un robot dans chaque foyer[8] ou encore de leur banalisation dans l'espace public[9], via des assistants multitâches humanoïdes ou des modules spécialisés non-anthropomorphiques. L'horizon qu'ils partagent est celui d'une révolution technologique aussi déterminante que le développement de l'automobile ou de la micro-informatique, s'appuyant sur les progrès récents en *machine learning* et la baisse du coût de production, grâce à des composants de moins en moins chers et de futures économies d'échelle. Au terme de cette « robolution », l'utopie d'un monde peuplé de robots bienveillants deviendrait réalité. Ces derniers seraient alors aussi indispensables dans la vie quotidienne que l'ordinateur ou le smartphone.

L'enthousiasme domine ces discours d'accompagnement, à rebours de la panique morale liée aux menaces que feraient peser l'intelligence artificielle et l'automatisation, notamment sur l'emploi[10]. Toutefois, dans

---

[7] Wagner, C., « "Silver Robots" and "Robotic Nurses"? : Japanese Robot culture and elderly care », in Schad-Seifert, A. (dir.), *Demographic change in Japan and the EU: comparative perspectives*, Düsseldorf, Düsseldorf University Press, 2010, p. 131–154.

[8] Cette position a été défendue par la plupart des start-uper (notamment Bruno Maisonnier, PDG d'Aldebaran Robotics, Rodolphe Hasselvander, patron de Blue Frog Robotics, ou encore Fabien Raimbault de Cybedroid), mais également par Laurence Devillers (*ibid.*), et dix ans avant elle, par Bill Gates lui-même (Gates, B., « A Robot in Every Home », Scientific American, janvier 2007, p. 58–65).

[9] Jérôme Monceaux, à la tête de la start-up Spoon, affirmait en entretien être partisan d'une robotique « collectiviste », cad de robots « achetés par une collectivité » et installés, par exemple, « pour un immeuble ou pour une rue » (entretien du 11 mars 2021).

[10] Frey, C. B., Osborne, M. A. « The future of employment: How susceptible are jobs to computerisation? », Technological Forecasting and Social Change, 114, 2017,

un contexte d'accumulation d'expérimentations de « robots sociaux d'assistance » (SAR, *socially assistive robots*) depuis une quinzaine d'années, l'hypothèse d'une « robolution » a largement orienté un débat éthique particulièrement inquiet des risques psycho-sociaux liés à la présence de robots auprès d'usagers vulnérables. Le renforcement de l'isolement, la crainte d'un remplacement du personnel humain et, partant, d'une « déshumanisation » de la relation de soin, ou encore le risque de duper des personnes souffrant de troubles cognitifs avancés ont ainsi été largement mis en avant[11], relayés aussi bien dans les médias que dans un récent rapport de la Commission des affaires juridiques du Parlement européen[12]. Des fondateurs de start-ups se sont défendus de vouloir remplacer les humains et de leurrer les usagers. Les robots sociaux seraient pour eux une manière innovante de créer ou recréer du lien social, entre résidents d'un même lieu, comme support d'activités collectives ou sujet de discussion, entre les usagers du robot et leurs aidants, familiaux comme professionnels.

À partir de ce contexte, ce chapitre propose d'examiner les promesses sociotechniques de la robotique sociale et ses limites dans la « réhumanisation » du monde social à travers deux études de cas de robots gériatriques, Medi'Pep et Paro, tirées d'un terrain ethnographique réalisé entre novembre 2019 et mars 2020 dans un EHPAD francilien. Il s'inscrit, pour commencer, dans une sociologie des promesses technologiques portées par les start-ups[13], au sein d'un « écosystème » d'acteurs organisé en réseau[14].

p. 254–280 ; OCDE, *Perspectives de l'emploi de l'OCDE 2019: L'avenir du travail*, Paris, 5 septembre 2019.

[11] Sparrow, R., Sparrow, L., « In the hands of machines? The future of aged care », Minds and Machines, vol. 16, n°2, 2006, p. 141–161; Turkle, S., *Alone together*, New York City (NY), Basic Books, 2011; Sharkey, A., Sharkey, N., « We need to talk about deception in social robotics! », Ethics and Information Technology, 23, 2020, p. 309–316.

[12] Delvaux, M., « Rapport contenant des recommandations à la Commission concernant des règles de droit civil sur la robotique », 2017.

[13] Chateauraynaud, F., « Regard analytique sur l'activité visionnaire » in Bourg, D. et al. (dir.), *Du risque à la menace. Penser la catastrophe*, Paris, Presses Universitaires de France, 2013, p. 287–309.

[14] Voir par exemple Hedgecoe, A., et Martin, P., « The Drugs Don't Work: Expectations and the Shaping of Pharmacogenetics », Social Studies of Science, vol. 33, n°3, 2003, p. 327–364; Loëve, S., « La Loi de Moore : enquête critique sur l'économie d'une promesse » in Audétat, A., (dir.), *Sciences et technologies émergentes : pourquoi tant de promesses ?*, Paris, Hermann, 2015, p. 91–113 ; Jacq, A., « Transgène

Medi'Pep et Paro, comme on le verra dans un premier temps, offrent un contraste assez saisissant entre deux approches de transformation des pratiques de soin déjà là : tandis que le premier était promu comme un dispositif totalement autonome qui modifierait en profondeur le travail de collecte et la circulation des informations relatives à l'état de santé des soignants, le second devait compléter en douceur un éventail de thérapies « non-médicamenteuses » offrant les mêmes bénéfices que la thérapie animale. Selon l'un de ses concepteurs, Medi'Pep incarnait une première vague d'automatisation du secteur médico-social au profit de la dignité des résidents, sur fond d'une mythologie de la « disruption » ; *a contrario*, Paro s'inscrivait selon son inventeur dans une longue tradition artisanale et nécessitait *a minima* la présence d'un soignant auprès du résident qui l'utilisait, selon le démonstrateur mandaté par Inno3med, pour bien faire « travailler » le robot.

Ces promesses seront ensuite examinées, dans le cas de Medi'Pep, à travers la réception d'une vidéo de présentation du robot par les équipes

et la thérapie génique », Socio, 12, 2019, p. 115–131. En ce sens, l'« imaginaire socio-technique » (Jasanoff, S., Kim, S.-H., « Containing the Atom: Sociotechnical Imaginaries and Nuclear Power in the United States and South Korea », Minerva, vol. 47, n°2, 2009, p. 119–146) de la robotique sociale n'est pas un simple arrière-plan de la « communication promettante » (cf. Quet, M., « La critique des techno-logies émergentes face à la communication promettante. Contestations autour des nanotechnologies », Réseaux, 173–174, 2012, p. 271–302), car il est constamment retravaillé et réinterprété pour asseoir la légitimité de chaque projet d'implantation d'un robot. Cet article tire également profit d'une série d'ethnographies récentes en contexte médical ou médico-social, particulièrement attentives aux conditions socio-matérielles des expérimentations de robots sociaux d'assistance : Chang, W.-L., Šabanović, S., « Interaction Expands Function: Social Shaping of the Therapeutic Robot PARO in a Nursing Home », 10th ACM/IEEE International Conference on Human-Robot Interaction, 2015, p. 343–350 ; Leeson C., *Anthro-pomorphic Robots on the Move. A Transformative Trajectory from Japan to Danish Healthcare*, Copenhague, University of Copenhagen, 2017 ; Wright, J., *Technowel-fare in Japan : personal care robots and temporalities of care*, Hong Kong, University of Hong Kong, 2018 ; Blond, L., *Dances with robots*, Aarhus, Aarhus University, 2019; Jeon, C. et *al.*, « Talking over the robot: A field study of strained collabora-tion in a dementia-prevention robot class », Interaction Studies, vol. 21, n°1, 2020, p. 85–110. En confrontant les discours promotionnels à la réalité des usages, ces travaux ont rendu compte des multiples opérations de maintenance, de facilitation (Pitsch, K., « Répondre aux questions du robot », Réseaux, 220–221, 2020, p. 113–150) et de supervision prises en charge par les tiers humains (soignants, aidants familiaux, etc.), en amont et au cœur même des interactions entre humain(s) et robot, pour pallier « les limitations fonctionnelles et la maladresse sociale » de ce dernier (Jeon et *al.*, *ibid.*).

soignantes des services potentiellement concernés par son implémenta-
tion. Loin d'adhérer à la promesse de simplification de leur travail par
un outil qu'ils pourraient « oublier », les soignants mirent en avant l'ina-
déquation profonde entre les possibilités du robot et les besoins et capacités des résidents, l'assistance humaine du robot étant par ailleurs une
condition *sine qua none* de son fonctionnement. Ces raisons expliquent
en partie l'abandon du projet après la démonstration du robot en janvier
2020. Quant à Paro, testé durant deux semaines en février-mars 2020,
et censé offrir, selon Inno3med, « la meilleure approche thérapeutique
possible » grâce à son algorithme et une multitude de capteurs[15], son
utilisation reposait sur un intense travail d'accompagnement tactile et
verbal, pour éveiller ou maintenir l'attention des résidents. Précisons
pour finir que l'EHPAD, sa directrice, les deux créateurs de Medi'Pep, le
démonstrateur de Paro, les soignants et les résidents qui l'ont utilisé sont
anonymisés.

Medi'Pep, « premier robot assistant du personnel médical »

La promesse d'une « solution métier » pour remédier à la pénibilité du travail humain

Commercialisé à partir du début de l'année 2018, Medi'Pep désigne
une application conçue par la start-ups versaillaise DigitX pour le robot
Pepper, lui permettant de délivrer des consultations santé[16] et d'enregistrer des déclarations d'urgence, par exemple au sujet d'une agression
ou d'un malaise, de la part d'un résident. Les informations (réponses
aux questions du robot, mesures de trois constantes vitales) sont ensuite
enregistrées dans un fichier consultable sur tablette, et instantanément
envoyées à une infirmière. À charge, pour celle-ci, d'aller voir ou non le
résident pour approfondir les résultats de la consultation santé, selon le
degré d'urgence de la situation et sa disponibilité.

---

[15] Selon une brochure distribuée par Inno3med sur un salon professionnel en 2019.
[16] Celle-ci consiste en une série de questions visant à détecter une situation anormale
(déshydratation, constipation, douleur) et en une prise de trois constantes vitales
(nous y revenons plus loin).

Pour se démarquer de leurs concurrents, les créateurs de l'application mettaient en avant l'originalité de leur profil : tous deux revendiquaient un « long parcours de direction dans les secteurs industriel et médico-social », en EHPAD, ESAT ou encore en foyers. L'un (X) prenait encore, à l'occasion, la direction intérimaire de tels établissements, tandis que le second (Y) s'était également présenté, carte de visite à l'appui, comme directeur d'un cabinet de recrutement de cadres des secteurs médico-social, sanitaire et social lors de la démonstration du robot aux représentants de l'EHPAD Les Peupliers. Pour X, ingénieur de formation, l'invention de Medi'Pep découlait d'un constat simple : un « débord[e-ment] de start-ups dans tous les sens, de robots, d'intelligence artificielle, de réseaux neuronaux, d'IoT, de plateformes, de cloud », assez pour faire « quelque chose tout de suite ». DigitX avait collaboré avec Conserto, une société notamment spécialisée dans la conception d'applications robotiques *B2B*, pour développer l'application à partir d'un strict cahier des charges. Ce tandem avait pour objectif de garantir, avant toute chose, une simplicité d'utilisation pour n'importe quel usager, fondée sur une interaction naturelle et intuitive.

Le bien-fondé de l'application était, selon l'enquêté Y, de répondre aux besoins qu'eux-mêmes avaient éprouvés, quand ils étaient directeurs d'établissement, pour aider les équipes soignantes. Au printemps 2018, cet argument était au cœur d'une campagne dans les médias. L'annonce de Medi'Pep était précédée d'un diagnostic de la situation présentée comme dramatique à laquelle le robot devait répondre : la « crise majeure » d'un secteur soumis à une exigence « de technicité, de règles, de traçabilité » ; l'augmentation de la dépendance et des contraintes budgétaires « impo-sant à tous des changements de pratiques, sans que les acteurs du secteur puissent mobiliser les ressources humaines pour y répondre »[17] ; l'un dans l'autre, une « forte augmentation des compétences organisationnelles des équipes » et une intensification de la charge de travail « au détriment de la dimension relationnelle de l'ensemble des métiers du secteur ». Medi'Pep pouvait constituer la « une solution dans la stratégie nationale de modernisation du système de santé français »[18]. Mais l'essentiel n'était pas là : il devait surtout permettre de « ré-humaniser le secteur sanitaire

---

[17] X, « Réhumaniser le secteur sanitaire et médico-social », Le Quotidien du Médecin, 9 juillet 2018.

[18] Marié, F., « Un robot intelligent au service des seniors dépendants », France Info, 6 mai 2018.

et médico-social », en « commen[çant] à le libérer des tâches répétitives, techniques ou déshumanisantes, tout en redonnant de l'autonomie aux personnes dont [les soignants] ont la responsabilité »[19].

Pour illustrer ce projet de « ré-humanisation » par la robotique, les deux associés multipliaient, lors des démonstrations, les exemples de situations où le robot pourrait répondre aux besoins du personnel. Il y aurait « toujours quelque chose qui fonctionne à tout moment », typiquement « à trois heures du matin » lorsqu'une personne ferait une crise d'angoisse, nécessiterait une consultation médicale en urgence, ou déclencherait en vain son appel malade. Lors de la démonstration de janvier 2020, l'un d'entre eux présentait la « frilosité sur la technologie » du personnel comme une saine réaction. S'identifiant alors directement aux utilisateurs futurs du robot et à leur amour pour un « vrai métier » en péril, l'enquêté X aspirait à ce que le robot soit « véritablement au service des équipes », qu'au lieu de leur rajouter inutilement du travail, il soit « une solution qu'on p[uisse] oublier ». Le robot fonctionnerait en parfaite autonomie, aussi bien pour accueillir les résidents et mener la consultation santé, que pour transmettre les résultats à l'infirmière référente du service concerné[20]. En outre, le robot serait le garant d'une traçabilité renforcée des données : le robot n'oublierait pas de poser une question comme « Avez-vous mal aux dents ? » ou « Êtes-vous allé à la selle », contrairement au personnel soignant, après un « changement de service » ou du fait d'un défaut de transmission entre équipes. L'arrivée du robot, là encore, permettrait aux salariés de « rentrer dans un confort de travail » tout en « protége[ant] les personnes accueillies ».

En entretien, X approfondit ce script d'un robot autonome et complémentaire du travail des soignants humains, en l'interprétant différemment : il serait la première étape d'un processus d'automatisation intégrale du travail, en raison des progrès rapides de l'intelligence artificielle. Il était, selon ses termes, « complètement utopique » de recruter plus d'humains, pour des raisons budgétaires et parce qu' « on ne v[oulait] plus faire ces métiers, [...] hyper fatigants, hyper stressants, [...] pas très bien payé[s] ». Selon lui, il ne fallait cependant pas voir dans l'« infantilisation » des résidents par le personnel l'effet d'une simple crise des vocations ou d'un manque de formation, mais le signe d'une « nature

---

humaine » faillible, à laquelle n'échappait qu'une très faible minorité de soignants. Plutôt qu'une solution « faute de mieux » aux problèmes du secteur médico-social, notamment celui du sous-effectif chronique, Medi'Pep symbolisait selon l'enquêté l'« évidence » d'un « remplacement par les machines », à plus ou moins long terme, du personnel humain.

Selon X[21], le succès et la diffusion massive de robots tels que Medi'Pep, qu'il comparait de façon récurrente à celui de l'iPhone, était inévitable à court ou moyen terme grâce au développement de l'informatique quantique, des réseaux neuronaux et à l'énorme capacité d'investissement des géants du numérique (à commencer par Amazon et Apple), qui finiraient tôt ou tard par cibler le marché de l'assistance robotique aux personnes âgées. S'agissant de Medi'Pep, les obstacles techniques actuels, notamment mécaniques, seraient rapidement « balayés », et sa version actuelle n'offrait qu'un très petit aperçu de ce qu'une puissance de calcul incomparablement plus élevée lui permettrait d'accomplir : à un moment donné, Pepper pourrait ainsi avoir « la connaissance de l'humanité » toute entière, avoir « dix milliards de conversations en même temps, […] en faire l'analyse, et [en] sortir quelque chose ».

Par bien des aspects, l'enquêté peut être qualifié de « marginal sécant »[22], positionné à l'intersection de deux mondes sociaux, le milieu de la tech (formation d'ingénieur et début de carrière aux États-Unis, co-fondation de la start-up fin 2017) et le secteur médico-social (d'abord en tant que bénévole, puis comme cadre). À partir de ce double positionnement, son diagnostic de la situation actuelle portait aussi bien sur les failles du premier (des concurrents soutenus par des fonds publics, dont les robots ne respectaient pas « la base du code de la communication humaine »[23]) que celles du second (poids des tâches administratives, méconnaissance et incompréhension des évolutions technologiques en cours, difficultés à former le personnel, traçabilité approximative des transmissions humaines). Medi'Pep était de son point de vue à promouvoir comme une double alternative, à des robots qui ne « marchent pas » et à la fuite en avant d'un secteur médico-social, où l'on « oppose toujours la technologie à l'humain ». Bien que jouissant d'un statut social

---

[21]   L'ensemble des propos évoqués ou cités dans ce paragraphe et le suivant proviennent de l'entretien du 7 septembre 2019.

[22]   Crozier, M., Friedberg, E., *L'acteur et le système*, Paris, Seuil, 1977.

[23]   Cette citation, de même que les suivantes dans ce paragraphe, est tirée de l'entretien du 7 septembre 2019.

élevé dans chacun des deux univers, l'enquêté *X* se perçoit néanmoins comme un acteur économique relativement marginal : il a créé sa société en étant au chômage, et le développement de l'application a coûté « mille fois moins » que ce qu'un géant de la tech aurait pu investir pour ce genre de projet.

Ce multipositionnement est également synonyme de multivocalité : l'enquêté *X* fait figure d'« entrepreneur-frontière »[24], jouant et jonglant entre des identités multiples en fonction des interlocuteurs afin de « relier des univers sociaux hétérogènes, sans prétendre modifier les logiques régulant chacun de ces univers, ni les identités des acteurs qui les composent »[25]. Au début de la démonstration du robot en janvier 2020, l'enquêté *X* et l'enquêté *Y* avaient ainsi présenté leur société comme l'intermédiaire entre les « gens de la technologie » et les « établissements ». Leur rôle, d'après l'enquêté *Y*, était de « repérer ce qui se fait », pas de « produire eux-mêmes des robots » ; en amont, ils avaient donc fait développer Medi'Pep par leur partenaire industriel à partir d'un cahier des charges précis, et négociaient des partenariats avec des fournisseurs d'objets connectés ou de services de télé-médecine pour la version suivante de l'application ; en aval, outre leur activité de démonstration, ils pouvaient accompagner les clients potentiels à remplir un dossier de financement par l'ARS.

Le scepticisme d'un personnel résigné à « faire avec »

Pour faire adopter Medi'Pep, ses concepteurs établissaient en effet l'Agence Régionale de Santé comme un point de passage obligé pour obtenir les fonds nécessaires à un investissement qui représentait plusieurs dizaines de milliers d'euros. Un an et demi après l'obtention d'une subvention couvrant l'intégralité du prix d'achat du robot, l'achat n'avait toujours pas eu lieu. La « géographie des responsabilités »[26] décrite par le script de Medi'Pep avait d'abord été négociée à la marge par la direction, qui avait conditionné le lancement du projet à un bon

---

[24]　Bergeron, H., Castel, P., Nouguez, É., « Éléments pour une sociologie de l'entrepreneur-frontière, Revue française de sociologie », vol. 54, n°2, 2013, p. 263–302.

[25]　*Ibid.*, p. 272.

[26]　Akrich, M., « The De-scription of Technical Objects » in Bijker, W. et Law, J. (dir.), *Shaping Technology/Building Society. Studies in Sociotechnical Change*, Cambridge (MA), MIT Press, 1992, p. 207.

« accompagnement » (humain), de crainte que le robot « ne tombe dans l'oubli, dans les services ». Dans un second temps, la « dé-inscription »[27], soit le rejet du script de l'application, s'est fortement accentuée car l'adéquation même du robot à son public était remise en cause[28].

Lors de la prise de constantes vitales (température, pouls et oxymétrie), le résident devait manipuler lui-même les instruments de mesure en suivant les indications verbales du robot ; d'autre part, le robot ne pouvait se déplacer lui-même, son utilisateur devait aller jusqu'à lui. Or, une très faible minorité de résidents pouvait se déplacer sans difficulté (sans canne, déambulateur ou fauteuil-roulant), et la plupart de ceux qui s'aidaient d'un déambulateur le faisait uniquement sur de courtes distances, tandis que la majorité des personnes en fauteuil dépendaient d'un soignant pour les conduire jusqu'à la salle à manger, et *a fortiori*, au Forum pour les animations. D'après la mesure de leur autonomie par la grille GIR^1, la part de résidents exempts de troubles cognitifs et de problèmes de déplacement était extrêmement faible : sur 238 résidents, 6 seulement obtenaient le score maximal (sur une échelle de 1 à 6), 5 le score inférieur, contre 170 pour un score de 1 ou 2, au mieux synonyme de troubles cognitifs et moteurs très avancés, au pire d'alitement complet[29].

Invitées à livrer leur avis et leurs impressions concernant l'application Medi'Pep à partir d'une vidéo représentant une consultation santé typique avec Medi'Pep, la plupart des soignantes[30] remirent en question l'utilité de Medi'Pep dans un établissement comme Les Peupliers, dont les pensionnaires étaient pour la plupart grabataires. L'incapacité du

---

[27] M. Akrich et B. Latour, « A summary of a convenient vocabulary for the semiotics of human and non-human assemblies » in Bijker, W., Law, J.,. *Shaping Technology/ Building Society Studies in Sociotecnical Change*, Cambridge (MA), The MIT Press, 1992, p. 259–264.

[28] X considérait pourtant que : « Les Peupliers, c'est vraiment [...] l'établissement typique qui est bien pour nous, il est assez moderne et ils ont quasiment, je crois qu'ils ont 200 résidents, quelque chose comme ça. Donc c'est bien, en fait c'est-à-dire qu'ils ont assez de personnes pour utiliser Medi'Pep », contrairement à des établissements de « 70, 60 résidents » (entretien du 7 septembre 2019).

[29] Le « GIR », qui mesure le degré d'autonomie des personnes âgées effectuée selon le modèle AGGIR (Autonomie Gérontologique et Groupes Iso-Ressources), agrège les résultats obtenus dans huit activités corporelles et/ou mentales de la vie quotidienne : cohérence, orientation, toilette, habillage, alimentation, élimination, transferts, déplacements intérieurs.

[30] Sans exception, tous les agents présents – en majorité des ASH (agents des services hospitaliers) et des AS (aides-soignants), quelques infirmières, une élève infirmière et une cadre de santé – étaient des femmes.

robot à se déplacer suscita l'incompréhension du personnel, qui déplora également les « limites » de l'application : les questions posées par le robot étaient peu nombreuses et peu adaptées à certains profils, le robot ne pouvait reprendre une mesure après un résultat manifestement incohérent, beaucoup de résidents seraient incapables de prendre eux-mêmes leurs constantes, etc. En somme, ce que Medi'Pep ferait, elles le faisaient « déjà », et aucune d'entre elles ne considérait qu'il ferait mieux. Ce scepticisme n'était cependant pas l'incarnation d'un « refus », ou d'une « résistance » qu'une partie de la littérature[31] considère comme la réaction spontanée d'un public occidental vis-à-vis des robots, aux antipodes du « techno-animisme » qui façonnerait la perception du public japonais[32]. Pour preuve, beaucoup de soignants, de même d'ailleurs que plusieurs cadres de santé, estimaient que Medi'Pep serait plus adapté à un établissement de type résidence senior, et à un service d'urgences, en salle d'attente[4]. En outre, la critique de l'application n'était qu'à titre exceptionnel une critique portée à la robotique dans son ensemble ; à plusieurs reprises, des soignantes affirmèrent qu'un robot qui « ferait la conversation », ou qui divertirait les résidents de passage au Forum, serait, lui, plus approprié aux besoins d'un public en manque criant de contact social.

> Moi : [Selon monsieur X] y a rien à changer que, en fait ce qu'il pourrait rajouter, ce sont des couches supplémentaires de télémédecine où là, il poserait plus de questions, plus ciblées, les douleurs dentaires par exemple… mais pas sur bon, « Racontez-moi votre vie, je vous écoute. ». –
> Soignante 1 : Oui c'est ça. –
> Soignante 2 : Pourtant c'est ce qui aurait été le plus nécessaire. – Soignante 1 : Ouais, c'est vrai. –
> Soignante 3 : C'est ce que… je pense que ça aurait été bien, ça. D'avoir un robot qui enregistre et qui puisse répondre aux gens, et… faire la conversation. (1er étage du bâtiment Le Nôtre)

De l'avis de tous ou presque, un robot n'était cependant pas la priorité. L'achat d'un dispositif aussi coûteux[5] n'allait pas de soi dans un contexte où, selon les termes d'une soignante au 3ème étage de Le Nôtre, « il manqu[ait]

---

[31] Notamment Tisseron, op.cit., Devillers, op.cit., et Dumouchel et Damiano, op.cit.

[32] Pour une analyse critique de cette vision « techno-animiste », voir Gygi, F., « Robot Companions: The Animation of Technology and the Technology of Animation in Japan », in Harvey, G., Astor-Aguilera, M., *Rethinking Relations and Animism: Personhood and Materiality*, London, Routledge, p. 94–111, et Hayes, C. J., « Utopia or Uprising? Conflicting Discourses of Japanese Robotics in the British Press », *Mutual Images Journal*, 6, 2019, p. 135–167.

tellement de choses », et où, plus spécifiquement, la disponibilité et la qualité du matériel se dégradaient progressivement. Ses collègues avaient ainsi fait allusion, pêle-mêle, aux changements dans le « labo pour [leur] mettre du matériel moins performant », à la disparition des alèses, à des matelas à air « pourris », ou encore à du matériel « utile » pour soulager les problèmes de dos liés aux transferts. Interrogée en entretien[6] sur ce qui, d'après elle, pourrait améliorer leur travail au quotidien, l'une des infirmières de Le Nôtre pointait du doigt l'insuffisance de l'effectif humain, déplorait l'absence d'un « chariot d'urgence » facilement accessible (le seul disponible se trouvant dans l'autre bâtiment) et évoquait la « réquisition » des ventilateurs des postes de soins pour équiper les chambres des résidents lors de la précédente canicule. Elle s'était particulièrement attardée sur le manque de « matériel digne de ce nom […] pour un gain de temps et pour un diagnostic rapide », illustrant son propos par le cas de tensiomètres défectueux.

Paradoxalement, cet accueil très mitigé déstabilisait radicalement les promesses associées au robot et le « script » d'un robot qu'ils pourraient « oublier », tout en avalisant le projet. De l'avis de beaucoup, il leur était « imposé », et, à leurs yeux, ce type de décision d'acheter un robot sans les « consulter » au préalable, n'était pas une première. Deux soignantes de l'équipe de nuit faisaient notamment le parallèle avec la disparition des télévisions dans les salles à manger des maisonnées, à la suite de quoi la vie sociale dans cet espace commun avait nettement décliné (en dehors des repas)[33]. À différentes reprises, la démarche d'achat du robot avait été comparée à celle des verres connectés dont la direction avait décidé (sans prévenir) d'équiper le deuxième étage de Le Nôtre et dont l'utilité faisait débat au sein du personnel[34]. Compte-tenu du très petit nombre de résidents capables de se déplacer jusqu'au robot par leurs propres moyens, il ne faisait aucun doute, pour plusieurs soignantes, qu'on leur demanderait à tout le moins qu'elles les amènent. Puisque le robot allait être installé sous peu et que la direction en attendait plusieurs bénéfices, il allait falloir collaborer :

---

[33] Discussion avec les deux soignantes de l'équipe de nuit du bâtiment Le Nôtre dans la nuit du 23 au 24 novembre 2019, d'après mon journal de terrain.

[34] Ces « verres connectés » mesurent automatiquement la quantité d'eau absorbée par les résidents pour prévenir les risques de déshydratation.

Soignante 1 : De toute façon on nous oblige…

Soignante 2 : Ça c'est sûr.

Soignante 1 : Ah ça…on est obligées de subir hein ? […] C'est ça il faut dire les choses, on va subir, c'est tout.

Soignante 3 : [Bah, elle verra bien] qu'il va être très peu utilisé, elle verra bien…

Soignante 1 : Parce que là on nous a obligé le robot… et beh on va subir hein.

Soignante 4 : Mais non, ils vous nous appeler ! Ils vont appeler l'étage ! Pour ramener les résidents.

Soignante 2 : Ils vont appeler hein !

Soignante 4 : Ils vont appeler, comme l'animation[35]

(4ème étage du bâtiment Le Nôtre)

Selon les soignantes interrogées, leur « accompagnement » (pour emmener les résidents jusqu'au robot, les aider à manipuler les instruments de mesure et à répondre aux questions, puis les ramener chez eux) serait indispensable pour qu'un nombre raisonnable de résidents puisse s'en servir. Ce « travail d'articulation »[36] nécessaire au bon fonctionnement du robot, ne fut cependant pas directement un paramètre décisif dans la décision d'abandon du projet, consécutive à la démonstration *live* de Medi'pep à quatre représentants de l'EHPAD en janvier 2020. Les raisons invoquées par la direction tenaient au trop faible nombre de résidents en capacité d'utiliser le robot, l'impossibilité de le louer, ou encore le fait qu'aucun autre établissement ne s'en était doté, bien qu'il soit sur le marché depuis presque deux ans. Les crédits de l'ARS furent donc réaffectés, entre autres, à l'achat de PARO, un robot qui selon la directrice, avait « fait ses preuves »[37].

---

[35] Avant chaque animation, l'animatrice appelait les soignantes aux quatre coins de l'établissement (via les téléphones situés dans les couloirs des maisonnées) pour leur rappeler de descendre tel ou tel résident à l'animation. Le même rituel, également vécu comme pénible par l'animatrice, se répétait à la fin de l'animation pour remonter les résidents.

[36] Star, S.L., Strauss, A., « Layers of Silence, Arenas of Voice: The Ecology of Visible and Invisible Work », Computer Supported Cooperative Work, vol. 8, n°1, 1999, p. 9–30.

[37] Entretien téléphonique avec Mme Darnaud, 23 janvier 2020.

Faire tourner Paro, un « robot émotionnel interactif »

La conception et la présentation de Paro comme substitut à la médiation animale

L'inventeur de PARO, Takanori Shibata, a commencé à le développer au _National Institute of Advanced Industrial Science and Technology_ (AIST) en 1993, au Japon, poursuivi ses travaux au MIT entre 1995 et 1998[38], puis à l'AIST de nouveau. Shibata l'aurait conçu avec dans une double intention : en faire un « robot personnel » qui pourrait remplacer un animal de compagnie à domicile ; et un outil de thérapie animale qui ne présenterait pas les inconvénients d'un animal de chair et en os[39]. Le robot a pour la première fois été commercialisé en 2004 au Japon, avant d'entrer sur le marché européen, via le Danemark, à partir de la fin des années 2000. Le _Danish Technological Institute_, qui importe le robot dans le Vieux Continent, a depuis accrédité un ensemble de distributeurs, dont fait partie Inno3med, depuis 2013, pour la France, la Suisse, l'Andorre et Monaco.

Selon la professeure en informatique Selma Šabanović, Paro est emblématique d'une « culture robotique en train de se faire »[40], associant la production et la consommation du robot à un artisanat et des valeurs traditionnels japonais, que le robot, tout à la fois, perpétue et renouvelle ; un imaginaire radicalement différent de celui d'une « disruption » par les géants de la Silicon Valley, dans lequel s'inscrivait X. Assemblé à Nanto, une petite ville réputée pour son artisanat de la soie (Paro est d'ailleurs exposé au musée local de la soie), sur une chaîne de production automatisée, chaque exemplaire est rendu unique par la pose manuelle de sa fourrure, et les composants du robot (notamment, des circuits imprimés dont Shibata remarque, en compagnie de la chercheuse, que l'on retrouve les mêmes dans les voitures de luxe) lui assureraient une longévité pouvant aller jusqu'à vingt ans. L'identité artisanale, haut de gamme de Paro justifierait son tarif élevé mais acceptable dans le « modèle culturel de consommation » japonais. En 2012, 60 % des Paro vendus au Japon

---

[38] Wright, J., op.cit., p. 226.

[39] _Ibid._, p. 227

[40] Šabanović, S., « Inventing Japan's "robotics culture": The repeated assembly of science, technology, and culture in social robotics », Social Studies of Science, vol. 44, n°3, 2014, p. 342–367.

l'étaient à des particuliers, tandis que ses acheteurs sont majoritairement des institutions dans le reste du monde (hôpitaux, maisons de retraite, autres établissements médico-sociaux, etc.)[41].

Malgré la notoriété consécutive au titre de « robot le plus thérapeutique du monde », décerné par le Guinness World Records en 2002, et un fort intérêt médiatique en Europe à partir de 2009–2010, le total des ventes en 2018 approchait seulement les 5 000 exemplaires vendus dans 30 pays[42]. Paro n'en demeure pas moins, et de loin, le plus étudié des robots de soin[43]. Shibata a en effet joué, avec ses collègues, un rôle moteur et pionnier dans l'étude biomédicale des propriétés thérapeutiques du robot depuis plus de vingt ans[44]. Ces propriétés ont été évaluées par des équipes du monde entier via un large éventail de mesures : biochimiques, telles que la détection dans les urines d'hormones liées au stress[45]; biophysiques comme la mesure du pouls ou de l'oxygénation du sang[46], ou encore d'ECG pour évaluer l'amélioration de l'activité neuronale d'un groupe de personnes atteintes de démence[47], et plus en surface, d'échelles de visage (*face scales*) pour évaluer les changements d'humeur[48]. Dans

[41]   *Ibid.*, p. 349.

[42]   Foster, M., « Robots making inroads in Japan's elder care facilities, but costs still high », The Japan Times, 30 mars 2018.

[43]   Kulpa, E. et *al..*, « Approaches to assessing the impact of robotics in geriatric mental health care: a scoping review », International Review of Psychiatry, vol. 33, n°4, 2021, p. 1–11.

[44]   Saito, T. et *al..*, « Relationship between interaction with the mental commit robot and change of stress reaction of the elderly », Proceedings 2003 IEEE International Symposium on Computational Intelligence in Robotics and Automation, vol. 1, 2003, p. 119–124 ; Inoue, K. et *al.*, « Application of The Robotic Seal PARO, A Neurological Biofeedback Medical Device, to Elderly Persons with Dementia at Home: An Analysis From Seven Cases », 14 janvier 2021.

[45]   Saito, T. et *al..*, « Relationship between interaction with the mental commit robot and change of stress reaction of the elderly », Proceedings 2003 IEEE International Symposium on Computational Intelligence in Robotics and Automation, vol. 1, 2003, p. 119–124 ; Wada, K., Shibata, T., « Living With Seal Robots—Its Sociopsychological and Physiological Influences on the Elderly at a Care House », IEEE Transactions on Robotics, vol. 23, n°5, 2007, p. 972–980.

[46]   Petersen, S. et *al.*, « The Utilization of Robotic Pets in Dementia Care », Journal of Alzheimer's disease, vol. 55, n°2, 2017, p. 569–574.

[47]   Wada, K. et *al.*, « Robot therapy for elders affected by dementia », IEEE Engineering in Medicine and Biology Magazine, vol. 27, n°4, 2008, p. 53–60.

[48]   Wada, K. et *al.*, « Effects of Robot-Assisted Activity for Elderly People and Nurses at a Day Service Center », Proceedings of the IEEE, vol. 92, n°11, 2004, p. 1780–1788. ; Mutualité Française et *al.*, « Rapport PARO. L'utilisation du robot Paro dans des EHPAD auprès de résidents atteints de troubles cognitifs », 2018.

le cas (le plus fréquent) d'usagers souffrant d'une maladie neurodégéné-
rative, tout un arsenal de tests psycho-comportementaux a été déployé
pour rendre compte de l'atténuation des symptômes de la démence
au contact de Paro, administrés par un tiers ou plus rarement auto-
administrés. Dans la même veine, l'impact de Paro sur la réduction de la
prise de médicaments, en particulier de psychotropes, à moyen ou long
terme a fait l'objet d'enquêtes spécifiques[49].

Dans l'ensemble, ces études mettent en avant le potentiel de Paro sous
la forme d'une « intervention » ou d'une « thérapie », aux effets commen-
surables avec des approches plus traditionnelles comme la thérapie animale ou des activités de groupe telles que le bingo et les ateliers manuels[50].
Toutefois, le dessein consistant à établir la valeur médicale de Paro a
conduit certains chercheurs à tenter d'exclure, par le design, des facteurs
externes tels que « la présence simultanée d'un soignant (ndlr : « *health
care provider* ») » durant l'« exposition »[51] au robot, de manière à pouvoir
observer des séances « non facilitées ». Quelques années après les États-
Unis, la France a certifié Paro comme dispositif médical, de classe 1,
destiné à améliorer les états de santé suivants : « anxiété, dépression, sentiment de solitude, troubles de l'humeur et/ou de la motivation (apathie),
symptômes tels que déambulation, agressivité ou agitation, conséquences
de certains troubles cognitifs ou de santé mentale »[52].

Le distributeur français du robot, Inno3med, promeut ainsi Paro
comme un robot doté d'une autonomie fonctionnelle, générant lui-
même son impact (thérapeutique). Son site internet met en avant la
sophistication mécanique de l'appareil (« 7 moteurs », « multitude de
capteurs »), et attribue un rôle clé à son « logiciel d'intelligence artificielle
qui adapte […] les mouvements et l'intonation de Paro afin de rentrer

---

[49] Jøranson, N. et *al.*, « Change in quality of life in older people with dementia partici-
      pating in Paro-activity: a cluster-randomized controlled trial », Journal of Advanced
      Nursing, vol. 72, n°12, 2016, p. 3020–3033 ; Petersen et *al.*, *ibid.* ; Mutualité Fran-
      çaise et *al.*, *ibid.*

[50] Robinson, H. et *al.*., « The Psychosocial Effects of a Companion Robot: A Rando-
      mized Controlled Trial », Journal of the American Medical Directors Association,
      Vol. 14, n°9, 2013, p. 661–667.

[51] Demange, M. et *al.*, « Improving well-being in patients with major neurodegenera-
      tive disorders: differential efficacy of brief social robot-based intervention for 3 neu-
      ropsychiatric profiles », Clinical Interventions in Aging, 13, 2018, p. 1303–1311.

[52] https://www.phoque-paro.fr/paro-robot-phoque-dispositif-medical/

en interaction proactive et fournir une réponse adaptée »[53]. Le démonstrateur du robot, accueilli à deux reprises à l'EHPAD Les Peupliers en février 2020, insistait sur la nécessité qu'un soignant soit toujours présent lorsqu'un résident interagissait avec Paro ; les seules prescriptions d'usage qu'il avait fournies de manière détaillée concernaient la présentation du robot en trois étapes et le protocole de désinfection du robot, idéalement entre chaque interaction. Mais ce travail de supervision visait de fait, selon ses termes, à bien faire « travailler » le robot, pour qu'il fasse cesser les cris d'un résident, détourne son attention de soins douloureux ou d'une toilette vécue comme pénible, ou simplement faire « s'ouvrir » des résidents jugés apathiques. Selon lui, les soignants pouvaient donc attendre de Paro qu'il leur fasse « gagner du temps », qu'il leur « facilite [...] la vie » et leur permette de « changer, d'adapter leur relation avec les résidents » (source : 1ère démo).

L'accompagnement tactile et verbal des résidents pour « faire tourner Paro »

Contrairement à Medi'Pep, Paro n'avait donc pas vocation à être « oublié », mais à compléter un éventail d'interventions non-médicamenteuses (y compris la médiation animale, à laquelle il ne se substituait pas, selon le démonstrateur) ; en revanche, l'imaginaire convoquait durant sa promotion était celui d'une fiabilité et d'une disponibilité totales, 24h/24, y compris au beau milieu de la nuit, tout comme l'humanoïde « assistant médical ».

Le test de Paro pendant deux semaines en Unité de Vie Protégée (UVP) révéla cependant que le « travail » du robot était tributaire de multiples interventions des soignants (ASH et AS), irréductibles à la surveillance d'interactions entre les résidents et le robot. L'un des aspects centraux de cet accompagnement consistait à susciter, de la part de personnes indifférentes ou passives, l'acte de caresser le robot. Cela supposait, d'une part, une proximité physique et des signaux paraverbaux suggérant cet acte, mais aussi un « soin tactile »[54] plus direct, tantôt suggestif, tantôt coercitif, ou parfois dans un entre-deux : recherche d'un contact oculaire, regards et sourires approbateurs, raccompagnement

---

[53] https://www.phoque-paro.fr/phoque-paro/

[54] Wright, J., « Tactile care, mechanical Hugs: Japanese caregivers and robotic lifting devices », *Asian Anthropology*, vol. 17, n°1, 2018, p. 24–39.

de la main du résident sur le dos du robot, accompagnement du geste de caresse en effleurant simplement le poignet de la personne, etc. Surmonter l'indifférence et l'apathie des résidents conduisait ainsi fréquemment les soignants à « faire faire », comme cela se produisait souvent au moment des repas[55] ou de la prise de médicaments, mais le guidage tactile devait souvent « faire avec ». Parfois, la clé pour contourner un refus et impliquer le résident dans l'interaction était de reprendre à zéro pour s'adapter prudemment aux préférences des aînés en matière tactile. Lorsque Mme Quesada refusa d'une voix nerveuse que le robot soit posé sur son giron, l'ASH qui manipulait alors le robot, Benoît, reprit le robot dans ses bras, le plaça à plat ventre contre son torse et après s'être accroupi, demanda à la résidente de le caresser. Cette seconde tentative fut couronnée de succès.

En amont ou à la place de l'accompagnement tactile, les soignants mettaient également en œuvre un guidage verbal, tantôt de manière directif (des instructions telles que « Regarde(-le) », « Touche-le », « Caresse-le », ou d'autres injonctions plus spécifiques), par exemple lorsque Benoît demanda à Mme Blanc : « Regarde, touche-lui les nageoires… touche-lui les moustaches », tout en lui montrant comment s'y prendre. La requête suivante fut formulée sur un ton plus suggestif, « Tu peux lui faire un bisou, hein ? ». Pour susciter et entretenir l'intérêt pour le robot chez un usager passif, et plus spécifiquement dans le cas de Mme Blanc, chez quelqu'un qui le regardait d'un air perplexe et se demandait (à haute voix) ce qu'elle pouvait bien faire, les incitations à caresser le robot s'accompagnaient de remarques au sujet de l'apparence de Paro, de son poids, de sa gentillesse, soit pour les faire approuver et répéter la remarque, soit en réponse à leurs réactions, souvent à des fins de réassurance. Ainsi, quand un mouvement de la tête du robot surprit la résidente qui retira sa main et lâcha un « Ah ! » effrayé, Benoît réagit avec calme : « Il mord pas, hein, vous inquiétez pas. », puis la prit à témoin en caressant ses nageoires.

À plusieurs reprises, avec un minimum d'accompagnement tactile et/ou verbal (donner le robot à un résident et lui demander de le regarder), le robot semblait de lui-même éveiller un intérêt et s'attirer des caresses. Ce cas de figure était cependant rare ; qui plus est, la réponse aux affordances

---

[55] Guérin, L., « "Faire manger" et "jouer le jeu de la convivialité" en établissement d'hébergement pour personnes âgées dépendantes (EHPAD). De l'intensification des contraintes de travail pendant le service des repas », SociologieS, 16 juin 2016.

émotionnelles du robot était parfois erratique. Mme Çelik semblait ainsi éprouver du plaisir à le câliner sur ses genoux et l'appelait « [mon] bébé » dans sa langue maternelle, mais à deux reprises, éclata en sanglots sans raison évidente. Non sans ironie, certains résidents appréhendaient les cris du robot comme des troubles du comportement. Mme Quesada, au cours de l'interaction mentionnée plus haut, lui ordonna de garder le silence (« Tais-toi, tais-toi »), tandis que Mme Laffargue, une dame en fauteuil qui articulait avec difficulté, lui demanda : « Veux-tu te taire ? ».

Témoins de la conjonction d'un état confusionnel lié à la démence et du design sous-déterminé (*underdetermined*[56]) d'un robot jamais identifié comme un phoque, et très exceptionnellement comme une machine, les soignants firent à l'occasion preuve d'une grande inventivité pour tirer profit de la suggestibilité des résidents. Jongler avec les attributions ontologiques avait ainsi été la tactique de Sofia et Maria, deux ASH, pour gagner la confiance d'une résidente, en tâtonnant pour étiqueter le robot de la manière la plus attractive possible. En effet, Maria l'avait successivement qualifié de « petit phoque », « bébé phoque », « pas un jouet », « petit robot », « petit nounours », « robot nounours », « phoque ». La résidente persista néanmoins dans son refus d'interagir avec Paro, malgré la ténacité de Maria et les tentatives de sa collègue pour qu'elle accepte de prendre le robot sur elle. En revanche, l'initiative prise par Maria de donner au robot le nom du chien de M. Rey, qui le tenait dans ses bras d'un air perplexe, s'avéra payante, car le résident exprima alors pour la première fois un sourire, déclara au robot « Chicot ! Tu t'appelles Chicot, alors ! », et l'étreignit. Plusieurs équipes de recherche ont évoqué avec enthousiasme la capacité de Paro à convoquer des souvenirs, et en particulier, à permettre une « réminiscence » du soin apporté à de jeunes enfants ou à des animaux de compagnie[57]. Néanmoins, la connexion entre cet être anonyme et décrit initialement comme « lourd » par M. Rey, et son chien (visiblement adoré) n'avait pas été établie par le résident lui-même, mais à partir d'une proposition de la part d'une soignante.

À la différence des promoteurs de Medi'Pep, le démonstrateur conditionnait la capacité du robot à « travailler » à la présence du soignant

---

[56] Chang et Šabanović, *op.cit.*, p. 349.

[57] Moyle, W. et *al.*, « Use of a Robotic Seal as a Therapeutic Tool to Improve Dementia Symptoms: A Cluster-Randomized Controlled Trial », *Journal of the American Medical Directors Association*, vol. 18, n°9, 2017, p. 766–773; Mutualité Française et *al.*, *op.cit.*

et la réalisation préalable d'un certain nombre d'opérations telles que l'allumage, la présentation en trois étapes et la désinfection du robot. Une description fine de la rencontre entre Paro et les résidents de l'UVP donne cependant à voir un travail d'accompagnement d'une toute autre ampleur, aussi bien en amont qu'au cours des interactions, et sa déclinaison au cas par cas.

Conclusion

Parmi les promesses associées à la robotique sociale d'assistance, deux sont plus particulièrement transversales, faisant écho l'une à l'autre : d'un côté, un gain de temps pour le personnel, lui permettant de se consacrer au « lien » ou encore au « contact humain » ; de l'autre, une dignité et une autonomie retrouvées pour les utilisateurs fragiles, dépendants et/ou isolés du robot. La robotique sociale offrirait en effet un moyen idéal d'automatiser en douceur des tâches supposées machiniques par nature, ou de restaurer les conditions d'une stabilité émotionnelle de l'utilisateur fragile, propice à des rapports authentiquement sociaux avec leurs pairs et leurs aidants familiaux ou professionnels. À distance des promesses concernant les potentialités de l'intelligence artificielle, ce chapitre tend à montrer, à partir du cas de deux robots sociaux dédiés à l'assistance, que ni la socialité, ni l'assistance offerte par les robots ne vont de soi. Elles reposent l'une et l'autre sur l'intervention de tiers humains, facilitateurs, voire médiateurs de l'interaction humain-robot. Dans le cas de Medi'Pep, l'application avait été jugée contre-productive, car elle produirait des données superflues et appauvrirait le type d'échange qui se construisait entre le résident et le soignant autour d'une collecte d'informations, et qui consistait surtout, pour le soignant, à assurer une présence brève mais rassurante, à échanger des nouvelles et parler de la pluie et du beau temps. Concernant Paro, les efforts des soignants pour éveiller et maintenir l'intérêt des résidents pour le robot débouchaient le plus souvent sur une interaction centrée sur le robot, ce qu'il était et ce qu'il faisait, sans effet notable, la plupart du temps, sur la sociabilité des résidents entre eux ou vis-à-vis d'autres personnes à proximité, et sans effet durable sur leur état émotionnel.

La « réhumanisation » du monde social promise par la robotique sociale dédiée à l'assistance se heurte ici au constat d'un surcroît de travail : rapprochement physique entre le robot et ses utilisateurs (en manipulant le premier ou en déplaçant les seconds), production ou répétition de consignes, sans compter d'éventuelles opérations d'allumage, de nettoyage, etc. En minorant ou en ignorant ce travail, les promoteurs de la robotique sociale font reposer le succès du robot sur son design *user-friendly* et conservent l'intégrité de la promesse d'autonomie. Alors que la question du « remplacement » de l'humain et des enjeux moraux (relatifs à l'utilisation des robots dans l'éducation, la prise en charge des aînés, la sexualité…) occupent une place centrale dans les débats autour de la robotique sociale[58], la reconfiguration des tâches induite par les robots en contexte de soin amène à souligner l'effet produit de « déplacement » et d'élargissement[59], plus que de remplacement du

---

[58]　Voir par exemple, sur chacun de ces sujets, Smakman, M. et *al.*, « Moral considerations on social robots in education: a multi-stakeholder perspective », Computers & Education, 174, 2021, p. 1–14 ; Sharkey, A., Sharkey, N., « Granny and the robots: ethical issues in robot care for the elderly », Ethics and Information Technology, vol. 14, n°1, p. 27–40. ; Richardson, K., « The asymmetrical 'relationship': Parallels between prostitution and the development of sex robots », ACM SIGCAS Computers and Society, vol. 45, n°3, 2015, p. 290–293.

[59]　À vrai dire, l'intensification du travail humain, redoutée par les soignants concernant Medipep, et constatée lors de l'utilisation de Paro, fournit une explication partielle mais décisive au marasme économique du secteur de la robotique sociale commerciale. Bien qu'il domine largement le marché des robots sociaux d'assistance en gériatrie, Paro ne s'est vendu qu'à 350 exemplaires en France (tous types d'établissement confondus) depuis 2014, malgré une variété de mécanismes de subventionnement public (ARS, conseils départementaux, Gérontopôle d'Île-de-France, etc.) ou privé (fondations d'entreprises, clubs philanthropiques comme le Lions Club ou Rotary Club…) ; bien qu'un plus grand nombre d'unités Pepper (27000, toutes applications confondues) aient été écoulées au niveau mondial, Softbank a annoncé l'arrêt de sa production au printemps 2021, et la suppression de 40 % des effectifs de sa filiale Softbank Robotics Europe. Presque dix ans après une mise à l'agenda public de la robotique comme voie prometteuse de réindustrialisation à l'échelle nationale, la plupart des robots sociaux existants demeurent des prototypes, ou ne sont déployés que quelques semaines ou mois en « conditions réelles », et rares sont les modèles commercialisés qui font l'objet d'un usage routinier dans plusieurs dizaines ou centaines d'établissements. En définitive, l'économie de la robotique sociale demeure essentiellement, au sens strict, une *économie de la promesse*, où la création de valeur marchande s'effectue moins par la commercialisation de robots que par la multiplication de supports d'information à caractère plus ou moins promotionnel (interviews, clips vidéo, reportages), la participation des acteurs du secteur à de grands salons professionnels (Vivatech, Automatica, CES…), et des partenariats ponctuels avec des entreprises publiques ou privées donnant lieu à des « expérimentations pilotes », tests « grandeur nature » et autres « études de faisabilité ».

travail humain, synonyme d'un « recalibrage de la distance entre soignants et bénéficiaires du soin » et d'un risque, à terme, de déqualification d'un travail humain toujours indispensable au bon fonctionnement du robot[60].

---

[60]   Wright, J., « Robots vs migrants? Reconfiguring the future of Japanese institutional eldercare », *Critical Asian Studies*, vol. 51, n°3, 2019, p. 331–354.

Chapitre 8.

Déboussoler le « hacking »

Luis Felipe R. Murillo

La Silicon Valley incarne la domination du modèle des start up, et d'un développement de l'entrepreneuriat et des technologies au service de l'enrichissement et du développement commercial. Elle a pourtant été associée par le passé aux communautés de hackers. L'histoire du hacking permet de rendre compte de chemins infrormatiques s'éloignant du modèle start up, où les pratiques, souvent indisciplinées, prennent le pas sur les logiques de marché ou celle du contrôle cybernétique à grande échelle. Les discours critiques contre les entreprises de la Silicon Valley ne rendent pas tout à fait compte de l'histoire des détournements, de la recherche d'autonomie au sein de communautés expertes qui occupent pourtant une place importante dans la littérature sur le hacking.

Utilisé depuis plus de 60 ans, le terme « hacking » désigne d'ailleurs un ensemble hétérogène de pratiques sociotechniques, oscillant entre deux pôles de moralité, l'un positif, l'autre négatif. Qu'ils représentent une « solution » ou une « menace » en face des monopoles technologiques, les hackers ont joué un rôle ambigu dans de nombreux récits : successivement rebelles, alliés du gouvernement, escrocs, consultants d'entreprise, cybercriminels, technologues innovants, grands architectes, magiciens ou sorciers. En dépit de leur diversité, ces différents visages renvoient presque toujours à des contextes occidentaux[1]. Bien qu'ils soient arrivés tardivement dans ce débat, les anthropologues ont contribué à structurer

---

[1] Cf. Jordan, T., Taylor, P., « A Sociology of Hackers », The Sociological Review, 46, 1998, p. 757–780. Lallement, M., *L'âge du faire. Hacking, travail,* anarchie, Paris, Seuil, 2015. Coleman, E.G., *Hacker, Hoaxer, Whistleblower: the many faces of Anonymous,* London, Verso, 2015. Murillo, L.F.R., Kelty, C., « Hackers and hacking » in Koch, G., *Digitalisation: theories and concepts for empirical cultural research*, London, Routledge, 2017, p. 93–116. Coleman, E. G., Golub, A., « Hacker practice », Anthropological Theory, 8 (3), 2008, p. 255–277.

les études sur le hacking autour de deux axes : l'exploration de la relation entre l'anthropologie et le hacking informatique à partir de thèmes classiques en anthropologie, celui du don, de la personnalité, de la moralité, du rituel et de la magie ; l'organisation collective des hackers, et son sens politique.

Ce chapitre vise à comprendre comment l'approche anthropologique du « hacking » permet d'envisager et concevoir l'entrepreneuriat numérique d'autres façons que celles associées au modèle start up. Dans un premier temps, il présente la manière dont le hacking a été construit comme discours. Dans un second temps, il évoque la façon dont les anthropologues s'en sont saisis à partir de questions emblématiques de leur discipline. Enfin, il propose de renouveler les horizons du hacking, à partir d'enquêtes conduites dans les pays du Sud global.

Le hacking, de l'histoire orale aux sciences sociales

Le hacking fait l'objet de plusieurs types de récits. Une majorité sont issus du journalisme, de l'essayisme et de l'histoire orale produits par les hackers sur les hackers. Ceux-ci décrivent le plus souvent le hacking comme une pratique de contournement des systèmes techniques qui ferait la part belle au plaisir, à la création de communautés, à l'auto-apprentissage et au fait de « craquer » des systèmes de sécurité informatiques. Cette culture a germé sur les campus nord-américains où ils cherchaient à accéder aux équipements informatiques financés par l'armée à des fins d'exploration dans les années 1950 et 1960[2]. Quand ces premiers hackers ont été dépeints en « virtuoses » de l'informatique dans les années 1980, les pratiques de « hacking » consistant à glisser de l'ordinateur au téléphone, via les « *phone phreaks* »[3]. Ces experts du contournement (visant originellement à passer des appels téléphoniques gratuits) se regroupaient en communautés en ligne, par le biais des « *party lines* ». Le *Phone Phreaking*

---

[2]   Cf. Levy, S., *Hackers: heroes of the computer revolution*, New York City (NY), Anchor Press/Doubleday, 1984. Turkle, S., *The second self : computers and human spirit*, New York City (NY), Simon & Schuster, 1985. Ensmenger, N., « Beards, Sandals, and Other Signs of Rugged Individualism: Masculine Culture within the Computing Professions », Osiris, 30, 2015, p. 38–65.

[3]   Cf. Lapsley, P., *Exploding the phone : the untold story of the teenagers and outlaws who hacked Ma Bell*, New York City (NY), Publishers Group West, 2013. Goldstein, E., *The Best of 2600 : a hacker odyssey*, Indianapolis (IN), John Wiley & Sons, 2009.

est devenu central dans les études de l'informatique car il représente l'une des premières articulations entre le hacking, en tant que pratique technique, et les valeurs autonomistes de la contre-culture des années 1960[4]. Dans cette littérature spécialisée, la contre-culture est présentée comme ayant eu des effets techniques et politiques durables : le « hacking » du matériel était célébré en tant qu'appropriation des mini-ordinateurs et critique de l'informatique centralisée et bureaucratique (Nelson 1979 ; Edwards 1996). Les récits populaires des premiers groupes d'amateurs de matériel informatique, tels que le *Homebrew Computer Club* et la *Community Memory* dans la baie de San Francisco, ont acquis un statut de mythe, liant l'expertise à l'excentricité. Dans l'article « The Social Meaning of the Personal Computer », Bryan Pfaffenberger a été le premier anthropologue à s'engager dans ce débat en utilisant une approche processuelle pour examiner les revendications de la « révolution informatique personnelle »[5]. Pfaffenberger s'est opposé à l'interprétation du caractère « révolutionnaire » de l'ordinateur personnel, préférant l' envisager comme un « drame technologique », comprenant trois phases : 1) la *régularisation,* c'est-à-dire la stabilisation de la signification de l'informatique en tant qu'appareil bureaucratique ; 2) l'*ajustement situationnel* avec l'extension des symboles et des significations autour de l'informatique pour s'adapter aux nouveaux usages et aux nouvelles perceptions de la technologie; et 3) la *reconstitution* (ou l'inversion symbolique) dans le but de renverser la culture établie de l'ordinateur centralisé (comme « mainframe »). Les travaux de Pfaffenberger ont également été les premiers à articuler une nouvelle approche anthropologique (via les travaux de Bronislaw Malinowski sur les technologies et ceux de Victor Turner sur le « drame social ») pour l'étude de l'informatique personnelle, aux premiers réseaux numériques (comme Usenet) et au rôle des hackers en tant qu'agents historiques[6].

---

[4] Cf. Turner, F., *From counterculture to cyberculture: Steward Brand, the whole earth network, and the rise of digital utopianism*, Chicago (IL), Chicago Press University, 2008.

[5] Cf. Pfaffenberger, B., « The Social Meaning of the Personal Computer : Or, Why the Personal Computer Revolution Was No Revolution », Anthropological Quarterly, 61, 1988, p. 39–47.

[6] Cf. Pfaffenberger, B., "Social anthropology of technology", Annual Review of Anthropology 21, 1992, p. 491–516. Pfaffenberger, B., *"If I Want It, It's OK*: Usenet and the (Outer) Limits of Free Speech", The Information Society, 12, 1996, p. 365–386.

Alors que l'ordinateur personnel devenait un symbole de l'aspiration de la classe moyenne à une ascension sociale technologique et méritocratique dans les années 1980, la figure du « hacker » s'imposait parmi les adolescents (blancs de classe moyenne) commençant à expérimenter tous les téléphones et réseaux informatiques sur lesquels ils pouvaient mettre la main. Cette période a été marquée par la représentation du hacking dans les médias grand public via l'image du délinquant informatique et des collectifs clandestins cibles de la police secrète[7]. Le personnage du pirate informatique revenait dans nombre de publications : fanzines de pirates clandestins, nouvelles aux allures de thrillers policiers, ou encore études de psychologie comportementale et sociale[8]. Présentées comme des groupes de délinquants « accros » à l'informatique et « antisociaux », les communautés de pirates informatiques ont perduré jusqu'à aujourd'hui, faisant du corps des pirates un objet de punition et de contrôle[9]. En se basant sur cette littérature, Tim Jordan et Paul Taylor[10] ont identifié quatre caractéristiques de cette version *underground* du hacking : 1) une obsession pour la technologie et son exploration ; 2) une abondante utilisation du secret et de l'anonymat (hors groupe), la valorisation (dans le groupe) du partage et de l'accès à l'information ; 3) la fluidité de l'adhésion caractéristique des communautés d'hommes créés en ligne à des fins de hacking ; et 4) la discussion sur les motivations comme moyen de traiter des intérêts personnels et collectifs engagés dans la pratique du « hacking ».

Il faut attendre une autre quinzaine d'années pour voir apparaître les premières publications sur l'importance culturelle et politique du « hacking ». Dans les années 1990 les discours et les pratiques informatiques ont proliféré à l'échelle mondiale (mais partielle) avec la nouveauté de « l'activisme des hackers en informatique[11] ». On retrouve nombre de « hacks » à motivation politique devenus emblématiques de

---

[7]   Cf. Sterling, B., *The hacker crackdown : law and disorder on the electronic frontier*, New York City (NY), Bantam Books, 1992. Slatalla, M., Quittner, J., *Masters of deception : the gang that ruled cyberspace*, New York City (NY), HarperCollins Publishers, 1994.

[8]   Cf. Zimbardo, P. G., « Hacker papers », Psychology Today, 1980, p. 64–69. Turkle, S., 1985, op. Cit.

[9]   Cf. Thomas, D., *Hacker culture*, Minneapolis (MI), University of Minnesota Press, 2002.

[10] Op. cit.

[11] Cf. Coleman, E. G., *Hacker, Hoaxer, Whistleblower: the many faces of Anonymous*, London, Verso, 2015. Menn, J., *Cult of the Dead Cow: How the Original Hacking Supergroup Might Just Save the World*, New York City (NY), Public Affairs, 2019.

l'histoire du domaine[12]. Cette période est marquée par la réorganisation de « l'underground informatique » des années 1980 avec l'explosion de « scènes locales » dans plusieurs pays grâce à la diffusion d'Internet et des ordinateurs personnels. Dans les années 1990, un autre processus inattendu apparait avec la consolidation de l'industrie de la « sécurité de l'information », une nouvelle forme d'entreprise devenue rentable pour les « ex-hackers » et les collectifs de hackers qui ont commencé à collaborer étroitement avec les entreprises et les autorités gouvernementales pour traiter les principaux problèmes de sécurité informatique[13]. Un groupe émerge à cette époque, autour du label « cypherpunk », prennant une place centrale dans un conflit sur le droit aux communications privées avec l'application de technologies cryptographiques. Dans leur analyse de ce sous-groupe, Coleman et Golub[14] affirment que « [les cypherpunks] associent leur vision du hacking informatique à des principes moraux : autonomie individuelle, autosuffisance et contrôle de soi » (p. 260). Du début des années 2000 à aujourd'hui, on accorde aux « cypherpunks » un rôle considéré comme stratégique dans les conflits géopolitiques, tandis que les pirates informatiques acquièrent une notoriété croissante dans la sphère publique en tant que lanceurs d'alerte[15]. Aujourd'hui, les hackers en sont venus à façonner les termes du débat public sur la « protection des données », la vie privée et l'ouverture des codes par le biais d'une « pragmatique du code », c'est-à-dire par le développement collaboratif d'objets techniques qui mettent en œuvre leur technopolitique[16].

Anthropologie du « hacking »

Le hacking a fait son apparition en anthropologie à travers des thèmes classiques de cette discipline, tels que l'organisation politique,

---

[12] Cf. Stoll, C., *"Stalking the wily hacker"*, Commun. ACM, 31, 1988, 484–497. Dreyfus, S., *Underground: Tales of hacking, madness and obsession on the electronic frontier*, London, Mandarin, 1997.

[13] Cf. Auray, N., Kaminsky, D., « Les parcours de professionnalisation des hackers en sécurité informatique : La sociologie d'une identité divisée », Annales Des Télécommunications, 62, 2007, p. 1312–1326.

[14] Op. cit.

[15] Assange, J., Appelbaum, J., Müller-Maguhn, A., Zimmerman, J., *Cypherpunks: freedom and the future of the internet*, New York City (NY), OR Books, 2013.

[16] Kelty, C.M., *Two Bits : the cultural significance of Free Software*, Durham (NC), Duke University Press, 2008.

la moralité, la magie, le rituel, et le don. Mais on recense à l'inverse une pratique, réflexive, des systèmes d'information par les anthropologues. Lors des premiers débats sur la théorie de l'information et la cybernétique (années 1940–1960), des anthropologues comme Gregory Bateson et Margaret Mead étaient à l'avant-garde dans l'élaboration de la théorie des systèmes. Lorsque les ordinateurs sont devenus plus accessibles aux personnes extérieures au cercle des concepteurs de l'informatique » (années 1950–1960), les anthropologues ont commencé à utiliser les ordinateurs centraux et les mini-ordinateurs comme outils d'analyse automatique dans des domaines d'enquête traditionnels, tels que l'algèbre de la parenté et l'analyse des mythes[17]. Alors que les années 1980 ont vu une transformation des perspectives théoriques à travers les traditions nationales, les anthropologues ont commencé à aborder « l'informatique en tant que culture » via l'étude des socialités[18], des représentations, des univers en ligne[19], abordant des sujets tels que l'informatisation des lieux de travail[20] (ou la formation des ingénieurs[21]), scrutant les façons dont le social était construit en tant que problème informatique à part entière[22]. À la fin des années 1990, les « cybercafés » et les plateformes en ligne devenaient de nouveaux espaces sociaux à enquêter. À partir de cette période, l'exploration (relativement limitée mais dynamique) de nos vies sociales en ligne constitue un domaine de recherche à part entière[23].

---

[17] Cf. Hymes, D. H., *"The Use of Computers in Anthropology"* in Dell H Hymes. Mouton, La Hague, 1965. Maranda, P., « Formal analysis and inter-cultural studies », Social Science Information, 6, 1967, p. 7–36.

[18] Star, S. L., *The Cultures of Computing*, Oxford, Blackwell, 1995.

[19] Cf. Downey, G.L., Dumit, J., *Cyborgs & citadels: anthropological interventions in emerging sciences and technologies*, Santa Fé (NM), School of American Research Press distribué par l'University of Washington Press, 1997. Helmreich, S., *Silicon Second Nature : Culturing Artificial Life in a Digital World*, Berkeley, University of California Press, 1998.

[20] Hakken, D., Andrews, B., 1993, *Computing myths, class realities : an ethnography of technology and working people in Sheffield, England*, Boulder (CO), Westview Press.

[21] Downey, G. L., *The machine in me : an anthropologist sits among computer engineers*, New York City (NY), Routledge, 1998.

[22] Cf. Suchman, L. A., *Human-machine reconfigurations: plans and situated actions*, Cambridge, Cambridge University Press, 1987. Forsythe, D. E., *Studying those who study us : an anthropologist in the world of artificial intelligence*, Stanford (CA), Stanford University Press, 2001.

[23] Cf. Horst, H.A., Miller, D., *Digital Anthropology*, New York City (NY), Routledge, Taylor & Francis Group, 2014. Boellstorf, T., Nardi, B. A., Pearce, C., Taylor, T. L.,

Or, les premières publications utilisent le terme de hacking comme une métaphore dotée d'un pouvoir de persuasion. Les communautés de hackers ne sont pas étudiées en tant que telles, mais comme des symboles d'autres pratiques. Dans un article, Diane Nelson[24] introduit au lectorat occidental les « hackers mayas » pour nourrir la théorie de l'organisation en réseaux et du partage d'informations, à partir de leur comparaison avec des collectifs de hackers. Quelques années plus tard, Michael M. J. Fischer[25] publie un bilan complet de la littérature sur le cyberespace dans laquelle il souligne l'importance de la figure du « hacker » pour examiner les nouvelles orientations culturelles de l'époque. Dans ses réflexions sur les transformations des pratiques langagières avec les technologies numériques, il suggère que « si le mode technologique [du hacking] est fondé sur une pragmatique d'ingénierie du partage, de l'application de correctifs et de *kludges* (de l'allemand« intelligent »), des principes contradictoires se retrouvent néanmoins, y compris diverses manières de limiter la liberté d'action, allant de *l'asservissement et des langages de discipline* [comme le BASIC] au marché des règles propriétaires et au blocage concurrentiel de la liberté d'action des adversaires. Cela fournit les bases pour l'élaboration de l'éthique du hacker en faveur des systèmes ouverts »[26].

Parallèlement, un débat se développe autour de l'imaginaire anthropologique du hacking. Un ensemble hétérogène de pratiques est identifié à une « culture du don », y compris par les praticiens eux-mêmes[27]. L'intérêt pour cette démarche est né de la popularisation d'un recueil d'essais d'Eric Raymond autoproclamé « anthropologue natif » du domaine hacker. Dans son livre *The Cathedral and the Baazar*[28], Raymond décrit divers aspects de la socialité des hackers : de la production collaborative

---

Ethnography and Virtual Worlds: A Handbook of Method, Princeton (NY), Princeton University Press, 2012.

[24] Nelson, D. M., « Maya Hackers and the Cyberspatialized Nation-State : Modernity, Ethnostalgia, and a Lizard Queen in Guatemala », Cultural Anthropology, 11, 1996, p. 287–308.

[25] Fischer, M. M. J., *Emergent forms of life and the anthropological voice,* Durham (NC), Duke University Press, 2003.

[26] Op. cit., p. 280.

[27] Dibona, C., Ockman, S., Stone, M., *Open sources : voices from the open source revolution,* Sebastopol (CA), O'Reilly, 1999.

[28] Raymond, E.S., *The cathedral and the bazaar musings on Linux and open source by an accidental revolutionary,* Sebastopol (CA), O'Reilly, 2001.

et de l'échange de ressources aux notions de possession, d'adhésion et d'identité dans le contexte des communautés en ligne. On retrouve dans son interprétation de la communauté des hackers des éléments de psychologie populaire et des préceptes de l'économie néoclassique. Selon l'auteur, c'est le « jeu de réputation » qui motive les hackers à participer à une économie du don. La motivation intrinsèque de la participation implique une « stimulation de l'ego » : ceux qui apportent les plus grosses contributions obtiennent plus de respect et de pouvoir. Il ne faudra pas longtemps aux anthropologues professionnels pour proposer des correctifs à la sociologie spontanée de Raymond.

En 2003, l'anthropologue David Zeitlyn engage le débat. Zeitlyn s'inscrit en faux contre la description faite par Raymond, celle d'une dynamique entre cathédrales et bazars, et propose de renverser la logique. Pour réinterpréter les idées de Raymond à l'aide de concepts anthropologiques, Zeitlyn démontre que, plus qu'un « renforcement de l'ego », l'obligation tripartite du don, *donner-recevoir-rétribuer,* est fondamentale pour comprendre le partage de logiciels. En ce sens, « l'affinité de parenté » est selon lui une meilleure piste d'analyse. Selon Zeitlyn, « chaque projet de logiciel est un groupe de parenté (famille) avec son patriarche ou sa matriarche, le leader reconnu du groupe ou du segment. Il existe des groupements plus importants – des lignages – ainsi qu'un nombre relativement faible de types différents de comptage de la parenté. Si l'on prolonge ce parallèle, un lignage serait un groupe de projets apparentés comme l'éditeur de texte Emacs, tandis que les systèmes d'exploitation sont des homologues de différentes structures de parenté[29] ».

L'anthropologie brésilienne participa activement à cet examen du partage, dans le domaine des logiciels libres et de l'*open source*. En 2002, Francisco Santos Coelho[30] analyse les dimensions non-utilitaires de l'éthique du hacker, sur la base des travaux d'Alain Caillé[31]. D'autres études ont suivi le même chemin. Pour contrer la littérature naissante sur l'économie du libre et de l'open source, considérée comme une énigme

---

[29] Zeitlyn, D., « Gift economies in the development of open source software : anthropological reflections », Research Policy, 32, 2003, p. 1287–1291.

[30] Coelho, F., Santos, F., « Peripécias de Agosto : alguns episódios da " cena hacker " », Fronteiras – estudos midiáticos, 4, 2002, 79–101.

[31] Caillé, A., *Anthropologie du don : le tiers paradigme,* Paris, La Découverte, 2000.

impossible à résoudre pour les économistes de formation néoclassique[32], les anthropologues soulignent que les pratiques des hackers ne peuvent être réduites au paradigme de l'acteur rationnel : la diversité des orientations morales, techniques et politiques donnent à voir des technologies sociales et des patrimoines de ressources électroniques divergeants selon les hackers et pays étudiés. Dans cette veine, Renata Apgaua[33] examine les réseaux étendus de dons via le développement de Linux à l'échelle internationale. J'ai moi-même examiné la formation de la communauté du logiciel libre au Brésil, pour documenter les processus de création de liens communautaires, comprendre les conflits et les tensions entre les projets gouvernementaux, à but lucratif ou non, répondant à des motivations parfois très éloignées[34].

À la même époque, Gabriella Coleman a publié l'une des premières recherches ethnographiques sur le logiciel libre[35], dans laquelle elle établit un parallèle entre la logique de production collective des développeurs de logiciels et les guildes en explorant leur caractère artisanal, leur sensibilité esthétique et leurs orientations morales. Le travail qu'elle développe dans la première décennie des années 2000 établit une ligne de recherche structurante, réinscrivant le logiciel libre dans la tradition du libéralisme. Dans son étude de Debian, une communauté internationale de développeurs de logiciels travaillant sur un mode collaboratif à la production d'un système d'exploitation[36], elle explore la culture et la philosophie morale des hackers, les aspects rituels de leurs rassemblements, en groupe et en face à face, leur agnosticisme politique, leurs plaisanteries distinctives et leurs esthétiques. L'étude des hackers occidentaux lui a

---

[32] Ghosh, R. A., « Cooking pot markets: An economic model for the trade in free goods and services on the Internet », First Monday, *3* (2), 1998. Lerner, J., Tirole, J., « Some simple economics of open source », Journal of Industrial Economics, 50, 2, 2002, p. 197–234.

[33] Apgaua, R., « O Linux e a perspectiva da dádiva », Horizontes Antropológicos, 10, 2004, p. 221–240.

[34] Murillo, L. F. R., « Tecnologia, política e cultura na comunidade brasileira de software livre e de código aberto » in Leal, O. F., Hennemann, R., Souza, V. de (eds), *Do regime de propriedade intelectual: estuados antropológicos*, Porto Alegre, Tomo editorial, 2010, p. 76.

[35] Coleman, E.G., « High-Tech Guilds in the Era of Global Capital », Anthropology of Work Review, 22, 2001, p. 28–32.

[36] Coleman, E.G., *Coding Freedom : ethics and aesthetics of hacking*, New Haven (CO), Princeton University Press, 2013.

notamment permis d'examiner le lien entre le codage de logiciels (libres) et la « liberté d'expression », ouvrant ainsi un vaste champ à des recherches empiriques ultérieures en anthropologie linguistique, politique et économique. Ses travaux influents ont également contribué à faire avancer le projet « d'anthropologie publique », puisque Coleman s'est engagée dans une recherche interdisciplinaire explorant les médias, collaborant étroitement avec des journalistes au cours de la dernière décennie pour son étude du groupe « Anonymous[37] ».

Une autre contribution importante au débat sur l'éthique des collectifs de hackers, via la notion de personne, est venue de la collaboration entre James Leach, Dawn Nafus et Bernhard Krieger[38]. Dans leur examen du développement de logiciels libres, ils identifient une relation entre les orientations éthiques et les pratiques sociales dans les processus de développement de « bons » logiciels. Leur approche du hacking en tant que « forme sociale » offre une fenêtre critique sur le rôle que joue l'imagination chez les hackers. « La façon dont se construisent sur les interactions entre les machines et les personnes », suggèrent les auteurs, « démontre un processus qui n'est ni aléatoire, ni déterminé, mais un résultat de possibilités spécifiques mises à la disposition de l'imagination par l'activité d'engagement dans certaines procédures techniques[39] ». Pour eux, les pratiques techniques fonctionnent comme des « technologies de l'imagination », liées à des conceptions morales. Ce point de départ permet de mieux d'identifier les biais et discriminations de genre. Dawn Nafus[40] a par la suite publié un article mettant en évidence le rôle de cette imagination morale dans le déni des abus de pouvoir au sein des communautés du libre.

Les anthropologues se sont également tournés vers l'étude des relations entre magie, bricolage, expertise et hacking. En 2013, j'ai commencé à explorer les dynamiques politiques impliquant hackers et non-hackers dans un article, « Hacking et magie[41] ». J'y reprenais la question de la

---

[37] Coleman, G. E., *Hacker, Hoaxer, Whistleblower, Spy: The Many Faces of Anonymous*, London, Verso, 2015.

[38] Leach, J., Nafus, D., Krieger, B., « Freedom Imagined : Morality and Aesthetics in Open Source Software Design », Ethnos, 74, 2009, p. 51–71.

[39] Op cit., p. 54.

[40] Nafus, D., « 'Patches don't have gender' : what is not open in open source software », New Media & Society, 14, 2012, p. 669–683.

[41] Murillo, L. F. R., « Hacking et Magie », Revue du MAUSS, n°56, 2020.

« participation » développée par Levy-Bruhl et celle de la « magie » chez Hubert et Mauss, afin d'analyser les dimensions mystique, politique, et affective du hacking. De ce point de vue, la magie sert à rendre visible la frontière entre hackers et non-hackers dans les démonstrations publiques de compétences techniques. La dialectique entre « technologie d'enchantement » et « enchantement de la technologie », mise en évidence pour la première fois par Alfred Gell[42], permet aux hackers d'interagir avec les autorités publiques tout en prétendant subvertir le pouvoir.

En 2004, Christopher Kelty a dirigé le volume *Culture's Open Source : Software, Copyright, and Cultural Critique*, appelant au renouvellement de la théorie et de la méthode en anthropologie du hacking. Kelty y soutenait que les communautés de hackers sont des phénomènes multi-locaux, qui exigent une reconceptualisation spatiale et des ethnographies multi-sites. De plus, comme le montre le cas des hackers de logiciels libres, il serait nécessaire d'envisager le développement informatique comme une forme nouvelle de critique culturelle. Dans sa recherche ethnographique, Kelty cible la formation d'une économie morale particulière qu'il associe au concept de « public récursif[43] ». Selon sa définition, ce qui distingue la sphère publique en ligne créée par les hackers du logiciel libre, ce sont ses propriétés récursives, c'est-à-dire l'engagement des hackers pour l'ouverture et la transformation des moyens techniques qui rendent possible leur regroupement. Leur recherche d'« ouverture » ne serait pas seulement un motif discursif ou un élément organisateur d'un récit moral. Elle serait constitutive des techniques et des technologies créées par les hackers. L'ouverture devient, dans ces conditions, « infrastructurelle » : elle implique des pratiques d'échange à la fois techniques, politiques, économiques et morales.

Kelty s'est inspiré des idées clés de la communauté des hackers pour faire avancer le débat sur les alternatives de « libre accès » pour l'édition universitaire en général[44] (Kelty et al. 2008), ce qui a entraîné une transformation importante du paysage disciplinaire avec la création

---

[42] Gell, A, « The Technology of Enchantment and the Enchantment of Technology » in Coote, J., Sheldon, A. (eds), *Anthropology, Art and Aesthetic*, Oxford, Clarendon Press, 1992, p. 40–63.

[43] Kelty, C. M., *Two Bits*, op. cit.

[44] Kelty, C. M., Fischer, M. M. J., Golub, A. "Rex", Jackson, J.B., Christen, K., Brown, M.F., Boellstorff, T., « Anthropology of/in circulation: The Future of Open Access and Scholarly Societies », Cultural Anthropology, 23, 2008, p. 559–588.

de nouvelles initiatives d'édition libre (telles que *Savage Minds, Cultural Anthropology, HAU* et *Limn*). En comparaison, dans d'autres pays, comme au Brésil et en France, des pratiques d'*open access* beaucoup plus avancées ont vu le jour à distance, à partir d'un débat plus dynamique et élargi sur l'importance des « communs numériques » et des « biens publics » pour l'avenir de la recherche scientifique.

Le terme « hacking » apparait donc en anthropologie comme un sujet de controverse, en tant qu'il permet de traiter à nouveaux frais de thématiques classiques : personnalité, libéralisme, magie, don, réflexivité, etc. Toutefois, cette tradition tend à rapporter le hacking à des questionnements, des approches et des pratiques occidentales.

Déplacer le regard. Enquêter le « hacking » dans les pays du Sud global

Alors que les récits dominants sur le hacking demeurent centrés sur l'occident, ou dépendants de questionnements occidentaux, il est possible d'explorer des cas issus d'autres horizons et localités. En 2016, j'ai pu analyser au Japon le projet d'un groupe de hackers du hardware répondant à la catastrophe de Fukushima par l'assemblage d'un réseau de moniteurs de radiation. La relation dissidente que ces hackers entretenaient avec le matériel contrastait avec les approches systématiques et formalisées des agents technoscientifiques accrédités par les autorités à la suite de la catastrophe nucléaire[45].

À l'échelle internationale, un vaste domaine de recherche empirique s'est ainsi ouvert en direction du Sud global[46]. Dans ce processus, le terme « hacking » lui-même ne peut plus être considéré comme un identifiant stable d'une culture *underground*, étant donné sa circulation plus large et la production de nouveaux collectifs dans des contextes technopolitiques et socio-économiques très disparates et inégaux, en Asie de l'Est et du Sud, en Amérique latine ou en Europe de l'Est. En raison de cette diversité mondiale du hacking, l'ethnographie multi-sites n'est pas seulement pertinente pour rendre compte de phénomènes sociotechniques en

---

[45] Murillo, L.F.R., « New Expert Eyes Over Fukushima: Open Source Responses to the 3/11 Disaster in Japan », Anthropological Quarterly, 89, 2016, p. 399–429.

[46] Amrute, S., Murillo, L.F.R., « Introduction : Computing in/from the South », Catalyst, vol. 6, 2020.

ligne et hors ligne, par-delà les frontières nationales. Elle permet aussi de mener une observation participante sur l'engagement dans les pratiques matérielles propres au hacking.

Pour concevoir une recherche empirique multi-sites sur le hacking informatique dans la région pacifique entre 2013 et 2015, j'ai notamment identifié le réseau des hackerspaces comme une forme sociale partagée à travers laquelle plusieurs espaces communautaires du monde entier. J'ai décrit ces dispositifs de création de communauté à la manière de « passeports hackerspace ». Il s'agissait pour l'essentiel de cartes en ligne qui assurent la distribution « globale » de la communauté hébergée sur des sites tels que « hackerspaces.org », et de rassemblements réguliers, en face à face et en ligne, qui fournissent l'élément vital de la socialité des hackerspaces. Sur la base de ces traces médiatiques, j'ai commencé à reconstruire les voies par lesquelles circulaient les technologues et les objets techniques comme conditions de création d'espaces de coproduction par l'expérimentation conviviale des technologies numériques. Pour cette étude, j'ai mené une recherche ethnographique dans les espaces communautaires de grandes villes mondiales, soit Tokyo, Shenzhen, Hong Kong et San Francisco, tout en suivant les activités et les expériences de travail collaboratif sur des projets communs de logiciels libres et open source. L'approche multi-sites a permis d'étudier la manière dont ces lieux ont été créés en tant qu'espaces communautaires et de suivre ce qui s'est passé entre chacun d'entre eux en termes d'échanges collaboratifs. Le développement communautaire de logiciels et de matériel a soutenu les hackerspaces locaux et leur interconnexion avec d'autres espaces par le biais de codes contribués, de documentation technique et de projets de matériel mis en circulation via des licences ouvertes. En plus j'ai effectué de l'observation participante multi-sites allant de cinq à huit mois dans chaque espace communautaire, plus des navigations régulières avec les membres des hackerspaces et des contacts fréquents sur Internet via l'*Internet Relay Chat* (IRC), les listes de diffusion et les communications personnelles. J'ai également mené des entretiens sur l'histoire de la vie des fondateurs de hackerspaces dans le but de décrire l'articulation entre les dispositions morales, les compétences techniques, les projets politiques des ingénieurs informatiques, des programmeurs et des activistes. Au lieu d'avoir une référence spatiale, pourtant au fondement de l'anthropologie, la recherche de terrain multi-sites aide à décrire et à analyser les formes de circulation pour la production de nouveaux lieux politiques qui ne peuvent pas être suffisamment compris sur la base de l'expérience de « l'aire culturelle », ce qui implique, par exemple, l'imbrication des processus virtuels et réels. Ce constat invite à envisager Internet à travers ses effets techniques, politiques et économiques[47].

Cette expérience de recherche livre une leçon : la participation active dans le travail technique, les contributions et collaborations directes avec les co-participants offrent de précieux points de comparaison entre les différents contextes locaux étudiés. Ceux qui restent inactifs dans un hackerspace deviennent rapidement *persona non grata*. On peut y voir l'expression d'un contrat qui réglemente et entrelace le travail personnel et le travail collectif au travers de la logique de formation permanente qui prévaut en informatique. En tant qu'anthropologue, doté d'une expérience professionnelle en informatique, j'ai pu étudier différentes technologies (systèmes embarqués, programmation logicielle, conception de matériel « libre ») aux côtés d'autres passionnés. Les activités communes m'ont permis de mieux comprendre les ressorts des promesses et des défis du hackerspace, et de l'animation de réseaux d'échange liant plusieurs sites, bien au-delà de l'atelier local. Etudier un hackerspace implique d'être confronté à une série de paradoxes tels que : la production en ligne de logiciels et de matériel ; voir des grandes et des petites entreprises prendre une place importante dans le flux d'activités ; observer la fréquence des visites de membres d'autres communautés, etc. L'ethnographie multi-locale, lorsqu'elle est couplée à la recherche collaborative, ouvre de nouveaux champs d'investigation, incitant à étudier non plus seulement d'« en haut », mais aussi « à côté », les ingénieurs, développeurs et hackers en tant qu'acteurs politiques *sui generis*.

Conclusion

Le champ des études anthropologiques de l'informatique est encore vaste et ouvert, car il s'est développé à partir d'un nombre encore limité de cas. L'une des questions qui n'a pas été encore suffisamment explorée concerne le lien entre technologie et société. La littérature sur le hacking informatique met l'accent sur le symbolique au détriment des aspects techniques, matériels et infrastructurels de l'informatique. Le caractère problématique du clivage entre technologie et société a notamment été souligné par Gilbert Simondon lorsqu'il a abordé la question de la

---

[47] Kelty, C. M, *Two Bits,* op. cit.

séparation occidentale de la technologie et de son milieu associé. Grâce à ses travaux, une anthropologie de l'informatique s'occupant de la « technicité » et des objets techniques du hacking peut se développer .

Des projets ethnographiques récents élargissent ce champ pour inclure de nouvelles manifestations du hacking en tant que pratique politique-ludique. Le travail de Gabriella Coleman avec le groupe d'hacktivistes « Anonymous » par exemple contribue à l'anthropologie des mouvements sociaux avec une recherche de terrain exemplaire sur la question de la formation politique en ligne. Coleman a aidé à clarifier l'expérience du hacking informatique par une immersion dans le monde de vie en ligne des Anonymous lorsqu'ils orchestrent des interventions publiques pour détourner des médias grand public.

La question du « hacking » en tant que forme émergente de technopolitique a été reprise dans le cadre d'une nouvelle collaboration impliquant un groupe d'ethnographes travaillant sur les politiques de l'informatique au-delà du contexte occidental. L'anthropologue Erin McEroy[48] a notamment enquêté « l'histoire mineure » de l'informatique en Roumanie pour contrer les stéréotypes du « pirate roumain » comme figure de l'ombre et « cybermenace » dans des villes roumaines, présentées par ailleurs comme le lieux de reproduction des « criminels électroniques dangereux ». En examinant les histoires locales de l'informatique, McEroy montre comment leur expertise est devenue l'objet d'une appropriation par des entreprises informatiques, entraînant une dépossession de leur expertise. Le thème du hacking a également été repris pour montrer comment l'informatique offre de nouveaux lieux de convivialité et de réinvention des projets politiques. Dans cette perspective, c'est à travers l'engagement pratique du « hacking » dans les hackerspaces, en tant qu'espaces de convivialité, que l'informatique est réinventée comme que pratique technique et politique alternative[49] à l'échelle mondiale.

Au cours des deux dernières décennies, les anthropologues ont fait avancer une démarche de recherche qui fait écho non seulement à des intérêts disciplinaires établis de longue date, mais aussi à des appels plus larges pour interpréter des phénomènes techniques, juridiques et

---

[48] McElroy, E., Brownstein, M., « Corruption, Şmecherie, and Siliconization », Catalyst: Feminism, Theory, Technoscience, 6, 2, 2020.

[49] Murillo, L. F. R., « Hackerspace Network: Prefiguring Technopoligical Futures? », American Anthropologist, 122, 2020.

politiques émergents dans le contexte des sciences humaines. Le moment est sans doute venu d'élargir ce programme ethnographique, au-delà des centres de gravité postcoloniaux de l'anthropologie, en déboussolant l'informatique du Nord vers le Sud global.

Les auteur.es

(Par ordre alphabétique)

Olivier Alexandre est sociologue, chargé de recherche au CNRS, membre du Centre Internet et Société. Il a été *visiting scholar* à Northwestern University et Stanford University. Ses travaux portent sur la culture et le numérique. Il a notamment publié *La règle de l'exception. L'écologie du cinéma français*, Paris, Éditions de l'EHESS, 2015, *La sainte famille des Cahiers du cinéma. La critique contre elle-même*, Paris, Vrin, 2018, et *La Tech. Quand la Silicon Valley refait le monde*, Paris, Seuil, 2023.

Tobias Blanke est professeur d'intelligence artificielle et de sciences humaines à l'université d'Amsterdam. Après une formation dans le domaine de la philosophie morale et en informatique, ses recherches portent principalement sur l'intelligence artificielle et les infrastructures de recherche. Son dernier livre écrit en collaboration avec Claudia Aradau s'intitule *Algorithmic Reason. The Governance of Self and Other* (Oxford University Press, 2022).

Olivia Chambard est sociologue, enseignante à l'Université Paris 1 Panthéon-Sorbonne, chercheuse au Centre européen de sociologie et de science politique (CESSP) ainsi qu'au Centre d'études de l'emploi et du travail (CEET/ CNAM). Elle est l'autrice de *Business model. L'Université, nouveau laboratoire de l'idéologie entrepreneuriale*, Paris, La Découverte, 2020.

Martin Chevallier est doctorant au Centre d'Etudes des Mouvements Sociaux, à l'École des Hautes Etudes en Sciences Sociales (EHESS), sous la direction de Claude Rosental. Sa thèse porte sur le développement de la robotique d'accompagnement en France depuis les années 1970. Il est également membre du projet INNOVCARE (« Care-led innovation : the case of elderly care in France and Japan ») de la Fondation France-Japon de l'EHESS.

Mark Coté est maître de conférences en culture numérique au Département des humanités numériques de King's College de Londres. Ses recherches s'inscrivent dans le domaine des méthodes numériques et la dimension sociale du big data, des applications mobiles, des algorithmes et de l'apprentissage automatique. Ses travaux ont été publiés dans de nombreuses revues internationales, telles que Big Data & Society et l'IEEE International Conference on Big Data Proceedings.

Paris Chrysos est ingenieur de formation (École Polytechnique d'Athènes), titulaire d'une maîtrise en sociologie et docteur en sciences de gestion. Dans sa thèse de doctorat, réalisée aux Mines-ParisTech, il analysait le travail des développeurs en rapport avec les dynamiques industrielles. Il est auteur de l'ouvrage *Les développeurs*, Limoges, FYP, 2015 et l'un des coordinateurs de l'ouvrage *L'aventure épistémologique contemporaine*, Paris, Kimé, 2019. Il a publié des articles dans des revues internationales et a présenté ses travaux à des conférences sur l'innovation, telles que la *NASA Academy of Aerospace Quality* ou l'*Open and User Innovation Conference*. Il a enseigné à l'ISC Paris, aux Mines-ParisTech, à l'École Polytechnique d'Athènes, à la FUCE Institute de Shanghai et à l'École des Beaux-Arts d'Athènes. Il fut Vice-président de l'Organisation Hellénique de la Propriété Industrielle et chercheur invité au *Center for Organization Research and Design* de la *School of Public Affairs* de l'*Arizona State University*. Aujourd'hui, il travaille à Athènes en tant que *Policy Analyst* au Centre Hellénique de Documentation.

Monique Dagnaud est sociologue, directrice de recherche CNRS émérite et membre du Centre d'Étude des Mouvements sociaux (CNRS – EHESS). Spécialiste de la jeunesse et des mondes numériques, elle est l'auteur d'une quinzaine de livres dont *Génération Y, Les jeunes et les réseaux sociaux, de la dérision à la subversion*, Paris, Presses de Sciences Po, 2013, *Le modèle californien, Comment l'esprit collaboratif change le monde*, Paris, Éditions Odile Jacob, 2016 et *Génération surdiplômée, les 20 % qui transforment la France* avec Jean-Laurent Cassely, Paris, Éditions Odile Jacob, février 2021. Elle a été membre du Conseil supérieur de l'audiovisuel de 1991 à 1999.

François-Xavier Dudouet est directeur de recherche au CNRS et membre l'Institut interdisciplinaire de recherche en sciences sociales (IRISSO) à l'Université Paris Dauphine. Ses recherches portent sur la production et le développement des ordres sociaux à l'échelle internationale, les théories de la domination et de l'élite. Après avoir travaillé sur le contrôle international des drogues et la standardisation technique internationale, il se consacre depuis plusieurs années à l'étude des dirigeants de grandes entreprises en France et Europe, domaine sur lequel il collabore étroitement avec Antoine Vion. Ensemble, ils ont publié de nombreux articles sur les grands patrons et les réseaux d'administrateurs.

Marion Flécher est docteur en sociologie, associée à l'IRISSO (CNRS UMR 7170) et ATER à l'Université Gustave Eiffel, attachée au LATTS. À partir d'une enquête menée en France et aux États-Unis, articulant méthodes qualitatives et quantitatives, sa thèse porte sur le monde des start-up, dont elle cherche à éclairer les représentations, les discours qui le légitiment, et les formes de promotion dont il fait l'objet. Situés au croisement entre la sociologie économique, la sociologie du travail et de l'emploi, la sociologie du genre et des élites, ses travaux étudient les carrières et les modes de création des fondateurs et fondatrices de start-up ainsi que les modes d'organisation et de management qui sont déployés dans ces nouvelles organisations, avec un regard attentif porté sur les inégalités qui traversent ce monde.

Christophe Lécuyer est professeur d'histoire des sciences et des techniques et responsable de la mineure de gestion à Sorbonne Université. Ancien élève de l'École normale supérieure (Ulm), il a enseigné au MIT, Stanford, l'Université de Virginie et l'Université de Tokyo. Il est l'auteur de deux livres de référence sur la Silicon Valley : *Making Silicon Valley* (MIT Press, 2006) et *Makers of the Microchip: A Documentary History of Fairchild Semiconductor* (MIT Press, 2010, en collaboration avec David Brock).

Jennifer Pybus est titulaire d'une chaire de recherche du Canada sur les données, la démocratie et l'IA, et directrice du nouveau Centre for Public AI. Ses recherches croisent les cultures numériques et algorithmiques. Elle explore tout particulièrement le domaine de la datafication, un processus qui transforme nos vies sociales, culturelles et politiques en données productives pour l'apprentissage automatique et la prise de décision algorithmique.

Luis Felipe Murillo est professeur assistant d'Anthropologie à l'Université de Notre Dame (États-Unis). Ses domaines de recherche sont l'anthropologie économique et politique, et l'étude des sciences et techniques. Il a également contribué aux enjeux théoriques et méthodologiques de l'ethnographie collaborative et des systèmes de production ouverts des technologies numériques.

Fred Turner est professeur au sein du Département de Communication de l'Université de Stanford ou il dirige le programme « Science, Technologie et Société ». Ses recherches sont consacrées aux rapports entre technologies, médias et histoire culturelle. Il s'intéresse tout particulièrement à la manière dont les médias ont contribué à façonner les modes de vie aux États-Unis depuis la Seconde Guerre mondiale. Il a obtenu son doctorat à l'Université de San Diego, a travaillé pendant dix ans comme journaliste pour de nombreux magazines et titres de presse (Boston Globe Sunday Magazine, Nature, etc.). Il a enseigné à l'université de Harvard et au MIT avant de rejoindre l'université de Stanford. Il est l'auteur de trois ouvrages : *Echoes of Combat : The Vietnam War in American Memory* (Anchor/Doubleday, 1996 ; 2^d ed., University of Minnesota Press, 2001); *From Counterculture to Cyberculture : Stewart Brand, the Whole Earth Network, and The Rise of Digital Utopianism* (University of Chicago Press, 2006, traduit en français sous le titre *Aux sources de l'Utopie numérique. De la contre-culture à la cyberculture, Stewart Brand un homme d'influence*, C&F Editions, 2012) ; et *The Democratic Surround : Multimedia and American Liberalism from World War II to the Psychedelic Sixties* (University of Chicago Press, 2013).

Antoine Vion est Professeur de sociologie à l'Université de Nantes, membre du Centre Nantais de Sociologie. Ses premiers travaux de recherche portaient sur l'internationalisation du gouvernement des villes françaises. Intéressé ensuite à l'analyse des configurations d'expertise dans l'industrie, il a travaillé sur les processus de normalisation en matière de téléphonie mobile et de langages informatiques. Ce dernier champ d'études l'a conduit à collaborer avec des informaticiens pour mettre au point des architectures d'entrepôts de données et des méthodes exploratoires de recherche. Il a ainsi exploré les données des Panama Papers pour proposer une compréhension approfondie des pratiques professionnelles de montages d'évasion fiscale. Ce nouveau champ d'étude prolonge un ensemble de recherches menées avec François-Xavier Dudouet, qui les conduisent à publier régulièrement des contributions sur les élites économiques européennes, la structuration des milieux d'affaires de la zone euro, la centralité des entreprises financières dans les réseaux dits *interlocks*, et l'intégration économique par les réseaux transnationaux. Son ouvrage *Les études transnationales. Quelle sociologie de la mondialisation ?* paraîtra en 2022.

Comité scientifique

Sébastien Broca est sociologue, Maître de conférences en Sciences de l'information et de la communication à l'UFR « Culture et communication », Université de Paris 8. Il est membre du comité de rédaction de la revue *"Anthropology + Materialism*. Ses travaux portent sur le développement des communs numériques et les nouvelles formes de travail en ligne dans une perspective cherchant à articuler certains apports de la théorie critique, de la sociologie du travail et de l'économie politique. Il a notamment publié *Utopie du logiciel libre*, Paris, Le passager clandestin, 2013.

Eve Chiapello est sociologue, directrice d'études à l'École des hautes études en sciences sociales (EHESS/Cems), où elle occupe une chaire de « sociologie des transformations du capitalisme », après avoir enseigné à l'école de management HEC (Paris). Elle a notamment publié *Le management culturel face à la critique artiste*, Paris, Éditions Métailié, 1998, *Le Nouvel esprit du capitalisme*, Paris, Gallimard, 1999 avec Luc Boltanski et *Sociologie des outils de gestion. Introduction à l'analyse sociale de l'instrumentation de gestion*, Paris, La Découverte, 2013 avec Patrick Gilbert.

Denis Lacorne est historien (Sciences Po/Ceri), politiste, ses recherches portent sur les élections américaines, la construction des identités nationales, le multiculturalisme, les politiques de tolérance et de laïcité dans une perspective comparée. Il a notamment publié *La Crise de l'identité américaine*, Paris, Gallimard, 2003, L*es Frontières de la tolérance*, Paris, Gallimard, 2016 et *Tous milliardaires ! Le rêve français de la Silicon Valley*, Paris, Fayard, 2019.

Benjamin Loveluck est maître de conférences à Télécom Paris et chercheur associé au CERSA (CNRS-Paris 2). Ses travaux portent sur la sociologie du numérique, l'histoire d'internet, les idéologies qui le traversent et aux formes d'auto-organisation qui lui sont associées. Il a notamment publié *Réseaux, libertés et contrôle. Une généalogie politique d'internet*, Armand Colin, Paris, 2015.

Mathieu O'Neil est professeur associé de communication à l'Université de Canberra ou il dirige le *Critical Conversations Lab*, et professeur associé honoraire de sociologie à l'*Australian National University*. Ses recherches portent sur les communs numériques, "l'information literacy", et les trajectoires des controverses en ligne. Il est membre fondateur du *Virtual Observatory for the Study of Online Networks* (VOSON) *Lab* à l'Australian National University. Il a fondé le *Journal of Peer Production* en 2011 et le *Digital Commons Policy Council* en 2021.